项目投融资模式和金融工具研究与创新

中建长江建设投资有限公司　组织编写

吕　峰　主编

中国建筑工业出版社

图书在版编目（CIP）数据

项目投融资模式和金融工具研究与创新／中建长江
建设投资有限公司组织编写；吕峰主编.—北京：中
国建筑工业出版社，2022.6（2024.6重印）
ISBN 978-7-112-27493-2

Ⅰ.①项… Ⅱ.①中…②吕… Ⅲ.①基本建设投资
－研究②基本建设项目－融资－研究 Ⅳ.① F283
② F830.55

中国版本图书馆 CIP 数据核字（2022）第 097421 号

本书从社会资本方角度，旨在解决市场中不同投融资模式下面临的一系列问题，
靶向给出解决方案和操作建议，为项目拓展人员提供参考。本书共分 15 章，第 1 章
BT 模式；第 2 章政府购买服务模式；第 3 章特许经营模式；第 4 章 PPP 模式；第 5
章 ABO 模式；第 6 章 A+B 模式；第 7 章 EPC 衍生模式；第 8 章 TOD 模式；第 9 章
片区综合开发模式；第 10 章城市更新模式；第 11 章土地出让＋公共配套设施配建
模式；第 12 章资源补偿项目（RCP）模式；第 13 章专项债模式；第 14 章基础设施
领域不动产投资信托基金（REITs）；第 15 章资产证券化模式。

责任编辑：曹丹丹
策划编辑：王　治
责任校对：芦欣甜

项目投融资模式和金融工具研究与创新
中建长江建设投资有限公司 组织编写
吕　峰　主编

*
中国建筑工业出版社出版、发行（北京海淀三里河路 9 号）
各地新华书店、建筑书店经销
北京雅盈中佳图文设计公司制版
建工社（河北）印刷有限公司印刷
*
开本：787 毫米 ×1092 毫米　1/16　印张：$16\frac{3}{4}$　字数：322 千字
2022 年 7 月第一版　2024 年 6 月第五次印刷
定价：**58.00** 元
ISBN 978-7-112-27493-2
　　（39143）

作者简介

　　吕峰，建设工程管理专业博士，毕业于同济大学，现就职于中国建筑股份有限公司西南区域总部、中建长江建设投资有限公司。专长于项目投融资策划及模式设计、工程经济、投融资管理等。在科研方面，参与研究课题《公路山岭隧道施工安全风险评价及其安全管理系统研究》《上海徐汇区建筑工程综合管理考核评价体系研究》《上海机场可持续发展评价体系研究》《上海机场可持续发展能源系统评价体系研究》《孟加拉国服装产业园项目管理咨询（PMC）工作手册》《工程监理制度发展研究报告》等。发表论文10余篇，第一作者7篇，CSSCI收录期刊6篇，论文《Initial tradable emission permit allocation of civil airport based on DEA model》荣获CRIOCM2014优秀论文二等奖。在项目实践方面，参与项目投资额累计超过1000亿元，包括成渝高速入城段（三环路—绕城高速）改造工程项目投资加施工总承包项目、浙江省杭州市奥体中心主体育馆和游泳馆综合训练馆PPP项目、山东省潍坊市青州S102济青线青州绕城段南环段改线工程PPP项目等。

前言

自 2014 年《国务院关于加强地方政府性债务管理的意见》（国发〔2014〕43 号）发布后，政府 BT（建设 – 移交）模式退出历史舞台，PPP 模式逐渐成为当下基础设施和公共服务设施领域最主流的投融资模式之一。但随着《关于规范政府和社会资本合作（PPP）综合信息平台项目库管理的通知》（财办金〔2017〕92 号）、《关于加强中央企业 PPP 业务风险管控的通知》（国资发财管〔2017〕192 号）及《财政部关于推进政府和社会资本合作规范发展的实施意见》（财金〔2019〕10 号）等文件发布后，财政支出不超过当年本级一般公共预算支出的 10%、新签约项目不得从政府性基金预算和国有资本经营预算安排 PPP 项目运营补贴支出、不得以债务性资金充当项目资本金等均对 PPP 项目稳健规范发展提出新的要求。通过对伪 PPP 项目的严肃整顿，这类项目纷纷退出财政部 PPP 综合信息平台项目管理库。部分地方政府对 PPP 模式产生了疑惑，一方面没有多余的财政资金，另一方面又迫切同意当地基础设施和公共服务设施项目，不想采用 PPP 模式实施，因此，市场上大量的 EPC+F 模式、EPC+O 模式、EPC+ 基金模式、特许经营模式、ABO 模式、片区综合开发模式、资源补偿项目（RCP）模式、土地出让 + 公共配套设施配建模式等如雨后春笋般出现，项目的合法合规性、经济性、可融资性和可拓展性问题便成为社会资本方需面临的重要问题。

本书从社会资本方角度，旨在解决市场中不同投融资模式下面临的一系列问题，靶向给出解决方案和操作建议，为项目拓展人员提供参考。本书共分 15 章，涉及 12 种投融资模式、专项债模式和 2 种金融工具。其中，第 1 章主要阐述政府 BT 模式和商业 BT 模式的基本概念和运作模式，指出商业 BT 模式的可操作性建议；第 2 章主要表述政府购买服务模式的适用范围、运作方式、合作期限、回报机制等；第 3 章主要从特许经营概念入手，对模式适用范围、操作方式、操作流程、合作期限、回报机制、可融资性、重点问题进行研究，并给出操作建议；第 4 章 PPP 模式，结合产生背景及发展现状，详细描述了该模式的交易结构、回报机制、合法合规性和可融资性问题，区分了 PPP 模式与 EPC 模式结合的情况；第 5 章对日前市场中广泛应用的 ABO 模式进行了详细分析，对标准 ABO 模式和变异型 ABO 模式存在的问题提出了建议；

第6章A+B模式旨在结合各种合规的投融资模式,以打"组合拳"方式降低项目总成本,优化地方政府财承结构,致力于实现政府公共服务供给效率和效益最大化目的;第7章主要针对市场中出现的EPC衍生模式进行详述,特别是EPC+F模式、EPC+O模式和EPC+基金模式,并给出操作建议;第8章从港铁模式引出TOD模式,论述TOD模式实施的核心和难点以及成都市TOD项目的合作模式;第9章主要针对市场中出现的ABO片区开发模式、PPP片区开发模式从合法合规性、可融资性、运作模式进行阐述,对片区开发模式存在的问题给出了建议;第10章从老旧小区改造引入城市更新概念,从国外城市更新经验借鉴到广东省、深圳市、广州市、上海市、北京市、浙江省、成都市的城市更新政策和模式分析,从而探讨六种可操作的投融资模式;第11章土地出让+公共配套设施配建模式指明了配建内容和可操作性;第12章资源补偿项目(RCP)模式对资源补偿项目的适用范围、交易结构、合作期限、回报机制进行了描述;第13章专项债模式从产生的背景、运作模式、重难点问题等内容进行阐述;第14章和第15章分别论述了基础设施领域不动产投资信托基金(REITs)和资产证券化模式的主要内容和存在的问题。

本书在编写过程中查阅了大量文献资料,并配有大量案例分析,旨在为大家理解和应用各种投融资模式、金融工具提供指导和参考,在此对相关文献作者深表感谢。同时,本书的编写得到了中建股份西南区域总部/中建长江建设投资有限公司龙卫国董事长、牟铭总经理、周中原副总经理、王芳书记、张代齐副总经理的大力支持和指导,在此表示由衷的感谢。本书虽力求全面,但编者水平有限,加上成稿时间仓促,难免有疏漏不足之处,敬请批评指正。欢迎每位读者与笔者进行交流,指出笔者的不足,我们共同为我国项目投融资模式健康发展贡献一份自己的力量。

目录

第1章 BT 模式

1.1 政府 BT 模式

1.1.1 政府 BT 模式产生背景

在计划经济时期，基础设施建设的资金投入主要依靠政府的财政资金，这种模式下基础设施建设项目的数量有限，财政资金使用效率不高。到 20 世纪 80 年代，因人民群众生活水平不断提高，对城市基础设施需求增加，单靠政府财政收入的增长速度已经难以满足基础设施建设需求。20 世纪 90 年代我国经济和基础设施建设维持增长，政府财政收入与支出的矛盾愈发突出，为了实现更快发展，政府开始积极尝试财政政策拉动投资，同时开始转向社会资本融资，这时 BT 模式开始被地方政府应用和推广。《关于培育发展工程总承包和工程项目管理企业的指导意见》（建市〔2003〕30 号）首次提及相关概念。2008 年国务院常务会议确定了进一步扩大内需、促进经济增长十项措施，计划到 2010 年底投资约 4 万亿元。2008~2010 年地方政府从 4 万亿投资刺激中获得了充裕的信贷支持，投资冲动难以遏制，政府 BT 模式趁势助力基础设施建设投资快速发展，经笔者整理数据，1999~2019 年中国基础设施建设投资增长情况见图 1-1。

我国基建投资在 2002 年之前保持一个平稳增长的态势。2003~2010 年环比增速在 15%~45% 区间内，基建投资增速大幅加快，2009 年达到顶峰，当年增速高达 42.18%。2008~2010 年政府 BT 模式被大力推行，基建投资明显加快。2011 年基建投资进度有所受阻，2012~2017 年基建投资有所提升，但相较 2003~2010 年增速有所放缓。

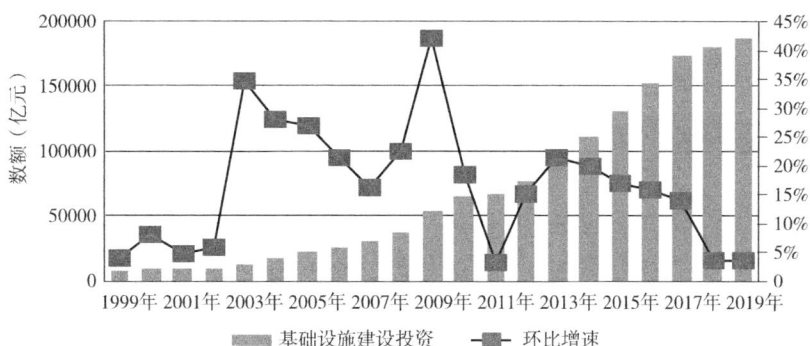

图 1-1 1999~2019 年中国基础设施建设投资增长图

1.1.2 基本概念

BT模式是来自工程领域的一种项目实施方式。根据实施主体的不同，笔者将BT项目分为政府BT项目和商业BT项目，政府BT项目主要是政府利用民间资金来进行基础设施等非经营性项目的建设。具体来讲，即政府或其授权部门一般作为项目发起方，通过招标投标等法定程序来选择项目的投资方，确定投资方后，由项目投资方或成立的项目公司进行项目投资、融资和建设，并在工程竣工后按合同约定进行移交，政府作为项目的回购方按照约定进行回购并分期支付回购款。BT模式是政府利用民间资金进行非经营性基础设施建设项目的一种投融资模式，项目公司需与项目发起方或相关单位签订回购协议，当时往往包含政府承诺函，而政府BT的回购模式主要是以土地抵押、土地出让金或其他财政资金作为回购保证，一定程度上增加了政府债务风险。

1.1.3 运作模式

1.1.3.1 适用范围

政府BT模式主要用于非经营性、非营利性的公共基础设施和公共事业项目，特别是不收费的城市道路、桥梁、市政管网、学校、港口设施以及经营性不强的地铁、轻轨等城市轨道交通项目等。

1.1.3.2 合作框架

政府BT项目合作大体框架如图1-2所示。

项目发起人为项目所在地政府或其授权部门。中标社会资本方通过公开招标投标方式从项目所在地政府或其授权部门获得项目，由社会资本方与政府或其授权部门签订BT协议，中标社会资本方根据需要成立项目公司，政府或其授权部门、项目公司、

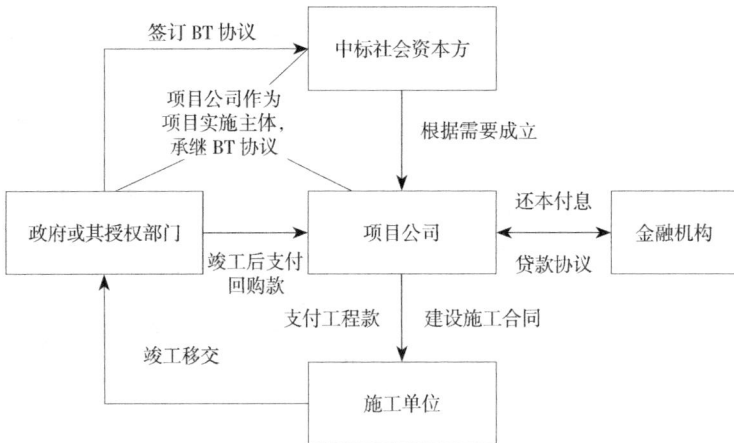

图1-2　项目合作框架

中标社会资本三方通过签订补充协议等形式由项目公司承继 BT 协议中的所有权责，项目公司作为项目实施主体负责项目建设中的所有合约签订工作，负责项目投融资、项目管理、支付结算、资金收付等相关建设事宜。项目公司与施工单位签订建设施工合同。金融机构在融资渠道中扮演重要角色，与项目公司签订贷款协议为项目建设提供资金支持。

1.1.3.3 操作流程

项目操作流程如图 1-3 所示：

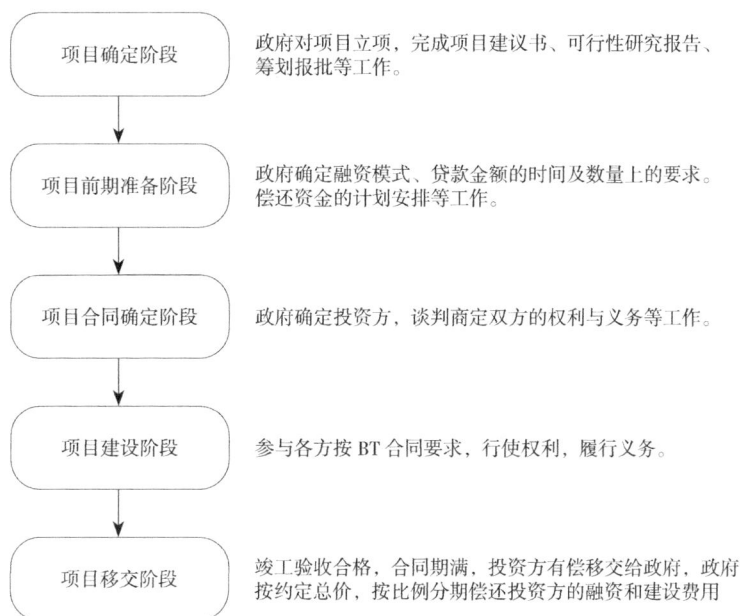

图 1-3 项目运作方式

1.1.4 模式发展现状

1.1.4.1 政府债务显现

经笔者整理相关资料，政府债务定义及分类见表 1-1 和图 1-4：

政府债务分类　　　　　　　　　　　　　　　　表1-1

分类	直接	或有
显性	由国家法律或合同明确规定，不依赖任何具体事项的发生，必须由政府偿还的债务	以法律或合同形式确定的，在某一特定事件发生情况下需要由政府偿还的债务，如担保、承诺等形成的债务
隐性	源于政府中长期公共政策，没有以法律、合同明确规定的政府债务	没有纳入政府预算，但不可预见事件发生，迫于公共利益，政府不得不偿还的债务

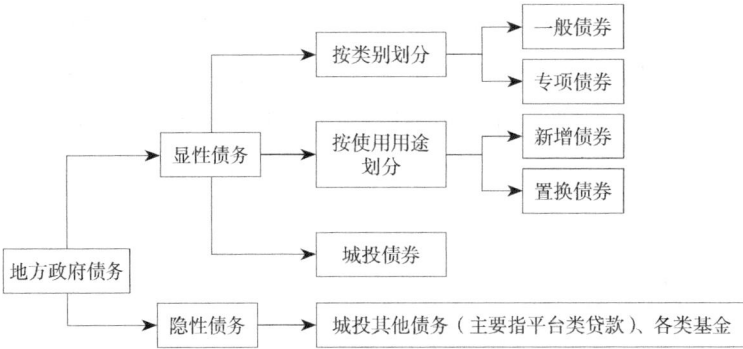

图 1-4　地方政府债务分类

笔者从中华人民共和国财政部官方网站统计了 2014~2020 年地方政府债务及地方财政收入数据，如图 1-5 所示。

图 1-5　地方债务余额与财政收入

由图 1-5 得知，从 2015 年起中国地方政府债务余额逐年增加，2020 年底达到 25 万亿元规模，呈较高增长速度，而地方财政收入增速相对缓慢。值得一提的是，2014~2020 年地方政府债务数据为显性债务数据。

1.1.4.2　增加地方政府隐性债务

政府 BT 模式的大力推行使得中国基建投资飞速增长的同时，地方政府债务规模越来越高。政府 BT 项目主要集中于非经营性如体育场馆、土地整理、填海造地、市政道路、桥梁等项目。在政府 BT 模式下，政府委托具有工程建设资质的施工企业进行工程建设，由施工企业进行投融资，建成后根据项目造价以及建设中的合理利润计算回购金额，把项目移交给政府。项目公司与项目发起方或者相关单位签订的回购协议中可能包含政府承诺，项目公司在向金融机构寻求贷款的时候，则会将政府的承诺当作增信手段，以求得更高的融资金额。

1.1.4.3　模式应用前景

2012 年，财政部、国家发展改革委、中国人民银行和银监会四部门联合发布的《关于制止地方政府违法违规融资行为的通知》（财预〔2012〕463 号）第二条规定："切实规范地方政府以回购方式举借政府性债务行为：除法律和国务院另有规定外，地方各级政府及所属机关事业单位、社会团体等不得以委托单位建设并承担逐年回购（BT）责任等方式举借政府性债务。对符合法律或国务院规定可以举借政府性债务的公共租赁住房、公路等项目，确需采取代建制建设并由财政性资金逐年回购（BT）的，必须根据项目建设规划、偿债能力等，合理确定建设规模，落实分年资金偿还计划"。同时，财预〔2012〕463 号文第三条对融资平台公司进行了一定约束："不得将政府办公楼、学校、医院、公园等公益性资产作为资本注入融资平台公司""地方政府将土地注入融资平台公司必须经过法定的出让或划拨程序，地方各级政府不得将储备土地作为资产注入融资平台公司""地方各级政府不得将储备土地作为资产注入融资平台公司，不得承诺将储备土地预期出让收入作为融资平台公司偿债资金来源"。为了制止地方政府违规担保，加重地方债务，财预〔2012〕463 号文第五条规定："地方各级政府及所属机关事业单位、社会团体不得出具担保函、承诺函、安慰函等直接或变相担保协议，不得以机关事业单位及社会团体的国有资产为其他单位或企业融资进行抵押或质押，不得为其他单位或企业融资承诺承担偿债责任，不得为其他单位或企业的回购（BT）协议提供担保，不得从事其他违法违规担保承诺行为"，进一步切断了政府隐性债务增加的可能。

2014 年，国务院印发《关于加强地方政府性债务管理的意见》（国发〔2014〕43 号），对地方政府债务实行规模控制和预算管理。2015 年新预算法明确："经国务院批准的省、自治区、直辖市的预算中必需的建设投资的部分资金，可以在国务院确定的限额内，通过发行地方政府债券举借债务的方式筹措""除前款规定外，地方政府及其所属部门不得以任何方式举借债务"。

2015 年，《关于进一步做好政府和社会资本合作项目示范工作的通知》（财金〔2015〕57 号）提到："对采用建设 – 移交（BT）方式的项目，通过保底承诺、回购安排等方式进行变相融资的项目，财政部将不予受理"。

2017 年，财政部又发布了《关于进一步规范地方政府举债融资行为的通知》（财预〔2017〕50 号），规定："地方政府举债一律采取在国务院批准的限额内发行地方政府债券，除此以外地方政府及其所属部门不得以任何方式举借债务""地方政府及其所属部门不得以文件、会议纪要、领导批示等任何形式，要求或决定企业为政府举债或变相为政府举债"。

如果说财预〔2012〕463号文是禁止除双公项目（公租房项目与公路项目）外的其他项目采用政府BT模式举借政府债务，那么财预〔2017〕50号文则是禁止双公项目实施政府BT模式。

1.2 商业BT模式

1.2.1 商业BT模式产生背景

前文提到，政府BT模式的大力发展推动基建投资飞速增长的同时，也带来了地方政府债务风险。政府BT被禁止的主要原因在于国家对地方政府隐性债务的控制。但合法合规的商业BT项目不会导致政府隐性债务增加，因此仍可实施。

1.2.2 基本概念

参照相关文献，结合政府BT的定义，笔者认为商业BT项目是指项目业主（主要为大型国有企业、国内外知名企业）通过招标投标等法定程序来选择项目的投资方，确定投资方后，由项目投资方负责项目的投资、融资和建设相关工作，并在工程竣工后按合同约定进行移交，项目业主按照约定时间和方式支付本金及相应利息（或回报）的项目。

1.2.3 运作模式

1.2.3.1 项目业主

区别于政府BT模式，商业BT模式可视为企业间的商业行为，投资人在参与该类项目时重点在于能否认同项目业主的实力，因此项目业主可选择国内大型国有企业或国内外知名企业，并且项目资金来源与政府财政无关联，属于企业行为。

1.2.3.2 实施标准

在开展此类项目拓展时，投资人应关注以下标准：

（1）项目不存在被认定为地方政府违规举债的风险；

（2）项目业主和签约主体最优选择国内大型国有企业或国内外知名企业；

（3）原则上，约定建设期+回购期限尽可能短；

（4）采用银行贷款融资的项目，已有银行出具实质条件的贷款意向函；

（5）过程支付比例不低于国家规定比例；

（6）项目经济性指标按各自集团公司投资标准执行；

（7）回购担保标准：项目业主信用评级较低，须落实足额有效的回购担保。担保方式包括保证、抵押、质押、第三方流动性补足等。保证包括银行履约担保（银行保函、银行连带责任保证）、优质公司连带责任保证；抵押及质押包括优质资产抵押担保、优质公司股权和经营收费权质押担保等（抵押、质押须依法办理登记手续）。

1.2.3.3　运作模式

1. 参与主体

商业 BT 模式主要存在三大主体：

（1）项目业主：也称项目发起人。

（2）BT 投资人：通过投标方式从项目业主获得项目，并负责项目的投资、融资和建设相关工作。

（3）金融机构和其他相关机构：金融机构在融资渠道中扮演重要角色，其他相关机构也对项目的实施起到一定的作用。

2. 具体运作流程

（1）项目业主完成立项、可行性研究、报批等前期工作，将项目融资和建设工作转移给投资人，银行或其他金融机构根据项目条件或投资人综合实力情况为项目提供融资贷款，项目业主与投资人签订投资合同，根据需要投资人可组建项目公司，投资人在建设期间行使项目业主职能，对项目进行投融资、建设、并承担建设期间的风险。

（2）部分项目竣工后，投资人将竣工验收合格的项目移交给业主，项目业主按合同约定总价（或计量总价加上合理回报）按比例分期偿还投资人。部分项目在建设期实现项目业主过程付款，在建设期＋质保期内实现完全回购。

（3）项目业主在全过程中行使监督权利，承担回购义务。

3. 合同框架结构

在商业 BT 模式中合同框架结构如图 1-6 所示。

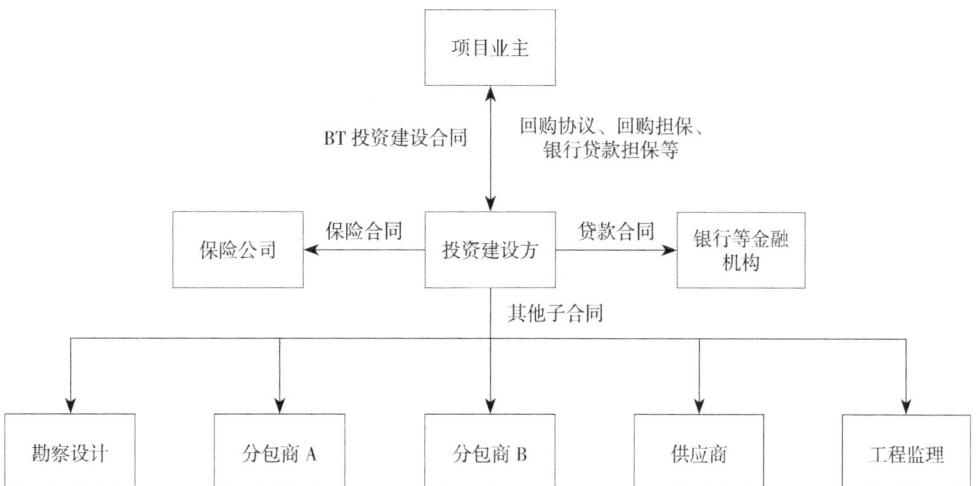

图 1-6　合同框架结构

1.2.3.4　合作期限

商业 BT 项目的合作期限一般指项目建设期 + 业主回购期，基于企业间商业信用进行交易，合作期限的长短与业主资信相关，因此并无政策严格规定合作期限，但为规避回款风险，建设期 + 回购期限应尽可能缩短。

1.2.3.5　回报机制

商业 BT 项目主要是通过项目业主支付项目回购款项收回投资，回购总价款包括建设成本以及回报收益。在商业 BT 模式中，项目竣工验收后，项目投资人并不会进行运营管理，而是直接将项目移交给项目业主，所以商业 BT 模式的回报来源于项目业主回购款支付和项目产生的现金流，因此项目业主的自身资金实力及项目回款保障尤为重要。

1.2.4　合法合规性分析

财预〔2012〕463 号文对政府项目运用 BT 模式进行限制，但对符合法律或国务院规定可以举借政府性债务的公共租赁住房、公路等项目，确需采取代建制建设并由财政性资金逐年回购（BT）的，必须根据项目建设规划、偿债能力等，合理确定建设规模，落实分年资金偿还计划。财预〔2017〕50 号文规定，地方政府举债一律采取在国务院批准的限额内发行地方政府债券，除此以外地方政府及其所属部门不得以任何方式举借债务。

因此，笔者认为，虽然在投资项目中禁止采用政府 BT 模式，但并未对企业项目采用 BT 模式进行限制，商业 BT 模式在企业项目中实施具备合规性。

1.2.5　可融资性分析

若项目采用商业 BT 模式实施，意味着在市场机制作用下，项目能产生足够的现金流，项目还本付息依靠的是项目自身的经营情况。但金融机构可能会根据项目具体情况，就本息安全性提出一定的增信要求。

笔者建议：一是商业 BT 模式的项目应避免纯公益性项目，应与具有充足使用者付费收入的经营性项目相结合，如公园与停车场、配套用房相结合等；二是从项目还款来源来看，应与政府财政划断，利用项目产生的充足经营性现金流和项目业主自筹资金覆盖项目投入。

1.2.6　商业 BT 模式优缺点分析

1.2.6.1　优点

一般来讲，商业 BT 模式整体存在以下优点：

1. 商业 BT 模式回款周期快

投资主体通过投资为剩余资本找到了投资途径，获得可观的投资收益，并且相较于 PPP 模式，投入资金回收周期较短，短时期内可回收本金及收益。

2. 商业 BT 模式为企业开辟了新的投资渠道

该模式可为项目业主筹措建设资金，缓解建设期间的资金压力；提高投资建设效率；减少项目业主协调和管理的工作量。

1.2.6.2　缺点

一般来讲，商业 BT 模式整体存在以下问题：

（1）商业 BT 项目建设融资较难。目前金融机构对此类项目融资较为谨慎，从项目还款来源方面，需要与政府财政划断，项目本身具有充足的经营性现金流，否则金融机构可能要求为还本付息提供一定增信措施。

（2）投资人存在投入资金难以按时回收风险。商业 BT 项目存在部分业主自身经济实力不强、履约能力不足等问题，导致项目业主无力回购和拖延付款的情况发生。

1.2.7　研究结论及操作建议

笔者认为商业 BT 模式是一种合法合规的投资模式。投资人在判断此类项目时可以从以下方面考虑：

（1）项目业主应为企业（若为政府平台公司，应为不承担政府债务并完全市场化运作的平台公司，未纳入金融机构禁止性名单），运作模式为企业间合作模式。

在当前市场上，此类项目业主以政府平台公司居多，且绝大部分声称已脱离政府融资平台职能，但是否真正脱离、项目的最终还款来源是否与财政无关仍需审慎对待。一般来说，与政府财政完全脱钩的平台公司是合规的，判断平台公司与地方政府脱钩的几大要素如下：

1）主体为企业法人，建立现代企业制度，健全公司治理结构。

2）实现市场化运营，自主经营，自负盈亏，可持续独立发展。

3）平台所承担的地方政府债务已纳入政府财政预算、得到妥善处置。

4）明确公告今后不再承担地方政府举债融资职能。

（2）明确项目的资金来源，是否会牵涉到政府财政资金。除项目本身具有使用者付费收入外，项目业主自身的信用评级和经营性现金流也是项目还款的有效保障。因此优质的项目业主或为项目业主提供连带还款保障的第三方公司尤为重要。政府对项目业主合法合规的增资、补助等，在有企业内部决策文件的情况下，可以作为项目还款来源的参考。

（3）明确项目的土地获取方式，一般的商业 BT 项目土地获取为出让方式，但也存在一些特例。

整体而言，如果项目业主自身资金实力非常雄厚，总资产较大，自身信用评级为AAA级，可能不会倾向选择成本更高的商业 BT 模式，而是选择总承包模式实施；如果项目业主信用评级低于 AAA 级，短期内有一定的财务指标压力和资金不足，但已落实足额有效的回购担保，是可以通过商业 BT 模式实施的；如果项目业主自身资金短缺，存在还款风险时，投资人在评判时需慎重。

1.3 某市地铁 X 号线一期工程项目案例分析

1.3.1 项目概况

地铁 X 号线项目全长 23.70km，全部为地下敷设，设车站 19 座，停车场 1 座，主变电所 1 座。项目总投资 146.45 亿元，其中有效建安工程费 143.16 亿元。

1.3.2 实施模式

该项目由某市人民政府授权某轨道交通集团有限公司（以下简称"某地铁公司"）通过公开招标方式一次性确定"投资人 + 施工总承包人"。项目合作期限共计 6 年，其中建设期 4 年。建设期第 2 年起由某地铁公司开始回购支付投资和资金占用费，完工后 2 年内回购完毕。

1.3.3 回报机制

某地铁公司以开工后连续 12 个自然月为一个计价年，每个计价年建安费和资金占用费在后续两个计价年内分三次支付，以第一个计价年为例，具体支付安排为：在第二个计价年初支付 35%，第二个计价年末支付 35%，第三个计价年末支付 20%。完成最终结算后某地铁公司支付至最终结算金额的 95%，5% 作为质保金，质保金全过程不计取资金占用费。各年度资金占用费 = 上年末支付建安费的资金占用费 + 当年完成建安费的资金占用费，其中，上年末支付建安费的资金占用费 =（截至上年末累计完成建安费 ×90%− 累计已支付建安费）× 资金占用时间 × 央行同期 1~5 年期贷款基准利率 ×[1+ 资金占用费浮动率（9.6%）]。

某地铁公司回购本项目资金主要来源于某市轨道交通建设发展专项资金和某地铁公司的银行贷款。政府负责项目征地拆迁工作并承担相关拆迁费用。

1.3.4 研究分析

据了解，本项目按照 BT 模式实施。笔者认为，判断项目合规性的关键在于认定项目业主回购资金的性质，本项目回购资金包括某市轨道交通建设发展专项资金和某地铁公司的银行贷款，而该专项资金是某市人民政府为保障某市轨道交通建设运营及偿债资金需求，确保建设项目顺利推进，按照"政府引导、市区共担、企业筹资"原则所设立。一般来说，轨道交通专项资金主要包括财政预算安排的轨道交通建设资金、轨道交通建设单位用于平衡轨道交通建设的土地出让收入、地方政府债券资金、轨道交通运营补贴、国家和省补助的专项拨款、轨道交通建设沿线物业开发净收益等。

第 2 章　政府购买服务模式

2.1　政府购买服务模式产生的背景

20 世纪在西方国家的社会福利制度改革过程中，政府购买服务模式作为政府提供公共服务的一种新模式被广泛采用，通常被称为公共服务合同外包。在我国，政府为达到提高财政资金使用效率及增强公共服务供给效力的目的，采用了政府购买服务模式。尽管西方的合同外包与中国的政府购买服务名称不一致，但它们的实质都是政府为了提高公共服务质量，引入竞争机制，通过授权和委托等契约化形式与非公共部门展开合作，最终达到提升公共服务品质和效率的目的。

根据财政部 2020 年 8 月 27 日公布的数据显示，2019 年全国政府采购规模增幅趋缓，采购规模达 33067 亿元，较上年减少 2794.4 亿元，下降 7.8%。其中货物、工程、服务采购规模分别为 8607.0 亿元，15004.3 亿元和 9455.6 亿元，分别占全国政府采购规模的 26.0%、45.4% 和 28.6%，增幅分别为 6.7%、–4.5% 和 –21.7%，全国政府服务类采购规模下滑。

20 世纪 90 年代，我国在上海、深圳等地初步探索政府购买服务模式，21 世纪初在多个城市进行试点推广，逐步积累经验以后，开始推进制度建设，出台了相应试点办法，并最终在 2020 年形成了规范的制度办法，历时 30 余年。2013 年，《国务院办公厅关于政府向社会力量购买服务的指导意见》（国办发〔2013〕96 号）专门部署了政府购买服务改革工作，明确要求在公共服务领域更多利用社会力量，加大政府购买服务力度。2013 年以后，政府购买服务在政府职能转变以及推进公共服务社会化方面发挥了重要作用，成为全面深化改革重要举措，在全国范围内迅速铺开。

随着政府购买服务实践的不断深入，实践过程中也出现了扩大政府购买服务范围、购买服务绩效管理薄弱、超越管理权限延长购买服务期限等问题。2014 年 12 月，财政部、民政部、国家工商行政管理总局制定颁布的《政府购买服务管理办法（暂行）》（财综〔2014〕96 号），对政府购买服务很多方面都做出了制度规范，进一步规范了政府购买服务行为，加强了政府购买服务管理。

2017 年 5 月底，财政部印发的《关于坚决制止地方以政府购买服务名义违法违规融资的通知》（财预〔2017〕87 号）明确要求："严禁将铁路、公路、机场、通信、水电煤气等领域的基础设施建设，储备土地前期开发，农田水利等建设工程作为政府购买服务项目"，但财预〔2017〕87号文也要求："党中央、国务院统一部署的棚户区改造、易地扶贫搬迁工作中涉及的政府购买服务事项，按照相关规定执行"。在财预〔2017〕87号文颁布实施后，某些地方政府将某些工程项目包装成棚户区改造项目，企图通过政府购买服务模式支付。后来，相关文件要求新开工的棚改项目，不得以政府购买服务名义实施建设工程或变相举债，确需政府融资的，应当依法通过发行地方政府债券来解决。

伴随政府购买服务规模的扩大，实践中相继出现了问题，主要表现为部分地方政府以政府购买服务名义变相融资，实则增加了政府隐性债务，比如在无预算安排的情况下，以虚假的政府购买服务协议向平台公司购买服务，然后平台公司再以该协议中对政府的应收账款向金融机构融资等。因此，为了规避隐性债务风险，2018年6月，财政部就《政府购买服务管理办法（征求意见稿）》向社会公开征求意见，对政府购买服务作了更为全面、具体的规定。

为适应政府购买服务发展的新形势、新发展、新变化，2020年1月3日，财政部颁布了《政府购买服务管理办法》（中华人民共和国财政部令第102号），提供了开展政府购买服务项目的指南，为政府购买服务行为提供了制度保障，至此我国政府购买服务制度体系已基本形成。

2.2 基本概念

根据《政府购买服务管理办法》（中华人民共和国财政部令第102号）（以下简称"新办法"），政府购买服务是指："各级国家机关将属于自身职责范围且适合通过市场化方式提供的服务事项，按照政府采购方式和程序，交由符合条件的服务供应商承担，并根据服务数量和质量等因素向其支付费用的行为"。

2.3 运作模式

2.3.1 适用范围

2.3.1.1 负面清单

根据财政部公布的新办法明确列出了政府购买服务的负面清单，以下各项不得纳入政府购买服务范围：

（1）不属于政府职责范围的服务事项；

（2）应当由政府直接履职的事项；

（3）政府采购法律、行政法规规定的货物和工程，以及将工程和服务打包的项目；

（4）融资行为；

（5）购买主体的人员招聘，以劳务派遣方式用工，以及设置公益性岗位等事项；

（6）法律、行政法规以及国务院规定的其他不得作为政府购买服务内容的事项。

2.3.1.2 适用范围

新办法规定，"政府购买服务指导性目录在中央和省两级实行分级管理，财政部和省级财政部门分别制定本级政府购买服务指导性目录，各部门在本级指导性目录范围内编制本部门政府购买服务指导性目录"，其中，中央本级政府购买服务指导性目录已于 2020 年 12 月，经财政部《关于印发中央本级政府购买服务指导性目录的通知》（财综〔2020〕57 号）予以发布。

2.3.2 运作方式

2.3.2.1 确定购买主体和承接主体

（1）购买主体：指各级国家机关。

（2）承接主体：依法成立的企业、社会组织（不含由财政拨款保障的群团组织），公益二类和从事生产经营活动的事业单位，农村集体经济组织，基层群众性自治组织，以及具备条件的个人可以作为政府购买服务的承接主体。

（3）公益一类事业单位、使用事业编制且由财政拨款保障的群团组织，不作为政府购买服务的购买主体和承接主体。

2.3.2.2 确定购买内容及购买活动的实施

（1）购买目录确定：政府购买服务指导性目录在中央和省两级实行分级管理，财政部和省级财政部门分别制定本级政府购买服务指导性目录。政府购买服务应当突出公共性和公益性。

（2）执行采购流程：采购流程一般包括项目申报、委托采购、采购准备和采购方式选择、发布采购公告、执行采购流程、公示采购结果、签订采购合同、项目验收和款项支付。

（3）采购模式选取：包括公开招标、邀请招标、竞争性谈判、单一来源采购等方式。

2.3.2.3 预算和财务管理

（1）纳入预算：所涉及的资金应当在相关部门预算中统筹安排，并与中期财政规划相衔接，未列入预算的项目不得实施。

（2）按规定支出：政府购买服务支出应当符合预算管理有关规定。

2.3.2.4 绩效和监督管理

（1）购买主体实施政府购买服务项目绩效管理，应当开展事前绩效评估，定期对所购买服务的实施情况开展绩效评价，可以运用第三方评价评估。

（2）绩效评价结果作为承接主体选择、预算安排和政策调整的重要依据。

2.3.3　合作期限

根据财政部公布的新办法，政府购买服务合同履行期限一般不超过 1 年；在预算保障的前提下，对于购买内容相对固定、连续性强、经费来源稳定、价格变化幅度小的政府购买服务项目，可以签订履行期限不超过 3 年的政府购买服务合同。

2.3.4　回报机制

项目回报来源于财政支出。政府购买服务项目所需资金应当在相关部门预算中统筹安排，并与中期财政规划相衔接，未列入预算的项目不得实施。

2.4　合法合规性分析

依据《国务院关于创新重点领域投融资机制鼓励社会投资的指导意见》（国发〔2014〕60 号）之规定，政府购买服务是推动社会资本参与市政基础设施建设运营的重要方式之一。通过特许经营、投资补助、政府购买服务等多种方式，鼓励社会资本投资城镇供水、供热、燃气、污水垃圾处理、建筑垃圾资源化利用和处理、城市综合管廊、公园配套服务、公共交通、停车设施等市政基础设施项目，政府依法选择符合要求的经营者。

《国务院办公厅关于政府向社会力量购买服务的指导意见》（国办发〔2013〕96 号）和《关于坚决制止地方以政府购买服务名义违法违规融资的通知》（财预〔2017〕87 号），先后对政府购买服务进行了规范，制止地方政府违法违规举债融资行为。政府购买服务内容应当严格限制在属于政府职责范围、适合采取市场化方式提供、社会力量能够承担的服务事项，重点是有预算安排的公共服务项目。要坚持先有预算、后购买服务，所需资金应当在既有年度预算中统筹考虑，不得把政府购买服务作为增加预算单位财政支出的依据。年度预算未安排资金的，不得实施政府购买服务。

2.5　政府购买服务模式研究重点

2.5.1　政府购买服务与 PPP 的异同

2.5.1.1　相似点

一是两者均属于公共产品提供的一种方式，实施目的都是为了增加政府提供公共服务的效率，降低公共产品的供给成本。二是均吸引社会资本方参与公共领域服务，满足公众的多元化、个性化需求。三是两者都是按照《政府采购法》的规定，基于合同等契约化方式建立政府与社会资本方的法律关系。

2.5.1.2　不同点

一是实施主体不同：各级国家机关是政府购买服务的购买主体。PPP 项目主体是政府或其指定的相关职能部门或事业单位。

二是承接主体不同：依法成立的企业、社会组织（不含由财政拨款保障的群团组织），公益二类和从事生产经营活动的事业单位，农村集体经济组织，基层群众性自治组织，以及具备条件的个人可以作为政府购买服务的承接主体。PPP 合作项目的承接主体是具有投资、建设、运营管理能力的社会资本。

三是合作标的不同：政府购买服务项目中的服务是指狭义的、无形的服务，以即时生产、即时消费为主要特征，购买金额一般较小。PPP 项目的主要内容是有形的公共工程建设及（或）运营，购买金额较大。

四是政府支出责任不同：政府购买服务项目，资金来源为财政预算资金，遵循"先预算后购买"的原则，对政府购买服务支出占年度财政支出的比例未做明确限制。PPP 项目遵循"先采购后预算"的原则，即通过公开招标、竞争性磋商等竞争性方式确定社会资本方，再在 PPP 合同中约定政府财政支出纳入中长期财政规划和年度预算，根据现行财政支出责任监管要求，本级政府每一年度全部 PPP 项目需要从预算中安排的支出责任，占一般公共预算支出比例应当不超过 10%。

五是合作期限不同：政府购买服务合同履行期限一般不超过 1 年，在预算保障的前提下，某些项目合作期限可以不超过 3 年。PPP 项目合同期限一般不少于 10 年。

六是工作机制与工作流程不同：根据《关于印发政府和社会资本合作模式操作指南（试行）的通知》（财金〔2014〕113 号），清晰地表述了 PPP 项目操作的 5 个阶段19 个流程，PPP 项目流程多而复杂。参考上文所描述的政府购买服务运作方式可知，政府购买服务流程相对简单。

2.5.1.3 政府购买服务与 PPP 模式中的政府付费辨析

政府购买服务与 PPP 模式中的政府付费模式均为政府财政支出，但两者概念上存在较大差异。笔者认为，政府购买服务与 PPP 模式属于并列概念，而政府付费模式是 PPP 模式三种回报机制的其中之一，区别使用者付费模式和可行性缺口补助模式，政府付费模式全部采用财政预算来实现，并应完成物有所值评估及财政可承受能力论证等标准程序。鉴于政府购买服务与 PPP 模式中的政府付费模式在项目性质、预算管理、合作主体、合作期限、操作程序等方面存在差异，应该注意其中的辨析。

2.5.2 政府购买棚户区改造服务实践过程

2.5.2.1 棚户区改造政策变迁

2013 年 7 月发布的《国务院关于加快棚户区改造工作的意见》（国发〔2013〕25 号）是关于棚改工作的纲领性文件，确定新型城镇化建设中，棚户区改造是重大的民生工程和发展工程。

2015 年 6 月《国务院关于进一步做好城镇棚户区和城乡危房改造及配套基础设施建设有关工作的意见》（国发〔2015〕37 号）推动政府购买棚改服务相关工作。

2017 年 5 月，《关于坚决制止地方以政府购买服务名义违法违规融资的通知》（财预〔2017〕87 号）严格规范政府购买服务内容，但提出"党中央、国务院统一部署的棚户区改造、易地扶贫搬迁工作中涉及的政府购买服务事项，按照相关规定执行"。考虑到财预〔2017〕87 号文在棚改领域，仍然给地方政府操作购买服务模式留有空间，部分地方政府将一些工程项目包装成棚改相关支出，未按要求执行，并通过政府购买服务模式支付，这实际上形成了地方政府隐性债务。

2018 年 3 月 1 日，财政部和住房和城乡建设部印发《试点发行地方政府棚户区改造专项债券管理办法》（财预〔2018〕28 号），明确要求有序推进试点发行地方政府棚户区改造专项债券工作，探索建立棚户区改造专项债券与项目资产、收益相对应的制度。

2018 年 10 月 25 日，住房和城乡建设部在北京主持召开研究棚改政策的座谈会，国家发展改革委、财政部、中国人民银行出席该会议，多个省份派地方代表参会，会议明确为了防止地方财政隐性债务风险加大，2019 年以后新开工的棚改项目，要求以发行棚改专项债进行融资，不再以政府购买服务名义实施棚改项目。

2.5.2.2 棚户区改造和政府购买服务模式能否结合

考虑项目实施的主体不同，棚户区改造可分为政府主导、社会资本主导两种类型，政府主导的棚改项目包括政府建设投资、政府购买服务两种。通常购买棚改服务的内容包括棚改征地拆迁服务、安置房建设、公益性基础设施建设和棚改货币化安置服务等方面，购买内容不包括商品房以及经营性基础设施等。一般由地方政府授权当地住建局、房产局、征收办等主管部门或事业单位作为政府购买棚改服务的主体，购买主体在获得授权后，按照规定开展棚改服务采购，但目前能以政府购买服务模式实施的棚户区改造项目基本很难实现。另外，针对能够商业化运作的棚改项目，可由社会资本主导。

2.5.2.3 政策性银行发放抵押补充贷款（PSL）助力棚改

资金来源被认为是棚户区改造的一大难题，为解决这一问题，为贯彻落实国务院第 43 次常务会议精神，中国人民银行在 2014 年 4 月创设了抵押补充贷款（以下简称"PSL"），为开发性金融机构支持棚改项目建设提供了长期稳定且低成本的资金来源，充分调动和发挥了政策性金融机构在经济转型升级中的逆周期调节作用。一般操作模式是央行通过 PSL 贷款先向国家开发银行、中国农业发展银行、中国进出口银行发放资金，之后三家银行再根据制度向特定领域投放棚改资金。PSL 贷款成本优势明显，2014 年 4 月，PSL 贷款利率为 4.5%，2014~2015 年间，多次调低贷款利率，贷款利率从最初的 4.5% 下调至后来的 2.75%，PSL 贷款利率显著低于市场利率。期初，政府希望在控制风险的情况下对棚改投资形成政策性支撑，PSL 贷款就是要用于城中村改造、棚户区改造等项目。以国家开发银行投放规模为例，2014~2016 年投放规模分别为 4086 亿元、7509 亿元、9725 亿元，呈现出快速增加的态势。2017 年和 2018 年分别为 8800 亿元，6980 亿元，PSL 投放规模放缓，2019 年及以后使用 PSL 来支持棚改项目更少。

2.5.3　土地储备或土地一级开发与政府购买服务结合的探讨

2.5.3.1　土地储备和土地一级开发的定义

根据《土地储备项目预算管理办法（试行）》（财预〔2019〕89 号），土地储备是指县级（含）以上自然资源主管部门为调控土地市场、促进土地资源合理利用，依法取得土地，组织前期开发、储存以备供应的行为。土地储备主要包括依法取得土地（征拆收回）、组织前期开发，从而进行"储存以备供应"。

土地一级开发是指土地出让前，对土地进行整理开发投资的过程。具体指按照城市规划功能、竖向标高、市政基础设施配套指标的要求，由政府（土地储备机构）统一组织进行征地补偿、拆迁安置、土地平整，并进行适当的市政配套设施建设，使该区域范围内的土地达到"三通一平""五通一平"或"七通一平"的建设条件（熟地），按期达到土地出让标准的土地开发行为。土地储备与土地一级开发，都含有依法取得土地（征拆收回）、组织前期开发的过程，二者并无明显区别。

2.5.3.2　严禁将储备土地前期开发纳入政府购买服务范围

《关于规范土地储备和资金管理等相关问题的通知》（财综〔2016〕4 号）指出，储备土地的前期开发，仅限于与储备宗地相关的道路、供水、供电、供气、排水、通信、照明、绿化、土地平整等基础设施建设。《关于坚决制止地方以政府购买服务名义违法违规融资的通知》（财预〔2017〕87 号）指出，严禁将铁路、公路、机场、通信、水电煤气，以及教育、科技、医疗卫生、文化、体育等领域的基础设施建设，储备土地前期开发，农田水利等建设工程作为政府购买服务项目。

2.5.3.3　严禁将土地出让收入作为政府购买服务还款来源

根据《关于规范土地储备和资金管理等相关问题的通知》（财综〔2016〕4 号）规定："项目承接主体或供应商应当严格履行合同义务，按合同约定数额获取报酬，不得与土地使用权出让收入挂钩，也不得以项目所涉及的土地名义融资或者变相融资"。

购买服务政策本身要求先有预算再采购，不得以土地出让收入作为还款来源。另外，地方政府应依约按期按时支付购买服务费用，不可拖欠款项。

2.5.3.4 征拆安置补偿服务可纳入政府购买服务范围

《关于规范土地储备和资金管理等相关问题的通知》（财综〔2016〕4号）要求，地方土地资源主管部门应当积极探索政府购买土地征收、收购、收回涉及的拆迁安置补偿服务。此外，根据《土地储备资金财务管理办法》（财综〔2018〕8号），属于政府采购和政府购买服务范围的，应当按照规定分别编制政府采购和政府购买服务预算。

购买内容主要包括：

（1）土地征收前期入户调查和模拟拆迁等服务；

（2）土地征收、收购相关的勘测、评估、审查和审计等服务；

（3）储备土地项目征收拆迁安置服务。

因此，在严格履行各项程序的前提下，笔者认为，征拆安置补偿工作可属于政府购买服务范围。

2.6 操作要点建议

2.6.1 风险点

（1）采购合同不能有效执行或采购内容发生较大偏差，所导致采购合同发生变更的风险。

（2）政府预算管理不到位，借"购买服务"将建设工程与服务打包变相举债（现阶段政策已禁止），后期不能落实预算要求的风险。

（3）采购信息未公示，采购流程不符合规定，所导致项目存在的合规性风险。

2.6.2 关注要点

（1）需要符合政府购买服务的操作要点：即采购项目入选政府采购目录，不得纳入负面清单范围，采购流程合法合规，采购资金应先行纳入财政预算管理才进行采购程序。

（2）购买主体或其委托的采购代理机构通过公开中标的方式，确定承接主体并签署政府购买服务合同后，根据《政府采购法》第六条规定："政府采购应当严格按照批准的预算执行"，因此通常是不允许轻易变更的。若购买主体和承接主体双方认为协议中的价款及支付标准、进度需要做调整时，显然对采购合同作了实质性内容的改变，如果需要调整，需经法定程序申请，调整结果还应向社会公开。因此，在参与政府购买服务项目时应当自行评估提供服务的内容，防范自身无法在采购预算内提供指定服务的风险。

（3）政府采购能力应与地方财政实力及实际收入来源挂钩，并进行实质还款来源分析，此外根据财综〔2016〕4号文的规定不得与土地使用权出让收入挂钩。

（4）业务交易结构要符合相关监管规定。

2.7 青岛市购买"教育 + 互联网"服务案例分析 [1]

青岛市为了破解学校信息化建设中"硬件强、软件弱"的问题,向社会资本购买"教育 + 互联网"服务, 由专业公司开发"课堂教学云平台", 平台在青岛市 4 个区市 42 所学校 765 个班级进行试点, 覆盖 35239 名学生, 真正实现了以较小的资金投入, 取得了广泛而明显的成效。此次购买服务具体操作如下:

(1)确定购买主体。青岛市崂山区的教育局作为采购主体,多次组织教育局组织局领导、教研室主任、装备办主任、学校校长、软件公司等多方人员召开论证会,开展项目论证,精心设计服务需求。

(2)确定购买内容。在充分征求一线教师及教研人员意见建议的基础上,确定采购"课堂教学云平台"项目。

(3)纳入预算。按照青岛市教育局部署,教育局制定了《区教学质量三年提升行动计划》,并把"打造高效课堂,为师生减负提质"纳入当年区办重点项目推进,2019 年政府购买服务预算资金 315 万元。

(4)采购确定承接主体。项目实行公开招标,严格按照政府采购的要求确定承接主体,最终以 313.5 万元价格,确定北京十六进制科技有限公司作为承接主体。按政府采购的要求向社会进行了公示,签订了政府购买服务合同。

(5)对项目实施效果进行绩效评价。精心设计绩效评价目标指标,重点评价课堂教学效率、课后作业质量、学科教学质量监测成绩、学生学习积极性等非智力因素量化分析、中考优质普通普高录取人数及公办普高达线率等指标。

2.8 某市市政道路购买服务案例分析 [2]

2016 年 6 月, 某市下辖经济技术开发区管委会同意某市 P 建设工程有限公司(以下简称"P 公司")以 6.3 亿元将其建设的金光大道等 22 条市政道路资产打包整体转让给其全资子公司某市 J 建设投资有限公司(以下简称"J 公司"),某市经济技术开发区财政局与 J 公司签订政府购买服务协议,购买上述 22 条道路运营服务,总价款 7.8 亿元。2016 年 7 月, J 公司以上述虚构的政府购买服务协议中对某市下辖经济技术开发区财政局的应收购买服务费 7.8 亿元作为质押担保,向交通银行某市分行贷款 5 亿元,并用于向 P 公司购买上述 22 条道路资产。P 公司收到相关融资金后, 主要用于缴纳

---

[1] 本案例资料来源为中国政府采购网,具体名称为《青岛市政府购买服务典型案例之一:政府购买服务助力义务教育提质减负》。

[2] 本案例资料来源为 2018 年 7 月 17 日财政部通报的地方政府违法违规举债担保问责案例。

某市下辖经济技术开发区土地闲置费、支付土地竞买保证金以及经济技术开发区园区建设支出。

通过以上描述，笔者认为可能存在以下问题：

（1）上述提及的22条道路为市政道路，实际仅需要提供简单的日常维护，而根据签订的购买服务协议金额高达7.8亿元，可能存在虚构服务内容的行为。此外J公司实际并无提供道路服务的相关资质，也未提供相关服务。

（2）项目通过政府购买服务模式实施，企业通过应收账款抵质押融资，涉嫌企业替政府举债，可能新增政府的隐性债务，违反了《中华人民共和国预算法》《国务院关于加强地方政府性债务管理的意见》（国发〔2014〕43号）等法律文件和制度规定。

第3章 特许经营模式

3.1 特许经营模式产生的背景

在中国城市化进程中，特许经营模式发挥了重要作用。伴随着城市化进程的推进，大量人口不断迁入到城市工作和居住，因此需要建设与城市人口规模相配套的道路、桥梁、隧道、供水、供热、污水处理、垃圾处置等基础设施。而在新中国成立初期主要采用政府投资的传统模式，但这种单纯依靠政府投资建设的基础设施与公用事业项目无法满足经济发展与国民生计需要，因此，以 BOT 为代表的特许经营模式逐渐走入大众视野，很好地满足了我国基础设施建设的资金需要。公共设施特许经营最早出现在 2004 年建设部颁布的《市政公用事业特许经营管理办法》（建设部令第 126 号）中，随后在市政领域得到推广。2015 年 4 月 25 日，国家发展改革委、财政部、住房和城乡建设部、交通运输部、水利部、中国人民银行六部委联合印发的《基础设施和公用事业特许经营管理办法》（国家发展改革委等六部委第 25 号令）（以下简称"《基础设施和公用事业特许经营管理办法》"），对特许经营的实施领域和程序做出了进一步规定。总体而言，自 1984 年深圳沙角电厂 B 项目投资建设运营引进特许经营模式以来，基础设施特许经营在国内经历了 30 多年的实践，在城市供水、供气、供热、公共交通、污水处理、垃圾处理等行业得到广泛应用，并陆续形成了一套制度规范。从国内外基础设施特许经营实践情况来看，现阶段高速公路、污水处理、燃气特许经营是基础设施特许经营的主要领域，也是社会资本方重点关注领域。

要推进新型城镇化，我国还需要投资建设大量基础设施，而基础设施一般面临投资金额大、建设周期长等问题，地方政府为了保障基础设施项目投资建设计划有条不紊推进，减轻政府财政支出压力，愿意在适合领域采用特许经营方式。所以，在未来相当一段时期之内，我国特许经营模式的发展前景比较广阔。

3.2 基本概念

特许经营有两种基本类型：一是商业活动的特许经营（Franchise），如商业品牌加盟店、加盟连锁；二是基础设施和社会事业领域的特许经营（Concession），主要采取 BOT 及其演变的模式，笔者在这里主要探讨第二种类型。

为统筹推进国民经济社会发展，国家在基础设施和公用事业领域大力推行特许经营模式，中央与地方政府相继颁布和出台了很多政策、法律法规。《基础设施和公用事业特许经营管理办法》定义了基础设施和公用事业特许经营概念，是指政府采用竞争方式依法授权中华人民共和国境内外的法人或者其他组织，通过协议明确权利义务和风险分担，约定其在一定期限和范围内投资建设运营基础设施和公用事业并获得收益，提供公共产品或者公共服务。

3.3 运作模式

3.3.1 适用范围

在《基础设施和公用事业特许经营管理办法》颁布实施之前，特许经营模式大多在城市供水、供气、供热、污水处理、垃圾处理、城市轨道交通和其他公共交通等市政公用事业领域实施。《基础设施和公用事业特许经营管理办法》颁布后，进一步明确特许经营模式一般适用于能源、交通运输、水利、环境保护、市政工程等基础设施和公用事业领域。与之前相比，特许经营模式适用领域更广，在保留原"市政公用事业特许经营领域"的基础上又新增了部分领域，这也反映了国家在某些领域积极推进市场化改革，逐步放开允许社会资本方参与。

3.3.2 操作方式

根据《基础设施和公用事业特许经营管理办法》，基础设施和公用事业特许经营可以采取以下方式：

（1）BOT、ROT 模式：在一定期限内，政府授予特许经营者投资新建或改扩建、运营基础设施和公用事业，期限届满移交政府。

（2）BOOT、ROOT 模式：在一定期限内，政府授予特许经营者投资新建或改扩建、拥有并运营基础设施和公用事业，期限届满移交政府。

（3）BTO、RTO 模式：特许经营者投资新建或改扩建基础设施和公用事业并移交政府后，由政府授予其在一定期限内运营。

（4）国家规定的其他方式。

3.3.3 操作流程

根据《基础设施和公用事业特许经营管理办法》，特许经营项目大体操作流程如下：

3.3.3.1 编制项目实施方案

县级以上人民政府有关行业主管部门或政府授权部门（以下简称"项目提出部门"）可以根据经济社会发展需求，以及有关法人和其他组织提出的特许经营项目建议等，提出特许经营项目实施方案。

特许经营项目实施方案应当包括以下内容：（1）项目名称；（2）项目实施机构；（3）项目建设规模、投资总额、实施进度，以及提供公共产品或公共服务的标准等基本经济技术指标；（4）投资回报、价格及其测算；（5）可行性分析，即降低全生命周期成本和提高公共服务质量效率的分析估算等；（6）特许经营协议框架草案及特许经营期限；（7）特许经营者应当具备的条件及选择方式；（8）政府承诺和保障；（9）特许经营期限届满后资产处置方式；（10）应当明确的其他事项。

3.3.3.2 委托进行项目可行性评估

项目提出部门可以委托具有相应能力和经验的第三方机构，开展特许经营可行性评估，完善特许经营项目实施方案。需要政府提供可行性缺口补助或者开展物有所值评估的，由财政部门负责开展相关工作。

特许经营可行性评估应当主要包括以下内容：（1）特许经营项目全生命周期成本、技术路线和工程方案的合理性，可能的融资方式、融资规模、资金成本，所提供公共服务的质量效率，建设运营标准和监管要求等；（2）相关领域市场发育程度，市场主体建设运营能力状况和参与意愿；（3）用户付费项目公众支付意愿和能力评估。

3.3.3.3 对实施方案进行审查

项目提出部门依托本级人民政府建立的部门协调机制，会同有关部门对特许经营项目实施方案进行审查。经审查认为实施方案可行的，各部门应当根据职责分别出具书面审查意见。

特许经营者根据特许经营协议，需要依法办理规划选址、用地和项目核准或审批等手续的，有关部门在进行审核时，应当简化审核内容，优化办理流程，缩短办理时限。

项目提出部门综合各部门书面审查意见，报本级人民政府或其授权部门审定特许经营项目实施方案。

3.3.3.4 政府授权实施机构实施

县级以上人民政府应当授权有关部门或单位作为实施机构负责特许经营项目有关实施工作，并明确具体授权范围。

3.3.3.5 实施机构通过招标投标选择特许经营者

实施机构根据经审定的特许经营项目实施方案，应当通过招标、竞争性谈判等竞争方式选择特许经营者。特许经营项目建设运营标准和监管要求明确、有关领域市场竞争比较充分的，应当通过招标方式选择特许经营者。

3.3.3.6 签订初步协议／签订特许经营协议

实施机构应当与依法选定的特许经营者签订特许经营协议。需要成立项目公司的，实施机构应当与依法选定的投资人签订初步协议，约定其在规定期限内注册成立项目公司，并与项目公司签订特许经营协议。

特许经营协议应当主要包括以下内容：（1）项目名称、内容；（2）特许经营方式、区域、范围和期限；（3）项目公司的经营范围、注册资本、股东出资方式、出资比例、股权转让等；（4）所提供产品或者服务的数量、质量和标准；（5）设施权属，以及相应的维护和更新改造；（6）监测评估；（7）投融资期限和方式；（8）收益取得方式，价格和收费标准的确定方法以及调整程序；（9）履约担保；（10）特许经营期内的风险分担；（11）政府承诺和保障；（12）应急预案和临时接管预案；（13）特许经营期限届满后，项目及资产移交方式、程序和要求等；（14）变更、提前终止及补偿；（15）违约责任；（16）争议解决方式；（17）需要明确的其他事项。

3.3.4　合作期限

特许经营期限应当根据行业特点、所提供公共产品或服务需求、项目生命周期、投资回收期等综合因素确定，最长不超过30年。对于投资规模大、回报周期长的基础设施和公用事业特许经营项目可以由政府或者其授权部门与特许经营者根据项目实际情况，约定超过上述规定的特许经营期限。

3.3.5　回报机制

特许经营协议根据有关法律、行政法规和国家规定，可以约定特许经营者通过向用户收费等方式取得收益。

向用户收费不足以覆盖特许经营建设、运营成本及合理收益的，可由政府提供可行性缺口补助，包括政府授予特许经营项目相关的其他开发经营权益。

值得一提的是，特许经营协议应当明确价格或收费的确定和调整机制，并根据相关法律、行政法规规定和特许经营协议约定予以确定和调整。协议中，政府可以就不必要的同类竞争性项目建设、必要合理的财政补贴、有关配套公共服务和基础设施的提供等内容作出承诺，但不得承诺固定投资回报和其他法律、行政法规禁止的事项。

3.4　合法合规性分析

政府和社会资本合作（PPP）模式广泛推广前，特许经营主要法律依据是《市政公用事业特许经营管理办法》《基础设施和公用事业特许经营管理办法》及相关规定，因此，从合法合规性角度来说，特许经营模式是合规的。

另外，《国务院办公厅转发财政部发展改革委人民银行〈关于在公共服务领域推广政府和社会资本合作模式的指导意见〉的通知》（国办发〔2015〕42号）规定："在能源、交通运输、水利、环境保护、市政工程等特定领域需要实施特许经营的，按《基础设施和公用事业特许经营管理办法》执行"。

3.5 可融资性分析

特许经营项目一般以项目公司为融资主体，以特许经营收益向金融机构抵押获得项目融资。由于污水处理、燃气、高速公路等这类项目一般均有一定的使用者付费来源，因此，具备以特许经营模式实施的条件。

在特许经营模式下，金融机构关注的要点：一是项目完工计划和技术目标的可行性，若为银行融资，则多数会要求建设单位出具如完工承诺函等支持性文件；二是项目的后期还款来源是否可靠，如标准厂房项目能够提供已经签订的、不可撤销的、长期的租赁合同，则金融机构可以认为该项目能够产生稳定的现金流。但现实中，使用者付费往往具有一定的不确定性，比如高速公路项目收费受到车流量、收费标准以及新建线路的替代效应等影响，金融机构可能需要项目公司股东提供还贷担保。在四川省高速公路项目的融资调研中，针对收益不足的高速公路项目，银行在贷款中可能要求建设单位出具如流动性补足函等还款承诺，但对机场高速这种高垄断性质项目以及强信用主体直接融资的项目免于融资增信；三是项目建设其他资金的落实情况，一般金融机构会要求项目公司股东投入不低于国家要求的项目资本金，同时金融机构的融资总额应该与项目后期的收益相匹配，贷款不足部分需要项目公司另行筹集。当然政府对项目实施的决心、实力及风险分担机制也会影响金融机构对项目的融资态度。

3.6 模式研究重点

3.6.1 特许经营模式与 PPP 模式的联系和区别

由于并没有官方制度文件来界定和区分特许经营与 PPP 模式之间的关系，在实际操作过程中两者之间的关系模糊不清，并无定论。为辨析两者的联系和区别，笔者作如下分析。

3.6.1.1 参与主体的联系与区别

联系：无论是特许经营，还是 PPP 模式，均为两方主体的合作。其中，一方是负有相应职能的政府及其所属的职能部门，这里主要论述实施机构，另一方是社会资本方。

区别：《基础设施和公用事业特许经营管理办法》中提及项目的实施机构应当为县级以上人民政府授权的有关部门或单位，"有关部门或单位"原则上来说是一个较为模糊的概念，可以有很多解读，但总体上来说范围较宽。《关于印发政府和社会资本合作模式操作指南（试行）的通知》（财金〔2014〕113 号）认为："政府或其指定的有关职能部门或事业单位可作为项目实施机构"。特许经营模式和 PPP 模式对于实施机构规定范围有重叠，可以理解特许经营模式的实施机构范围更广。

《基础设施和公用事业特许经营管理办法》中对特许经营项目的特许经营者（社会资本方）没有特别限制。而 PPP 模式根据《财政部关于推进政府和社会资本合作规范发展的实施意见》（财金〔2019〕10 号）要求，本级政府所属的各类融资平台公司、融资平台公司参股并能对其经营活动构成实质性影响的国有企业不得作为社会资本参与本级 PPP 项目。因此，在社会资本方选择范围上，PPP 模式有一定的限制，相较特许经营模式选择范围更窄。

3.6.1.2　适用领域的联系与区别

联系：总体而言，PPP 模式和特许经营模式两者适用的领域均涉及政府提供的公共产品、公共服务，有一定的交集。

区别：特许经营模式主要适用于包括高速公路、轨道交通、医疗、养老等领域，注重项目的经营性。但 PPP 的范围相对更宽，其不仅适用于注重运营属性的经营性项目，还包括大量具有准经营性和少量具有非经营性的基础设施和公共服务领域项目，总体而言 PPP 模式的包含范围要比特许经营模式宽。在实践中，市场竞争比较充分、运营标准比较明确、主要通过向使用者收取付费的项目，地方政府更倾向于选择特许经营模式实施。

3.6.1.3　操作程序的联系与区别

联系：特许经营模式和 PPP 模式操作流程都从项目启动，到完成社会资本方采购，再到签订相关协议，操作程序有一定相似性。

区别：PPP 模式流程目前已有详细的规定，主要包括 5 个阶段，19 个具体步骤，总体而言操作流程更为繁杂，两者最关键的区别在于是否需要完成两评一案和入库等程序。而特许经营模式，需要政府提供可行性缺口补助或者开展物有所值评估的，由财政部门负责开展相关工作；不需要政府提供可行性缺口补助的，是不需要开展物有所值评估和财政承受能力论证的。

3.6.1.4　合作属性的联系与区别

联系：特许经营模式和 PPP 模式均考虑引入社会资本方来承担原本应由政府方提供基础设施投资建设任务。

区别：特许经营模式中政府和社会资本的关系是"授权"关系，即政府授权社会资本投资建设运营项目，由社会资本方承担利益和风险；PPP 模式是政府和社会资本合作共同投资建设运营项目，更强调政府和社会资本的利益共享和风险分配机制。

3.6.1.5　回报机制的联系与区别

联系：两者均可以通过向使用者收取费用，以及获取政府的可行性缺口补助。

区别：特许经营模式回报来源更强调经营性，主要是通过项目自身的运营向使用者收费回收投资和利润，不足部分可由政府提供可行性缺口补助，包括政府授予特许经营项目相关的其他开发经营权益。PPP 模式包含政府付费、可行性缺口补助和使用者付费三类，回报机制更具多样性。

3.6.2 高速公路 BOT 项目运作探讨

现如今我国高速公路建设规模已经超过美国，成为世界上通车里程最多的国家，这也归功于特许经营模式的成功应用，充分调动了社会资本的积极性和主动性。但不可忽视的是，我国高速公路项目投资建设已开始面临非主干线、交通流量相对较少、桥隧比较高、单公里造价成本过高等问题，在现有的收费政策下（一般不超过 30 年收费），若没有政府补助，完全通过使用者付费收入难以回收投入成本。高速公路项目的资金来源原则上由四部分构成：中央车购税补贴、地方财政投入、投资者资本金投入及银行贷款。因此，在满足条件的情况下，地方政府应积极申请中央车购税补贴，并进行财政投入，财政投入一般分为"BOT+ 政府补助""BOT+ 政府股权合作"两种模式，"BOT+ 政府补助"模式中政府补助可以分为补建设期和补运营期两种模式，建设期补助一般是固定金额并用于减少建设期的贷款金额，运营期补助就更偏向于作为项目公司的收入，补助的金额、形式、绩效考核等内容可根据不同项目特点进行设置。"BOT+ 政府股权合作"模式下相当于减少社会资本方的资本金投入，政府和社会资本方进行长期股权合作。

3.7 研究结论及操作建议

特许经营模式经过 30 年的推广，一些施工难度低、经济效益指标好、竞争优势突出的特许经营项目所剩无几。以高速公路为例，以前高速公路项目大多修在东部发达地区，车流量大，收益好，而现在高速公路项目大多都修在西部地区，西部地区经济相对没那么发达，车流量少，和东部不能相比，因此绝大多数项目的效益指标难以达到投资预期标准，项目缺乏吸引力，特别是实践中又出现了奇怪的"肥瘦搭配"组合，"肥"意味着公路的收费效益非常好，但这里所谓的公路"肥"真的"肥"吗？因此在项目前期研究阶段对项目进行筛选显得非常重要，否则所谓的公路"肥"其实并不"肥"，反而还要搭配一条免费修的"瘦"公路，整个项目的经济效益将大打折扣。所以，笔者对现阶段的特许经营模式提出以下操作建议。

3.7.1 明确项目适用类型

特许经营模式一般适用于能源、交通运输、水利、环境保护、市政工程等基础设施和公用事业领域，在这些领域里针对排他性强、使用者收费比较明确、消耗量可预期及能产生稳定经营收入的项目，建议政府优先选择特许经营模式进行实施。

3.7.2 重视项目商业运作

按照特许经营协议，特许经营项目的商业风险主要由社会投资方承担，以高速公路为例，项目收益与通行车流量、道路周边广告资源有无利用、其他相关资源有无开发利用等密切相关。因此，特许经营项目可能对社会投资人商业运作要求更高，投资人要注意挖掘特许经营项目本身的资源，要注重通过创新和内部管理来降低运行成本、增加收入。

3.7.3 特许经营协议签订操作建议

在签订特许经营协议时建议关注以下几个要点。

3.7.3.1 排他性和独占性条款

根据《基础设施和公用事业特许经营管理办法》，特许经营权是指政府授权特许经营企业（即项目公司）的一种权利，在其获得授权后有权在协议规定的区域，在一定范围和期限内投资建设运营基础设施和公用事业并获得收益，政府或有权部门依法保障特许经营者合法权益。可以看出特许经营权是政府通过行政方式授予，如果政府不在特许经营协议中作出相应承诺，则存在其他项目分流本项目收益的风险，从而投资人的利益无法得到保障，因此项目公司应当与政府约定享有"排他性权利"，即特许经营期间政府授予项目公司的特许经营权不能再授予其他方，以保证特许经营权的排他性；同时项目公司应当与政府约定享有"独占经营的权利"，即要求政府保证不利用其行政地位自行或通过其指定的机构行使项目的特许经营权，以保证该特许经营权的独占性。

3.7.3.2 限制竞争条款

限制竞争条款可以和排他性和独占性条款结合来看待，排他性和独占性条款是保障特许经营者在特定区域，在一定范围和期限内的特许经营权，而限制竞争条款是为了防止政府在特定区域以外另行设立过多的同类项目，从而导致过度竞争引起投资人预期经营收益下降。以高速公路为例，项目公司的收入来源主要是收取车辆通行费（另包括小部分路衍收入），若政府新增可替代路线，将会导致车辆分流，原有高速公路将无法获得预期车流量，严重影响投资人成本回收及获得合理收益。因此，为有效保障投资人的投资收益，通常在高速公路特许经营协议中要求政府方承诺：严格规划并控制审批新建或改扩建与原有高速公路平行、方向相同或构成车辆实质性分流的竞争性道路。若原有高速公路出现长期严重拥堵，并严重影响道路通行，建议政府在同等条件下优先考虑原有高速公路投资人实施新建项目，保障自身权益。

3.7.3.3 特许经营权变更和终止条款

根据《基础设施和公用事业特许经营管理办法》第四章规定："在特许经营协议有效期内，协议内容确需变更的，协议当事人应当在协商一致基础上签订补充协议"以及"特许经营协议提前终止的，政府应当收回特许经营项目，并根据实际情况和协议约定给予原特许经营者相应补偿"。投资人应在特许经营协议中关注是否为后期变更协议内容预留调整空间，此外还应该重点审查关于提前终止协议的各种情形，设置特殊情况下的提前退出机制，以及尽可能明确补偿实现的方式。

3.7.3.4 政府补偿的调整机制

项目公司在特许经营期内，容易发生由于法律法规、政策变动允许调整收费期或不可抗力因素导致的项目投资收益下降风险。根据《基础设施和公用事业特许经营管理办法》第三十六条规定："因法律、行政法规修改，或者政策调整损害特许经营者预期利益，或者根据公共利益需要，要求特许经营者提供协议约定以外的产品或服务的，应当给予特许经营者相应补偿"，因此，在签订特许经营协议时应关注此类条款的约定。以高速公路项目为例，新冠肺炎疫情这样的不可抗力事件发生之后，高速公路暂停收费的同时还得承担运维费用，将折损投资人收益，因此如何保障项目公司自身权益显得尤其重要。可以通过财政补助、延长收费期或采取其他措施对项目公司予以适当补偿，若延长收费期，调整后的收费期不得超过国家法律及政策规定的最长期限（目前为 30 年），比如投标收费期为 29 年，在现在政策规定下，最多延长至 30 年，多收 1 年的收费收入不一定能够弥补损失，所以还需要和政府协商其他补偿调整机制。

3.7.4 商务条款的操作建议

3.7.4.1 争取特许经营项目政府补助

根据《基础设施和公用事业特许经营管理办法》规定，若特许经营项目向用户收费不足以覆盖特许经营建设、运营成本及合理收益的，可由政府提供可行性缺口补助。因此，投资人需要重点关注可以争取哪些政府补助，不同行业补助标准和政策均有所不同。以高速公路为例，根据财政部和交通运输部颁布的《关于印发〈车辆购置税收入补助地方资金管理暂行办法〉的通知》（财建〔2021〕50 号），国家高速公路补助标准如表 3-1 所示。

新建项目按上述标准执行，扩容改造项目按上述标准的 50% 执行；采用 PPP 模式的新建项目以所在地区上述标准为上限，扩容改造项目以上述标准的 50% 为上限；

国家高速公路投资补助标准 表3-1

序号	地区	标准
1	东部地区	建安费的 25%
2	中部地区	建安费的 30%
3	西部地区	西藏按照项目总投资的 100%，新疆南疆四地州、青海按建安费的 70%，新疆其他地区、贵州、云南、甘肃、四川阿坝州、甘孜州、凉山州按建安费的 50%，其他西部地区按建安费的 35%

除西藏自治区外，中央投资补助原则上执行建安费 50% 及以上比例的区域的项目不高于 6000 万元 /km，其他西部地区的项目不高于 5000 万元 /km，东中部地区的项目不高于 4000 万元 /km，不超过地方申请数，不超过 PPP 项目合同约定政府建设期出资数；海南省、吉林延边州、黑龙江大兴安岭地区、湖北恩施州、湖南湘西州、江西赣州市执行西部地区建安费的 35% 标准；公路长大桥梁结构监测系统补助额度，东部、中部、西部、特殊困难地区（指西藏自治区、青海省、新疆南疆四地州、川滇甘涉藏州县、四川凉山州、云南怒江州和甘肃临夏州）分别按核定投资的 40%、50%、70% 和 90%。除此之外，对普通国道也约定了相应的补助标准。

3.7.4.2 特许经营收益的预测

特许经营项目好坏的评判标准，在于对未来收益获取的预测。以高速公路为例，投资人是否参与特许经营项目是建立在未来车流预测准确性上。1962 年，美国学者提出交通预测四阶段法，我国实践中对于高速公路车流量的预测也普遍采用此方法，以居民出行调查为基础，由交通生成、交通分布、交通方式划分、交通量分配四个阶段组成。

（1）居民出行调查一般采用交通起止点调查，即 OD 交通量调查，由此可以获取为分析、预测某段道路未来车流量提供必要的基础数据，OD 调查结果已被应用于公路网规划、新建或改建项目可行性研究、设计、交通组织及管理等各方面。此外各个咨询单位与道路所在地的交通局建立了良好的合作关系，获取了当地部分道路的出行数据，建立了自身的数据库，为优化和处理 OD 数据提供了支撑。

（2）交通生成的预测主要包括对未来一定时间内目标区域的总出行量、区域内发生的交通量与吸引的交通量等内容。其中目标区域的经济发展情况、产业分布情况、人口分布、居民收入、拥有车辆情况等信息极大地影响该区域发生的交通量。目标区域内的土地面积、土地使用形式、建筑面积等因素影响着吸引的交通量。

（3）交通分布的预测涉及现有的交通布局情况、周边土地利用的情况、目标区域的经济发展情况等。

（4）交通分布的预测是针对某一地区的实际情况预测交通方式的分担情况，综合运输的交通方式包括公路、航空、铁路、水路及管道五种运输方式。

（5）交通量分配预测是统筹考虑现有的交通量和预测的交通量在现存的交通网络上进行分配，以及预测的交通量在规划的未来交通网络上进行分配。

虽然四阶段交通量预测被广泛运用，但实际上高速公路动辄 20 年，乃至 30 年的车流量预测，在预测的初始点很难充分考虑影响车流量的因素，急剧增加了预测的难度，因此，很多投资人在参与高速公路项目持谨慎态度。所以，投资人应聘请客观的第三方咨询单位对车流量做出独立准确的分析，作为投资评判依据。

3.7.4.3 收费标准变化的预测

特许经营项目中对收费标准的确定以及政府补偿机制的适时调整，是非常关键的。以四川省高速公路为例，根据 2021 年 1 月《四川省交通运输厅 四川省发展和改革委员会 四川省财政厅关于印发〈四川省高速公路车辆通行费定价办法〉的通知》，新建高速公路收费标准，依据批准的初步设计概算投资，原则上按基本收费标准加投资调整方式确定。基本收费标准按投资 8000 万元 /km 计算，一类车为 0.50 元 /（车·km）。投资超过 8000 万元 /km 的，以 1000 万元作为递进区间，对应一类车收费标准调增 0.05 元 /（车·km），初次批准上限为 1.20 元 /（车·km）。政府收费高速公路收费标准的确定，还应综合考虑债务规模、利率水平、养护运营管理成本、当地物价水平以及交通流量等因素。新建高速公路投资调整值（即超过 8000 万元部分）按车道数折减。双向四车道折减系数为 1.0，双向六车道折减系数为 0.8，双向八车道折减系数为 0.7。高速公路收费车型分类，执行《收费公路车辆通行费车型分类》行业标准。其中，客车车型收费系数为 1：2：3：4；货车及专项作业车车型收费系数为 1：2：3：3.9：4.7：5.4，六轴以上的货车，每增加 1 轴收费系数调增 0.9。我们需要关注：（1）政府方原因导致收费标准调整，从而降低项目收益的情况，应该在特许经营协议中约定相应的补偿措施。（2）收费标准高的公路通行车流量可能会有所降低，而收费标准低的公路通行车流量可能会有所增加，可以看出收费标准的高低直接影响公路的车流量，车流量和收费标准共同决定了通行费收入的情况，因此，在投标前应尽可能明确收费标准及变化的风险责任。

3.7.4.4 政府承担最低需求风险

为提升项目的吸引力，笔者认为特许经营项目如高速公路、自来水厂、污水处理厂等项目，约定由政府方来承担最低需求风险是合适的。最低需求即政府与投资人或项目公司约定最低使用量，在项目实际使用量低于最低使用量时，不论实际使用量多少，政府按约定的最低使用量付费，这可以在一定程度上降低投资人或项目公司承担的运营风险，提高项目的可融资性。以高速公路为例，可要求政府方为高速公路承诺最低需求，比如对车流量"保底不兜底"承诺，当车流量不足可研预测 70% 时，政府保到 70%；如果高于 70% 的时候，政府不再保底。但根据《基础设施和公用事业特许经营管理办法》规定，特许经营项目不得承诺固定投资回报和其他法律、行政法规禁止的事项。因此，部分政府担心被审计出涉嫌承诺固定回报的风险，笔者认为最低需求不等同于固定回报，原因如下。

财政部《关于印发政府和社会资本合作模式操作指南（试行）的通知》（财金〔2014〕113 号）规定："原则上，项目设计、建造、财务和运营维护等商业风险由社会资本承担，法律、政策和最低需求等风险由政府承担，不可抗力等风险由政府和社会资本合理共担"。

《关于规范政府和社会资本合作合同管理工作的通知》（财金〔2014〕156号）规定："最低使用量即政府与项目公司约定一个项目的最低使用量，在项目实际使用量低于最低使用量时，不论实际使用量多少，政府均按约定的最低使用量付费。最低使用量的付费安排可以在一定程度上降低项目公司承担实际需求风险的程度，提高项目的可融资性"。

《关于推广运用政府和社会资本合作模式有关问题的通知》（财金〔2014〕76号）规定："按照风险由最适宜的一方来承担的原则，合理分配项目风险，项目设计、建设、财务、运营维护等商业风险原则上由社会资本承担，政策、法律和最低需求风险等由政府承担"。

财政部《关于推进政府和社会资本合作规范发展的实施意见》（财金〔2019〕10号）规定："社会资本负责项目投资、建设、运营并承担相应风险，政府承担政策、法律等风险"。

3.7.4.5　运营成本的预测

动辄20年乃至30年的特许经营期中，运营成本的预测对项目的现金流影响较大。以高速公路为例，通货膨胀导致的维修养护成本，特别是管理及人工费上涨是无法忽视的，将造成运营成本逐年递增，此外高速公路通常会遭遇雨雪、雾霾等特殊天气，不仅造成道路封闭、影响通行费收入，还会增加管养成本和道路安全隐患。因此，具有运营经验的单位对运营成本预测的准确性显得尤为重要。

3.8　成都市天府新区至邛崃高速公路项目案例分析[1]

3.8.1　案例简介

3.8.1.1　项目概况

成都市天府新区至邛崃高速公路（以下简称"本项目"）自东向西布设线路，东起于成都市新津县邓双镇文山村，与成雅高速相接，西止于邛崃市孔明乡，与成温邛高速相接，项目全长42km，含2座特大桥、29座大桥、3座中桥、1座隧道，桥隧比42.56%，双向六车道，设计速度120km/h，全路段设置5处收费站、1处养护工区和监控分中心、1处服务区，项目总投资87.27亿元，其中建安费53.68亿元，项目建设期3年，运营期为30年（商务报价标的）。

---

[1] 本案例资料来源为四川省公共资源交易信息网，具体文件为《天府新区至邛崃高速公路项目投资人招标文件》。

3.8.1.2 运作模式

（1）《四川省人民政府办公厅关于建设天府新区至邛崃高速公路项目有关事宜的复函》（川办函〔2019〕39号），同意成都市人民政府采用BOT模式实施本项目。成都市人民政府为本项目的招标人，成都市交通运输局为招标执行机构，通过公开招标方式一次性确定本项目"投资人+设计施工总承包人"。

（2）四川成渝高速公路股份有限公司（联合体牵头方）和中交路桥建设有限公司组建的联合体成功中标本项目，收费期限为24年90天。中标后，成立项目公司负责本项目的投融资、施工图设计、建设、运营维护及移交工作。

3.8.1.3 回报机制及相关商务条件

（1）运营期内项目公司运营收入包括车辆通行费、广告经营收入、服务设施经营收入等，政府无建设期补助和运营期补助，项目建设成本、运营成本、财务费用、税费等由项目公司承担，自负盈亏。据招标文件所附特许权协议：由于法律法规、政策变动允许调整收费期或不可抗力因素导致项目受到实质性影响造成项目公司遭受损失的，由项目公司提出申请，经四川省政府批准后，可以通过延长收费期或采取其他措施对项目公司予以适当补偿，但调整后的收费期不超过国家法律及政策规定的最长期限（目前为30年）。

（2）基本收费标按政府最终批复为准。

（3）据招标文件，成都市人民政府负责本项目征地拆迁工作，其中永久占地费和拆迁补偿费按照35万元/亩包干计算，具体征地数量以实际征用为准，项目公司足额支付政府使用，超出包干价的部分由政府按辖区分别承担；水土保持补偿费由项目公司自行承担，费用已列入工可投资估算的工程建设其他费中。

3.8.2 案例解析

（1）本项目符合《基础设施和公用事业特许经营管理办法》规定的适用范围，四川省人民政府办公厅以川办函〔2019〕39号批准采取BOT方式建设。

（2）本项目无建设期补助和运营期补助，因此项目不牵扯地方政府财政支出，项目实施风险由社会资本方承担，对社会资本方融资、运营和管理都提出了很高的挑战。

（3）据招标文件所附特许权协议，政府授予项目公司投资、建设、经营、管理和收取车辆通行费的权利，以及享有项目沿线规定区域的服务设施经营权和广告经营权，政府方对项目公司授予的特许权具有独占性。

（4）本项目以BOT模式进行招标，政府无需出资，降低了政府的财政负担。此外项目回报方式明确，政府和社会资本之间的利益纠纷少，但项目本身的经济性问题和《特许权协议》相关约定问题有待后续观察。

第4章 PPP模式

4.1 基本概念

PPP 模式中的 PPP 是 Public-Private-Partnership 的缩写，一般直译为公共和私人部门合作伙伴关系，我国译为政府和社会资本合作模式。

2014 年 9 月 23 日，《关于推广运用政府和社会资本合作模式有关问题的通知》（财金〔2014〕76 号）颁布，该通知规定："政府和社会资本合作模式是在基础设施及公共服务领域建立的一种长期合作关系。通常模式是由社会资本承担设计、建设、运营、维护基础设施的大部分工作，并通过'使用者付费'及必要的'政府付费'获得合理投资回报；政府部门负责基础设施及公共服务价格和质量监管，以保证公共利益最大化"。财政部对于 PPP 模式强调了政府和社会资本的工作分工以及付费模式。

2014 年 12 月 2 日，《国家发改委关于开展政府和社会资本合作的指导意见》（发改投资〔2014〕2724 号）颁布，该意见规定："政府和社会资本合作（PPP）模式是指政府为增强公共产品和服务供给能力、提高供给效率，通过特许经营、购买服务、股权合作等方式，与社会资本建立的利益共享、风险分担及长期合作关系"。国家发展改革委对于 PPP 模式更关注模式目的、操作方式和长期合作关系。

2015 年 5 月 19 日《国务院办公厅转发财政部发展改革委人民银行〈关于在公共服务领域推广政府和社会资本合作模式的指导意见〉》（国办发〔2015〕42 号），该意见对 PPP 模式有了更清晰的定义，指出："政府和社会资本合作模式是公共服务供给机制的重大创新，即政府采取竞争性方式择优选择具有投资、运营管理能力的社会资本，双方按照平等协商原则订立合同，明确责权利关系，由社会资本提供公共服务，政府依据公共服务绩效评价结果向社会资本支付相应对价，保证社会资本获得合理收益"。

结合上述文件，PPP 模式的 4 大核心特征：

（1）平等的合作伙伴关系。政府和社会资本双方出于平等地位订立合同，以责权利关系约束双方，而非管理和被管理者关系，因此在项目合作过程中，双方的平等地位显得极其重要。

（2）合理的利益共享关系。PPP 模式项目大多具有公益性，项目本身不以利润最大化为目的，因此需充分考虑社会资本方在项目中取得合理收益，保证社会资本方的收益稳定性，同时也调动社会资本方的积极性，提升公益性项目的服务品质。

（3）健全的风险共担机制。PPP 项目风险分担机制一般为"风险由最有承担能力、所需费用最少一方承担"，比如政策风险由政府承担，项目建造风险由社会资本方承担，风险的合理分配能提高项目效益。

（4）全生命周期管理。传统融资项目，社会资本方一般只参与项目的融资和建造过程，其他工作基本由政府或平台公司承担，PPP 模式是站在项目全生命周期管理的角度，覆盖从项目实施方案编制过程中公开征求意见、采购、设计、建设、运营至移交的整个过程。合作时间一般 10 年以上，长则 30 年，对社会资本而言是一个严峻的考验，需要以系统化思维从长远角度考虑项目全生命周期收益，而非仅仅考虑项目短期的建造收益，因此 PPP 项目的全生命周期策划管理显得尤为重要。

4.2　PPP 模式产生背景及发展情况

4.2.1　产生背景

在国外，PPP 的雏形最早出现在 18、19 世纪的英国，而现代意义上的 PPP 则出现在 20 世纪 90 年代初英国、加拿大等国家，在西方发达国家，PPP 作为传统模式的补充，在公共投资中所占比例并不高。即使在 PPP 模式比较成熟的英国、加拿大、澳大利亚等国家，近年来 PPP 投资在公共投资中的比例也相对较低。

在我国，有学者指出，PPP 模式的应用始于 20 世纪 80 年代中期，以 BOT 为代表的 PPP 模式被引入我国电厂等基础设施领域，主要是外资 BOT 项目，如深圳沙角某电厂 BOT 项目、四川成都市某水厂 BOT 项目、广西来宾某电厂 BOT 项目等。2000 年后，BOT 和 TOT 是主要的运营模式，代表性项目包括北京地铁 4 号线工程和国家体育场（鸟巢）工程项目。

2013 年 11 月 12 日，党的十八届三中全会提出"允许社会资本通过特许经营等方式参与城市基础设施投资和运营"。为贯彻落实党的十八届三中全会上述精神，拓宽城镇化建设融资渠道，促进政府职能加快转变，完善财政投入及管理方式，2014 年 9 月 23 日出台了《关于推广运用政府和社会资本合作模式有关问题的通知》（财金〔2014〕76 号）。自此，PPP 模式在我国进入高速发展快车道，项目总量和总额不断扩大。由于 PPP 业务发展速度过快且政策体系尚未完备，大量不规范的 PPP 项目应运而生，直到 2017 年和 2019 年财政部先后发布《关于规范政府和社会资本合作（PPP）综合信息平台项目库管理的通知》（财办金〔2017〕92 号）和财政部《关于推进政府和社会资本合作规范发展的实施意见》（财金〔2019〕10号）等文件，PPP模式逐步走向成熟与规范。

可以看到，20世纪80年代中期以BOT为代表的投融资模式背景是当时部分地方政府财力不足，需引入国外资金参与基础设施投资建设；而2014年后大量推行政府和社会资本合作模式的背景则是我国加快新型城镇化、拓宽城镇化建设融资渠道、促进政府职能加快转变、防范化解地方政府债务风险的现实需要。

4.2.2 发展情况

从2014年本轮PPP模式兴起以来，截至2021年上半年，财政部PPP项目管理库累计项目数10066个，投资额达15.58万亿元，对我国经济贡献值较大。2020年2月，财政部发布《关于加快加强政府和社会资本合作（PPP）项目入库和储备管理工作的通知》（财政企函〔2020〕1号），提出要加快项目入库进度，缩短项目落地开工建设周期，有效发挥积极财政政策在逆周期调节中的作用。可知PPP模式在我国投融资建设中仍具有重要地位，2021年政府工作报告提出扩大有效投资；推进"两新一重"建设，实施一批交通、能源、水利等重大工程项目。笔者预计在当前新基建与传统基建协调推进的形势下，PPP模式将持续规范化发展，在中国经济持续复兴过程中充当重要角色。

4.3 运作模式

4.3.1 基本流程

PPP项目运作模式如今已经相当成熟，从项目发起到项目结束包括5大阶段：项目识别、项目准备、项目采购、项目执行、项目移交。

项目识别指项目发起到通过物有所值评价和财政承受能力论证，项目发起以政府发起为主，社会资本也可以向政府推荐。物有所值评价分为定性和定量评价，以定性为主，通过物有所值评价和财政承受能力论证的项目，可进行项目准备。

项目准备指完成项目实施方案的编制及审核，主要是明确项目的运作方式、交易架构、合同体系、风险分担等核心内容。

项目采购指项目从发布资格预审或招标工作到项目合同签订的过程，主要完成社会资本方的选定以及双方主要投资合同的签订。

项目执行是指项目公司成立到项目移交之前的全阶段，也是项目合作期最主要的阶段，核心工作包括融资、绩效考核及回款、评估等工作。

项目移交是指项目从移交准备到完成绩效评价，最终移交政府的阶段，标志着项目合作期的结束。PPP项目基本流程如图4-1所示。

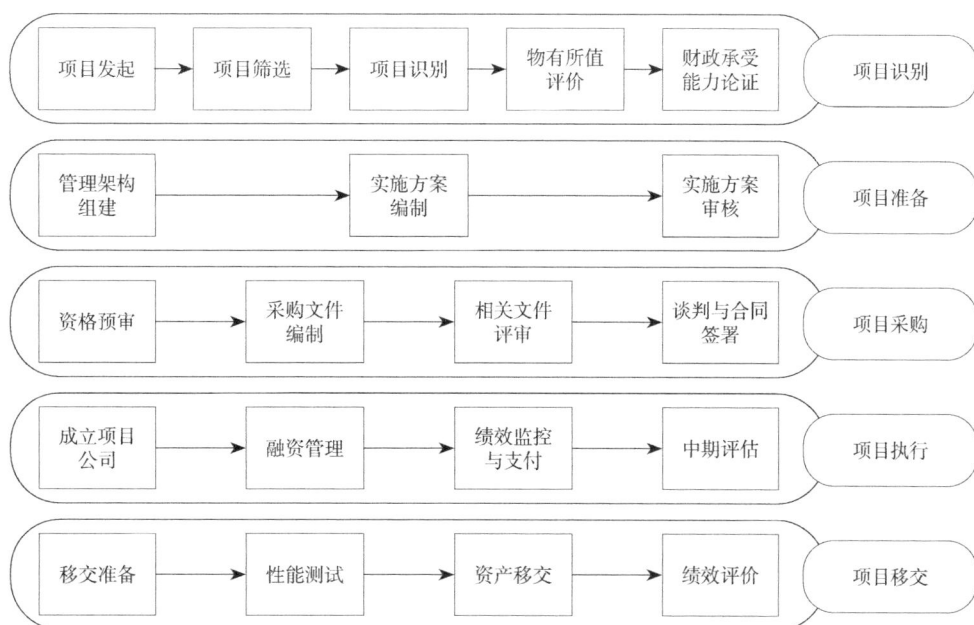

图 4-1 PPP 项目基本流程

4.3.2 适用范围

PPP 项目一般具有投资规模大、回报周期长、一定公益性等特征，因此主要适用于基础设施及公共服务领域，包括能源、交通运输、市政工程、农业、林业、水利、环境保护、保障性安居工程、医疗卫生、养老、教育、科技、文化、体育、旅游、垃圾处理、污水处理等。

4.3.3 模式类型

4.3.3.1 PPP 的细分模式

根据财政部《政府和社会资本合作模式操作指南（试行）》（财金〔2014〕113 号），我国 PPP 项目运作方式主要包括委托运营（O&M）、管理合同（MC）、建设 – 运营 – 移交（BOT）、转让 – 运营 – 移交（TOT）、改建 – 运营 – 移交（ROT）和建设 – 拥有 – 运营（BOO），在实际操作中，还衍生出了建设 – 租赁 – 转让（BLT）模式。以上 7 种模式根据社会资本承担参与度可分为三类，分别是管理外包类（O&M 和 MC）、特许经营类（BOT、BLT、TOT 和 ROT）、永久私有化类（BOO）三类，如表 4-1 所示。

PPP 的 7 种细分模式，都基本遵循了"政府与社会资本合作，利益共享"的原则。从图 4-2 可以看出，社会资本方在项目方面的参与深度和承担的风险正相关。随着社会资本方参与项目程度的提升，政府信用担保的固定收益占比下降，权益回报占比上升，放大了项目风险对作为股东方的社会资本方的影响，导致资本金回收风险和项目收益风险扩大。

PPP项目细分模式情况对比表　　　　　　表4-1

分类	具体模式	性质	政府方保留权	政府方角色	社会资本方角色	收入来源
管理外包类	O&M	存量资产委托运营	资产所有权	项目建设经济责任	负责项目运营及维护	政府支付委托运营费
	MC	存量资产授权经营	资产所有权	项目建设经济责任	负责项目运营及维护、用户服务	政府支付管理费
特许经营类	BOT	公建私营，建设-运营-移交	资产所有权	到期回购	负责项目设计、融资、建造、运营、维护及用户服务	运营及用户服务收费
	BLT	私建公营，建设-租赁-转让	到期回收权	租赁期内运营维护，到期回收	建设项目并拥有租赁期所有权，到期移交	政府支付租金
	TOT	存量资产转移经营，转让-运营-移交	到期回收权	监督运营到期回购	拥有合同期资产所有权，负责项目运营、维护、用户服务	项目运营收益（部分情况涉及政府回购补偿）
	ROT	存量资产改扩建，改建-运营-移交	到期回收权	负责改扩建，监督运营，到期收回		
永久私有化类	BOO	公私合营，建设-拥有-运营	项目公司股东权益	出资股东	出资股东且占比超50%项目管理运营	使用者付费、可行性缺口补助、政府付费

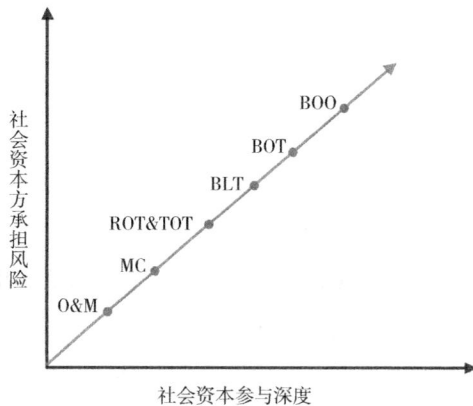

图4-2　社会资本方参与深度与承担风险关系图

根据差异化的现实情况，7类细分模式在项目所有权归属、投资收益来源、风险控制框架、融资渠道、改扩建需求和期满处置等方面存在差别。整体上，政府工作侧重于监督管理和经济责任保障，社会资本工作侧重于项目规划与管理运营，双方各自发挥优势，分散项目风险，提高资产效率。

现阶段，参与 PPP 项目的企业主要为资金实力雄厚，管理运营经验丰富的建筑央企、国企，且以 BOT 模式为主。笔者认为，随着中国步入城市更新的新阶段以及 PPP 项目大量进入运营期后，ROT、TOT、MC 模式的 PPP 项目将逐渐增多。

4.3.3.2　PPP 与 EPC 相结合

随着 PPP 模式和 EPC 模式不断深入运用，更体现专业化运作的 PPP + EPC 模式受到广泛关注。PPP+EPC 模式是开拓融资渠道、加快基础设施建设的重要途径，能实现投资、建设、运营的整合，强化社会资本在 PPP 项目全过程管理中的主体责任。实践中将 PPP+EPC 模式分成了两种情况：分别是"DBFOT模式"和"传统模式 +PPP 模式"。

（1）设计 – 建设 – 融资 – 运营 – 移交模式（DBFOT）

DBFOT 模式即设计 – 建设 – 融资 – 运营 – 移交模式，由项目公司完成项目的设计、建设、融资、运营工作，强调设计工作的重要性，运营期满后向业主或其指定方移交。项目公司设计责任具体如下：一是若项目公司（中标社会资本）具备相应勘察设计资质和能力，则由项目公司执行勘察设计工作；二是若项目公司（中标社会资本）不具备相应勘察设计资质和能力，则由项目公司通过招标方式选择符合要求的设计单位执行项目设计工作。此外，社会资本方负责为项目建设融资，项目公司自行负责项目建设或招标施工单位建设，在运营期内提供运营服务，期满移交政府或其指定方。

（2）PPP 模式 + 传统模式

当一个项目拆成 A 和 B 两部分，A 部分采取 PPP 模式，B 部分采取传统模式中的 EPC 模式。此时项目实际上是由一个 PPP 项目和一个 EPC 项目打包而成。这种模式一方面可以对项目整体统筹规划设计，提升建设运营效率；另一方面能将底层现金流合并，帮助整体项目融资，一定程度上缓解公益性项目和准公益性项目的融资困难。

4.3.4　主要交易结构

PPP 项目一般需要政府指定平台公司作为出资代表，和社会资本方合资组建项目公司。社会资本所占股权比例一般超过 50%（个别项目有特殊规定的除外），可由建设主体、金融机构等多家机构组建联合体共同参与项目投资。项目收益来源主要为使用者付费、可行性缺口补助和政府付费，按照政府付费占比从低到高排列分为经营性、准经营性和非经营性三类。

项目公司对项目进行全周期管理：一是项目公司与投资方（社会资本方或其他外部融资）签订相关投融资合同，规定资金到位时间与使用方式；二是项目公司与建设主体（少数项目要二次招标）签订总包合同，由总包方对项目施工建设进行安排与控制；三是项目公司与运营主体签订运营管理合同，规定运营管理细则、绩效考核模式及期满移交方式等；此外还须视项目要求签订其他合同。具体流程如图 4–3 所示。

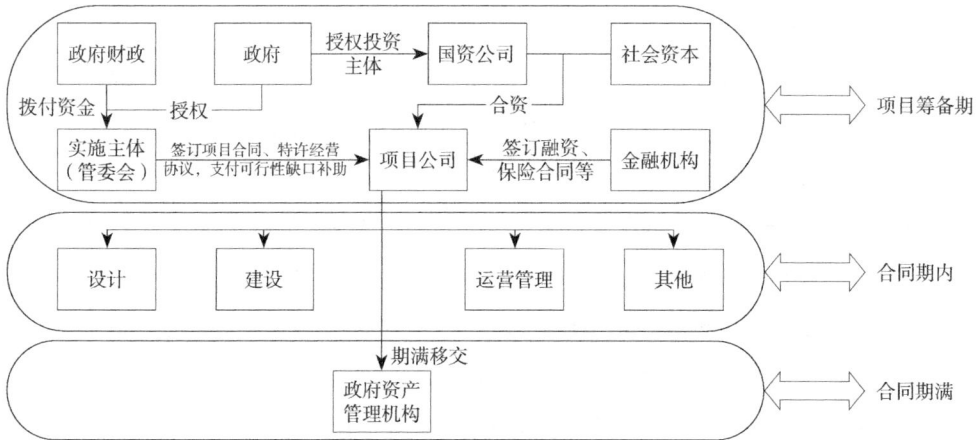

图 4-3 PPP 项目主要交易结构图

4.3.5 合作期限

PPP 项目合作期限主要是指从政府和社会资本签订 PPP 项目合同之日起至项目完成运营维护直到移交之日的这段时间。

4.3.5.1 最短期限

财政部《关于进一步做好政府和社会资本合作项目示范工作的通知》（财金〔2015〕57 号）规定："政府和社会资本合作期限原则上不低于 10 年"。财政部《关于组织开展第三批政府和社会资本合作示范项目申报筛选工作的通知》（财金函〔2016〕47 号）规定："三、合作期限原则上不低于 10 年"。

4.3.5.2 最长期限

在 2015 年 4 月 25 日发布的《基础设施和公用事业特许经营管理办法》中第六条规定："基础设施和公用事业特许经营期限应当根据行业特点、所提供公共产品或服务需求、项目生命周期、投资回收期等综合因素确定，最长不超过 30 年。对于投资规模大、回报周期长的基础设施和公用事业特许经营项目可以由政府或者其授权部门与特许经营者根据项目实际情况，约定超过前款规定的特许经营期限。"

4.3.5.3 常见模式合作期限

PPP 各细分模式的合作期限并不完全一致，委托运营（O&M）合同期限一般不超过 8 年；管理合同（MC）合同期限一般不超过 3 年；建设 - 运营 - 移交（BOT）合同期限一般为 10~30 年；转让 - 运营 - 移交（TOT）合同期限一般为 20~30 年；改建 - 运营 - 移交（ROT）合同期限一般为 10~30 年；建设 - 拥有 - 运营（BOO）一般不涉及项目期满移交。

政策文件规范 PPP 项目合作期限都为原则性条款。具体项目合作期限会根据项目模式及实际情况不同有所变化。根据相关规定，合作期限确定通常考虑的因素：

（1）政府所需要的公共产品或服务的供给期间；（2）项目资产的经济生命周期以及重要的整修时点；（3）项目资产的技术生命周期；（4）项目的投资回收期；（5）项目设计和建设期间的长短；（6）财政承受能力；（7）现行法律法规关于项目合作期限的规定。

4.3.6　回报机制

PPP项目的回报机制主要是指社会资本方获取投资回报的方式，按照回报来源一般将回报机制分为政府付费、使用者付费和可行性缺口补助3种支付方式。合理的回报机制和绩效激励，才能促进社会资本方收益与公共利益的平衡。

4.3.6.1　政府付费

政府付费指在项目建设期满进入运营期后，政府直接按合同约定通过分期付款的方式支付给项目公司建安费、工程建设其他费、建设期利息、项目运营维护费（包含运维利润）、运营期利息、项目投资回报等费用，项目公司不通过其他途径获取项目回报。政府付费模式一般应用于市政工程、公共绿地、学校、医院等纯公益性、非经营性项目。针对基础设施项目，政府一般采用可用性付费方式进行支付，对于公共服务类项目，政府采用使用量付费模式较多，根据不同行业和项目类型，也可能存在多种模式共同使用的情况，例如对于桥梁、隧道类项目，政府倾向于使用"影子付费模式"，对其中市政道路部分又采用可用性付费模式。

在《关于规范政府和社会资本合作（PPP）综合信息平台项目库管理的通知》（财办金〔2017〕92号）颁布之前，有人认为绩效考核付费也是政府付费的一种支付方式，但是此文件中明确约定新项目入库必须建立按效付费机制，并明确约定以下类型不得入库："包括通过政府付费或可行性缺口补助方式获得回报，但未建立与项目产出绩效相挂钩的付费机制的；政府付费或可行性缺口补助在项目合作期内未连续、平滑支付，导致某一时期内财政支出压力激增的；项目建设成本不参与绩效考核，或实际与绩效考核结果挂钩部分占比不足30%，固化政府支出责任的"。因此笔者认为PPP项目绩效考核是基本条件，而不作为具体的付费模式。

1. 可用性付费模式

可用性付费是指政府前期与项目公司签订PPP项目合同时对项目建设设施或者服务规定明确标准，依据项目公司所提供的项目设施或服务是否符合合同约定的标准和要求来付费。

以可用性付费模式作为政府付费的支付方式时，总投资的确定至关重要，一般可用性付费都是以总投资为基数，再加上一定投资回报组成可用性付费的总额。在常规情况下，政府方在计算社会资本方投资回报时一般可选择以下方式：

第一种是以项目总投资作为基数乘以合同约定的投资回报率作为社会资本方总投资回报，投资回报率以央行五年期以上基准利率或者五年期以上 LPR 上下浮动一定比例，政府方要承担一定的利率风险或者全部利率风险。一般可按式（4-1）计算。

$$P = A \times R \qquad (4\text{-}1)$$

式中

P—社会资本方利润（亿元或万元）；

A—项目总投资（亿元或万元）；

R—合同约定的投资回报率（%）。

第二种是针对投资项目的投资回报率进行报价，通常采用等额本金、等额本息、财金〔2015〕21 号文以及其他自行约定的计算公式，具体如下：

（1）等额本金支付方式指将项目审计确定的总投资按项目回款期均分，每年支付相同金额的本金，同时支付当期本金对应的投资利润，回报率按合同约定执行。一般可按式（4-2）计算。

$$P_n = \frac{A}{n} + A \times \left(1 - \frac{t-1}{n}\right) \times i \qquad (4\text{-}2)$$

式中：

P_n—年可用性付费（亿元或万元）；

A—项目总投资（亿元或万元）；

n—运营期回款年限（年）；

i—合同约定的投资回报率（%）。

该回报方式是每年政府付费数额逐年减少，在运营期初期项目公司回笼资金较快，但政府前期还款压力较大。随着时间推移，政府还款数额逐年减少，该公式对社会资本方有利。

（2）等额本息支付方式指以项目审计确定的总投资为基数，以合同约定回报率进行折现计算，在回款期每年支付相同的回款金额，回款金额中包括本金及当期应计利润。一般可按式（4-3）计算。

$$P_n = \frac{A \times i \times (1+i)^n}{(1+i)^n - 1} \qquad (4\text{-}3)$$

式中

P_n—年可用性付费（亿元或万元）；

A—项目总投资（亿元或万元）；

n—回款年限（年）；

i—合同约定的投资回报率（%）。

该回报方式是政府每年支付的金额是相同的，社会资本方可提前锁定稳定的现金流，对社会资本方同样是有利的。

（3）财金〔2015〕21号文公式，按式（4-4）计算。

当年运营补贴支出数额

$$= \frac{项目全部建设成本 \times（1+合理利润率）\times（1+年度折现率）^n}{财政运营补贴周期（年）} \quad (4\text{-}4)$$
$$+ 年度运营成本 \times（1+合理利润率）$$

式中

n—回款年限（年）。

由公式可知，全部建设成本一般包括建安工程费、工程建设其他费用、建设期利息等；年度折现率应考虑财政补贴支出发生年份，并参照同期地方政府债券收益率合理确定；合理利润率以商业银行中长期贷款利率水平为基准，充分考虑可用性付费、使用量付费、绩效付费的不同情景、风险因素确定；n代表折现年数；财政运营补贴周期一般表示运营年数。此公式的结果必然是前期支付少，后期支付多，政府财政支出并非平滑支付，在后期会出现财政支出压力激增的情况。除此之外，该公式存在部分问题，此处不做具体分析，在选择回报公式时应尽量避免选择该公式。

实践中，如果政府确定采用该公式进行回报，笔者建议将该公式修正为式（4-5），以下简称为"财金〔2015〕21号文修正公式"：

当年运营补贴支出数额

$$= \frac{\sum_{n=1}^{N} \dfrac{项目全部建设成本 \times（1+合理利润率）\times（1+年度折现率）^n}{财政运营补贴周期（年）}}{财政运营补贴周期（年）} \quad (4\text{-}5)$$
$$+ 年度运营成本 \times（1+合理利润率）$$

式中

N—回款年限（年）；

n—运营期第n年，n=1，2，3……N（年）。

该公式的优点在于可以平滑财政支出，类似于等额本息公式，每年支付的建设成本及回报相等。

（4）其他方式，PPP模式对于每年支付金额并没有一个明确的法律规定，所以，社会资本方可以与政府方沟通选择其他方式，例如，假设回款期10年，可以约定以总投资为基数，本金按15%、15%、10%、10%、10%、8%、8%、8%、8%、8%分10次进行回款，并支付相应的投资回报。

综上所述，在选择回报公式时可选择等额本金公式、等额本息公式、财金〔2015〕21号文修正公式。值得一提的是，四川地区普遍采用"股债分离"回报机制，项目贷款融资利率在不超过债权回报率报价的范围内据实结算，这样的方式对社会资本方不利，社会资本方会承担市场利率带来的风险。

2. 使用量付费

使用量付费是指政府主要依据项目公司所提供的项目设施或服务的实际使用量来付费，如"影子价格"回报模式。

4.3.6.2 使用者付费

使用者付费是指由最终消费用户直接付费购买公共产品和服务，以回收项目的建设和运营成本并获得合理收益。高速公路、市政供水、供热等项目通常采用此机制。

1. 适用条件

在项目使用者需求及定价区间可预测、向使用者收费有保障性以及项目满足市场化运作条件时，可以采用使用者付费模式。

2. 定价机制

使用者付费模式中定价机制最为关键。定价、调整、补偿既关乎社会资本方的投资回报，也关乎政府方和使用者的价格负担。实践中，使用者付费的价格确定机制通常包括三种：一是政府直接定价；二是政府方参与定价；三是以项目实施时市场价格确定。对于政府直接定价的项目，《国家发展改革委关于全面深化价格机制改革的意见》（发改价格〔2017〕1941号）提出，到2020年，基本建立"准许成本＋合理收益"为核心的政府定价制度，综合考虑成本变化、服务质量、社会承受能力，依法动态调整公用事业和公共服务价格。对于政府参与定价的项目，财政部合同指南认为考虑因素包括：一是项目公司的目标，即在综合考虑项目的实施成本、项目合作期限、预期使用量等各项因素的情况下，项目公司能否实现收益平衡；二是项目产出目标，即能否实现项目预期的社会和经济效益；三是定价是否超出使用者可承受的合理范围；四是需求的价格弹性，收费价格上涨到一定程度后，可能会导致使用量的下降。

3. 利益保障机制

（1）保障社会资本方的唯一性条款

使用者付费项目一般属于市场化竞争项目，项目公司成本负担及收益水平直接与未来使用者的实际需求量相关。控制项目未来的需求变动风险尤为重要。社会资本方为了保障自己的投资回报，一般会在与政府方签订的合同中提前约定，政府方需承诺一定期限内保障项目附近不新建类似竞争项目。

（2）价格调整机制

使用者付费模式实质为政府方向社会资本方转移市场风险的方式。为控制社会资本方的项目需求风险，保障回报水平，建议社会资本方与政府方在合同谈判中同时考虑价格调整机制。

PPP模式合作周期长，采用使用者付费机制无法保证定价机制长期不变。随着社会生产资料成本、运营维护费用、劳动力价格与通货膨胀水平变化，定价机制调整是其必然要求。PPP项目要求社会资本承担市场运营风险，但社会资本方无法管理控制市场上价格波动的风险且缺乏承担全部风险的能力。因此，承做使用者付费机制的项目，应设置合理的价格调整机制以保证社会资本的投资回报需求与项目公司运营的可持续。

（3）社会资本方回报的超额利润限制

当使用者需求激增或收费价格上涨，将可能导致项目公司因此获得超出合理预期的超额利润。针对这种情形，政府在设计付费机制时通常会设定超额利润的分享机制，包括约定投资回报率上限，超出上限部分与项目公司按比例分享等。

4. 交易结构图（图4-4）（以某高速公路使用者付费PPP项目为例）

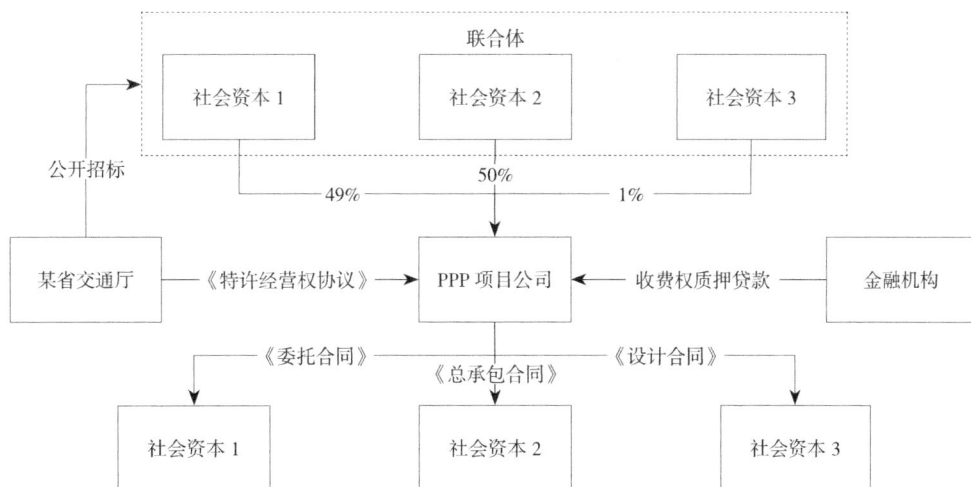

图4-4 某高速公路使用者付费PPP项目交易结构图

4.3.6.3 可行性缺口补助

可行性缺口补助指使用者付费满足不了项目公司应收本金和合理回报时，政府财政补足差额部分。可行性缺口补助是在政府付费机制与使用者付费机制之间的一种折中选择。在我国实践中，可行性缺口补助的形式多种多样，政府一般会通过价格补贴、按量补贴、总额补贴形式补贴至项目公司。政府付费机制、可行性缺口补助机制、使用者付费机制，政府承担的风险依次减弱，社会资本方承担的风险逐渐增加。对社会资本方而言，区域财政实力较强，采用政府付费机制或者可行性缺口补助机制更有益于保障社会资本方的需求风险；但若区域财政实力不足，完全市场化的项目，使用者付费稳定可预期，反而更受社会资本方青睐。

1. 适用条件

可行性缺口补助通常用于可经营性系数较低、财务效益欠佳、直接向最终用户提供服务但收费无法覆盖投资和运营回报的项目，如文化及体育场馆等。

2. 补助类型

政府补助的表现形式包括投资补助、价格补贴、融资支持、收益让渡等其中的一种或多种。

投资补助指政府对 PPP 项目进行补助。常见于建设规模大、无法通过使用者付费完全覆盖投资成本的基础设施项目。

价格补贴指政府为保障使用者付费不足的项目运营"可行"而提供的运营补贴。适用于需要实行政府定价或者政府指导定价的项目，为控制供给产出水平，指导定价往往不能反映市场需求水平。为弥补社会资本方的收益，政府需要对类似项目给予价格补贴。

融资支持指政府可通过自身的资源整合能力为补缺口的项目向银行争取贷款优惠利率及贷款贴息。

收益让渡指政府方除了以价格补贴或实物投入形式的"直接输血"型补助，还可对社会资本方授予土地收益权、商业开发权以及放弃股东分红权等"间接造血"型补助。

3. 绩效考核机制

政府方在推出可行性缺口补助机制时，常常会在 PPP 合同中关联绩效考核机制。一方面规避"兜底"承诺与固定回报；另一方面控制项目建设运营结果与目标匹配。

4.4 合法合规性分析

财政部于 2014 年至 2016 年期间，分别发布《关于推广运用政府和社会资本合作模式有关问题的通知》（财金〔2014〕76 号）、《财政部关于政府和社会资本合作示范项目实施有关问题的通知》（财金〔2014〕112 号）、《政府和社会资本合作模式操作指南（试行）》（财金〔2014〕113 号）、《关于规范政府和社会资本合作合同管理工作的通知》（财金〔2014〕156 号）、《政府和社会资本合作项目财政承受能力论证指引》（财金〔2015〕21号）、《关于推进水污染防治领域政府和社会资本合作的实施意见》（财建〔2015〕90号）、《关于在收费公路领域推广运用政府和社会资本合作模式的实施意见》（财建〔2015〕111号）、《关于进一步共同做好政府和社会资本合作（PPP）有关工作的通知》（财金〔2016〕32号）、《政府和社会资本合作项目财政管理暂行办法》（财金〔2016〕92号）等一系列政策文件，对政府和社会资本合作模式的项目条件、主体资格、工作程序、合作原则、项目管理、项目监管等问题进行了系统性规定。

2019~2020年，财政部先后发布《关于推进政府和社会资本合作规范发展的实施意见》（财金〔2019〕10号）、《关于加快加强政府和社会资本合作（PPP）项目入库和储备管理工作的通知》《政府和社会资本合作（PPP）项目绩效管理操作指引》（财金〔2020〕13号），进一步推进政府和社会资本合作（PPP）模式规范、快速发展。

4.5　可融资性分析

4.5.1　取决因素

对于PPP项目而言，无论是资本金层面的结构化融资，还是项目贷款，可融资性主要取决于三个层次。三个层次构建了信用体系，银行与市场上投资人根据各自的风险承担偏好对信用体系进行评判，筛选项目，磋商商务合作条件。

4.5.1.1　项目未来现金流担保

基础信用依赖于项目本身的经营性现金流。对于银行而言，通常将项目经营性现金流作为项目贷款第一还款来源。如果项目未来产生的经营性现金流不仅能覆盖项目建设期和运营期的成本，还能覆盖项目贷款本息，项目在资产或经营权上就具备优质信用，较容易受到金融机构的青睐。但若项目未来产生的现金流能够覆盖贷款本息少之又少，银行会审查项目是否具有商业性逻辑，在此基础上可能会要求社会资本方和政府方提供增信补足。为规范PPP项目，财政部《关于推进政府和社会资本合作规范发展的实施意见》（财金〔2019〕10号）对使用者付费比例进行了明确限制"项目使用者付费比例不得低于10%"。

4.5.1.2　社会资本方信用担保

在项目本身提供的信用不足前提下，需要依靠投资主体信用为项目融资进行担保，此方式被金融机构视为第二还款来源。市场上金融机构会重点对项目投资主体（社会资本方和其他增信方）的主体信用级别进行评估审查，外加考量投资主体的专业能力、经营业绩、投资能力等，综合判断融资可行性并确定融资额度。在这一背景下，自有资金雄厚、信用评级高、专业资质强的央企更容易获得银行等金融机构的认可，融资成本可以控制在市场较低水平，因此能承揽大规模的 PPP 项目。

4.5.1.3 政府信用支持

项目实际推进过程中，不同金融机构对项目风险有不同的评判标准以及偏好，一部分金融机构为隔离政府隐性债务，重点审查项目未来现金流以及社会资本方的主体信用；一部分金融机构不愿意承担项目后期的不确定性风险，看重政府财政实力、资信状况与偿债能力。但是根据现有规定，政府以其政府信用为 PPP 项目未来收益或资金兑付进行担保是扩大政府隐性债务的行为，财金〔2018〕54 号文明确要求，政府不得为社会资本或项目公司融资提供任何形式的担保。

4.5.2 融资现状

当前 PPP 项目融资呈现如下特点。

4.5.2.1 项目融资差异明显

根据明树数据库统计数据，截至 2021 年 3 月，全国 PPP 综合信息平台已成交 PPP 项目的中标社会资本中，按照累计成交规模占比情况显示，国企成交总规模超过央企，国企中标 PPP 项目总规模达到 40.00%，央企中标 PPP 项目总规模占比达 39.56%，民企中标 PPP 项目总规模持续下降，占比仅为 17.52%。按照累计成交数量占比情况显示，国有企业中标 PPP 项目数量最多，占比 39.56%，其次民企中标 PPP 项目总数量占比达 35.47%。统计显示，民企中标项目数量虽较多，但中标的平均规模较小，明显低于央企、国企中标 PPP 项目平均规模，且近年来民企中标 PPP 项目的规模呈现逐月下降的趋势。

部分金融机构认为优质央企如中字头企业具有强大的融资实力与信用，因此具备较强的议价能力，能以较低的融资成本实现项目融资；而民企议价能力相对较弱，在面临竞争的情况下，融资成本并不占优势。

4.5.2.2 资本金筹资难觅项目合作方

投资方通常要求以短平快方式参与项目投资（即一定期限内回购其持有股权），但 PPP 项目合作期限一般为 10~30 年，并在合同中约定项目公司股权锁定期。此外，财金〔2016〕92 号文等文件明确规定，严禁政府或政府指定机构回购社会资本投资本金或兜底本金。由于政府不能回购项目公司股权，投资方只能将股权转让给其他符合受让条件的社会资本方或开展资产证券化的方式实现退出。

因此，除了中国政企基金这类国家级政策性 PPP 基金、地方政府为支持当地 PPP 建设以较少财政资金设立的引导基金以及要求高的保险资金可以长期跟进外，市场上能够全程参与 PPP 项目建设运营的投资方较少。愿意承担项目后期运营风险的投资方更是稀缺，参与 PPP 项目的社会资本方主要为施工企业和政策性基金这两大主体。对于政策性基金能否真正参与 PPP 项目是另外一个话题，此处不做阐述。

4.6　项目执行阶段重难点分析

根据现阶段 PPP 项目的发展情况来看，PPP 模式在减轻地方政府财政压力，引流优质社会资本参与基础设施等项目建设，并提升项目运行管理效率等方面体现出突出优越性，但这一模式在执行中也暴露一系列问题。

4.6.1　当前 PPP 模式执行中出现的问题

4.6.1.1　PPP 模式缓解政府债务压力的作用有限

当前，PPP 模式的推进一定程度上受制于地方政府的财政实力，在财政实力较弱的地区推进 PPP 项目的空间有限。政府债务压力很大的地区，其财政实力通常较弱。因此，笔者认为，PPP 模式能够有效地缓解财政能力强的地方政府债务压力，而缓解财政能力弱的地方政府债务压力作用有限。

4.6.1.2　多数 PPP 项目严重依赖政府补贴，地方财政压力大

通过对财政部 PPP 库内信息进行统计，大部分项目存在依赖政府补贴来进行平衡。随着 PPP 项目的持续增多，大量政府付费项目和可行性缺口补贴项目正式进入执行期，地方政府的长期财政支付压力将会越来越大。同时，PPP 合同期限往往跨越当地多届政府，政府财政支出责任过度后移会加剧以后年度的财政支出压力。事实上，目前全国多地 PPP 项目支出逼近 10% 红线，而后期政府资金压力过大会增加 PPP 合同违约风险。

4.6.2　社会资本方在 PPP 项目中面临的实务问题

4.6.2.1　PPP 项目总承包管理

当前，PPP 项目社会资本方面临政府的建设期及运营期绩效考核，将直接涉及项目政府可行性缺口补助的支付。因此，确保 PPP 项目总承包商顺利履约，对于项目提升管理水平、保障顺利回款而言具有重要意义。为确保 PPP 项目总承包方更好履职，提升总承包商管理水平，中标社会资本需对承包商资格进行审查和管理绩效考核，编制绩效考核评价报告，督促总承包商提高管理水平。

4.6.2.2　PPP 项目财务管理

在 PPP 项目执行阶段，财务管理工作对于确保项目经济效益，支持项目过程管控工作，帮助社会资本更好地规避风险具有重要意义。当前，PPP 项目测算中存在项目与实际情况口径不统一、数据收集和整体分析不到位、难以准确把握运营支出进而影响政府运营期付费额度等问题。因此，社会资本方应加大 PPP 项目财务管理力度，

将财务管理工作与内部控制体系紧密结合。在具体项目测算中，应做到精确测算内容、统一测算口径，尤其应注意提升数据收集的及时性与准确性，从而确保对 PPP 项目可能发生的各种风险做到全面覆盖，确保项目收益。

4.6.2.3　PPP 项目合同管理

在 PPP 项目中，合同管理是否规范、合理、完整是决定其能否成功的关键。在合同形成阶段，社会资本方应确保合同拟定时和进行招标投标谈判时的合同内容不发生脱节，这需要专业合同管理人员从项目采购阶段就深度介入，全流程跟进合同拟定和履约等环节，确保合同内容和执行的一贯性。在合同履约阶段，关键在于厘清政府和社会资本的权责；对于社会资本而言，关键在于确保政府守约，自身则应积极履约，确保政府不以工期延长等问题进行追责。而在技术层面，可考虑根据具体情况针对性地聘请 PPP 项目专职法律顾问或加强对 PPP 合同管理人员的法律知识培训，提升 PPP 项目合同管理的专业化程度。

4.7　PPP 模式的操作建议

近年来，财政部为规范 PPP 运作，防止金融风险，相继出台了财办金〔2017〕92号、财金〔2019〕10 号等文件对 PPP 模式的实际操作进行规定。

4.7.1　规范 PPP 项目应该满足的条件

（1）属于公共服务领域的公益性项目，合作期限原则上在 10 年以上，按规定履行物有所值评价、财政承受能力论证程序。

（2）社会资本负责项目投资、建设、运营并承担相应风险，政府承担政策、法律等风险。

（3）建立完全与项目产出绩效相挂钩的付费机制，不得通过降低考核标准等方式，提前锁定、固化政府支出责任。

（4）项目资本金符合国家规定比例，项目公司股东以自有资金按时足额缴纳资本金。

（5）政府方签约主体应为县级及县级以上人民政府或其授权的机关或事业单位。

（6）按规定纳入全国 PPP 综合信息平台项目库，及时充分披露项目信息，主动接受社会监督。

（7）财政支出责任占比超过 5% 的地区，不得新上政府付费 PPP 项目；财政支出责任占比超过 10% 的地区，不得新上 PPP 项目。

4.7.2　PPP 项目负面清单

（1）不属于公共服务领域，政府不负有提供义务的，如商业地产开发、招商引资项目等。

（2）涉及国家安全或重大公共利益等，不适宜由社会资本承担的。

（3）仅涉及工程建设，无运营内容的。

（4）未按规定开展"两个论证"。包括已进入采购阶段但未开展物有所值评价或财政承受能力论证的（2015年4月7日前进入采购阶段但未开展财政承受能力论证以及2015年12月18日前进入采购阶段但未开展物有所值评价的项目除外）；虽已开展物有所值评价和财政承受能力论证，但评价方法和程序不符合规定的。

（5）不符合规范运作要求。包括未按规定转型的融资平台公司作为社会资本方的；采用建设－移交（BT）方式实施的；采购文件中设置歧视性条款、影响社会资本平等参与的；未按合同约定落实项目债权融资的；违反相关法律和政策规定，未按时足额缴纳项目资本金、以债务性资金充当资本金或由第三方代持社会资本方股权的。

（6）构成违法违规举债担保。包括由政府或政府指定机构回购社会资本投资本金或兜底本金损失的；政府向社会资本承诺固定收益回报的；政府及其部门为项目债务提供任何形式担保的；存在其他违法违规举债担保行为的。

（7）未按规定进行信息公开。包括违反国家有关法律法规，所公开信息与党的路线方针政策不一致或涉及国家秘密、商业秘密、个人隐私和知识产权，可能危及国家安全、公共安全、经济安全和社会稳定或损害公民、法人或其他组织合法权益的；未准确完整填写项目信息，入库之日起一年内未更新任何信息，或未及时充分披露项目实施方案、物有所值评价、财政承受能力论证、政府采购等关键信息的。

4.7.3 如何拓展优质PPP项目

社会资本方在筛选项目时，应重点关注项目本身的经营性现金流情况，根据未来现金流情况与投资情况测算投资各方以及项目公司的经济指标能否达到基本要求。同时，我们还需重点关注项目所在区域的财政实力以及金融机构是否要求提供增信措施等问题。因此，笔者认为，在判断项目优质与否，项目合规性、项目所在区域的财政实力、项目总投资额、建安占比、投资施工撬动比、投资回报率、施工利润率、使用者付费占比、运营成本计算规则等指标均是主要考虑标准，在项目拓展中，均需重点关注。

第5章 ABO模式

2016年，北京市人民政府授权北京市交通委员会与京投公司正式签署《北京市轨道交通授权经营协议》，创造性地提出采用ABO模式，随后几年，ABO模式发展较为缓慢。2019年，财金〔2019〕10号文发布后，很多伪PPP项目"胎死腹中"，再加上不合规的F+EPC模式和EPC+O模式涉嫌违反《政府投资条例》（国务院令712号）第二十二条政府投资项目不得由施工单位垫资建设的规定，增加了地方政府隐性债务，因此ABO模式，尤其是变异型ABO模式再次进入了政府的视野，强势回归。

在PPP模式规范化、不合规的EPC+O以及F+EPC涉嫌增加地方政府隐性债务的情况下，ABO模式能否作为主流模式在市场中运用？笔者尝试就ABO模式产生的背景、与PPP模式的区别、ABO模式的运作结构、类型、融资情况等进行简要分析。

5.1 ABO模式产生的背景

5.1.1 地方政府融资平台市场化改革

为应对金融危机，地方政府组建投融资平台公司，以拓宽政府投资项目的融资渠道，加大政府投资力度。随着地方政府隐性债务规模扩大，为防范化解地方政府隐性债务风险，2014年《国务院关于加强地方政府性债务管理的意见》（国发〔2014〕43号）规定："剥离融资平台公司政府融资职能，融资平台公司不得新增政府债务"。这明确了平台公司剥离政府融资职能、市场化改革的发展方向。实施ABO模式，政府作为市场化主体的"规则制定者""监管者"和"绩效考核者"，减少对微观事务的直接参与，而充分发挥市场作用，由平台公司作为公共服务的提供者，以此实现"政企分离""政事分离"。平台公司从"单一的融资平台"转变为"市场资源的整合者"，这符合平台公司市场化改革的方向。

5.1.2 政府融资渠道收窄后的创新之举

基础设施建设项目投资额较大，在监管机构切断政府直接融资、平台公司代融资渠道后，地方政府融资渠道收窄，因此基础设施建设产生巨大的资金缺口。在防范和化解地方政府隐性债务风险的背景下，必须寻求控制地方政府债务风险和加强基础设施建设领域补短板的两全之策，ABO模式中政府授权平台公司提供公共产品和服务，一方面平台公司整合投融资、建设、运营资源，更高效地组织基础设施建设工作，另一方面政府通过绩效考核的方式为平台公司的综合服务付费，实现地方政府和平台公司之间的债务隔离，打破政府对平台公司债务的刚性兑付，从而在一定程度上控制地方政府隐性债务风险，实现财政收入分期支付和基础设施建设投资额巨大之间的调和。

5.1.3　部分地方政府认为 ABO 模式是对 PPP 模式的补充

根据《关于推进政府和社会资本合作规范发展的实施意见》（财金〔2019〕10号）规定："确保每一年度本级全部 PPP 项目从一般公共预算列支的财政支出责任，不超过当年本级一般公共预算支出的 10%"。根据《全国 PPP 综合信息平台管理库项目 2021 年 3 月报》显示，全国已有 651 个行政区财承占比高于 7% 预警线，对于这些行政区，可以采用 PPP 模式实施的空间缩小。因此，ABO 模式再次进入了政府视野，部分政府认为 ABO 模式可以作为 PPP 模式的补充。

5.2　基本概念

5.2.1　ABO 模式定义

ABO 模式，即授权（Authorize）–建设（Build）–运营（Operate），是基础设施投融资、建设、运营的一种创新模式，目前官方对其并无规范性的概念界定。

京投 ABO 模式是由市政府授权京投公司履行北京市轨道交通业主职责，京投公司按照授权负责整合各类市场主体资源，提供城市轨道交通项目的投融资、建设、运营等整体服务。政府履行监督管理、规则制定和绩效考核等职责，同时每年向京投公司支付 295 亿元（建设资金 255 亿元，更新改造和运营亏损补贴 40 亿元）授权经营服务费，以满足其提供全产业链服务的资金需求。笔者认为，从最初的 ABO 模式来看，授权的是某一类型的整体项目，而非单个项目。

5.2.2　ABO 模式本质

由于目前并未出台相应政策，因此 ABO 模式的本质尚存争议，金永祥认为"ABO 模式可归结为特许经营但不一定是 PPP，政府只要求最终效果而不关心具体模式"；张燎认为"ABO 模式解决的是本地政府和属地企业的政企分开及契约化管理，并非特许经营，更非 PPP 变种"；张宇认为"ABO 模式不是 PPP 模式，可归类为公建公营，也未违反财政部关于采用购买服务违规融资的相关规定，是城投市场化转型的重要举措，但也要充分评估属地城投公司的经营管理能力，防止以 ABO 模式违规融资，变相增加政府性债务"；赵周杰认为"ABO 模式既不属于 PPP 模式和特许经营，也不属于政府采购。它更像国有资产授权经营体制的衍生产物，通过地方大型国企的专属经营，实现所有权和经营权的分离，被授权国企不但需要统筹提供区域内所需的特定公共服务，还可能会承担国有资产管理等其他职能"。

根据《政府购买服务管理办法》（中华人民共和国财政部令第 102 号）第二条规定："本办法所称政府购买服务，是指各级国家机关将属于自身职责范围且适合通过市场化方式提供的服务事项，按照政府采购方式和程序，交由符合条件的服务供应商承担，并根据服务数量和质量等因素向其支付费用的行为"。在京投 ABO 模式中，根据协议描述，市政府将北京市轨道交通项目授权给京投公司承担并支付授权经营服务费，这看似符合政府购买服务的某些特性，但政府购买服务合同履行期限一般不超过 1 年，在预算保障的前提下，对于购买内容相对固定、连续性强、经费来源稳定、价格变化幅度小的政府购买服务项目，期限不超过 3 年。因此，笔者认为，授权经营服务费更趋向于特定目标的政府补助，而非仅仅提供轨道交通服务的对价，其实质类似于特许经营模式。总之，ABO 模式属于政府购买服务还是国有资产授权特许经营或者其他领域尚存争议，待后续相关政策明确。

5.3 ABO 模式与 PPP 模式的区别

5.3.1 程序不同

PPP 模式已经形成规范的组织程序，由政府牵头，规划、建设、土地、发改、财政、审计、国资委、法制办等部门组成领导小组作为项目实施团队，制定具体工作实施方案，根据城市总体规划和近期建设规划，由政府组织相关部门或机构梳理城市基础设施领域拟新建项目和存量项目，决定可以通过 PPP 模式运作的具体项目清单，构建 PPP 项目库。PPP 模式需严格履行项目识别、准备、采购、执行、移交等程序，按规范编制"两评一案"，政府支出责任不超过一般公共预算支出的 10% 等；而 ABO 模式尚处于创新阶段，政府未出台有关法律法规文件，没有编制"两评一案"和 10% 红线的要求，在程序上相较于 PPP 模式更加简化，这是 ABO 模式的优势。

5.3.2 角色不同

在 PPP 模式中，根据财金〔2019〕10 号文要求，不得出现"本级政府所属的各类融资平台公司、融资平台公司参股并能对其经营活动构成实质性影响的国有企业作为社会资本参与本级 PPP 项目"，因此政府平台公司不可以作为社会资本参与本级 PPP 项目，但根据财金〔2014〕156 号附件《PPP 项目合同指南（试行）》相关规定，已建立现代企业制度的境内外企业法人，明确公告今后不再承担地方政府举债融资职能的融资平台公司可作为社会投资人参与当地 PPP 项目。相比之下，在 ABO 模式中，政府将项目的投融资、建设、运营工作授权属地国有企业（包括平台公司）执行，政府方只负责规则制定、绩效考核，而且为实现政企债务隔离，ABO模式中的平台公司须与政府脱钩，于是这类的平台公司角色从PPP模式中的社会投资人转变为ABO模式中项目业主，独立自主整合资源以推动项目运行。

5.4 ABO模式的运用

5.4.1 ABO模式的运作结构

5.4.1.1 京投ABO模式

本部分内容根据京投公司官网及京投公司副总经理白云生在城市轨道交通投融资机制创新研讨会发言整理而来。

1. 运作模式

由北京市人民政府授权京投公司履行北京市轨道交通业主职责，京投公司按照授权负责整合各类市场主体资源，提供北京市城市轨道交通项目的投融资、建设、运营等整体服务。政府履行规则制定、绩效考核等职责，同时支付京投公司授权经营服务费。

2. 交易结构

交易结构如图5-1所示。

3. 融资情况

在京投ABO模式中，融资方面，按照国家项目法人和资本金要求，每一条线路都独立注册线路公司，且资本金占比40%，其余60%资金的融资方式包含：一是股权

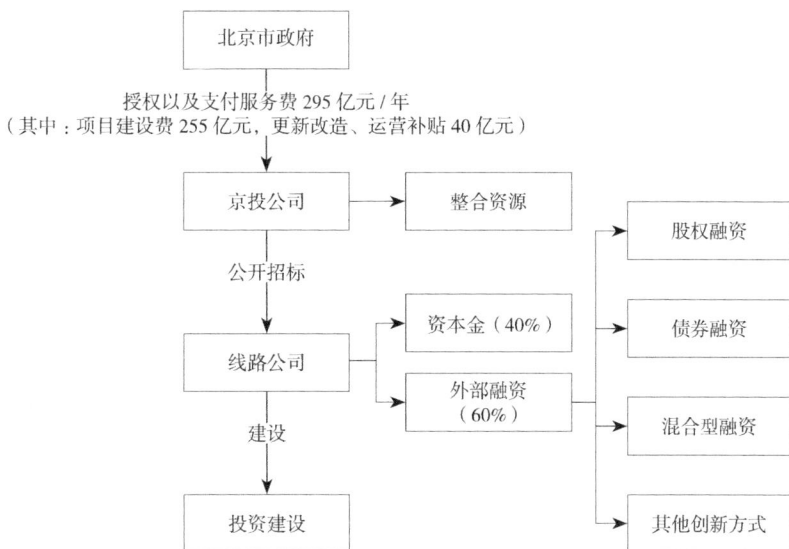

图5-1 京投ABO模式交易结构图

融资，包括股权信托类相关品种；二是债权融资，包括银行贷款、传统债项等品种；三是混合性融资，包括 PPP、BT 等市场化融资以及租赁和保险等品种；四是其他创新融资等。

4. 回报机制

京投 ABO 模式中的回报机制包括政府授权经营服务费、地铁运营收入和其他收入。其中，政府授权经营服务费由北京市人民政府每年向京投公司拨付 295 亿元，其中建设资金 255 亿元，更新改造和运营亏损补贴 40 亿元。

5.4.1.2　ABO 模式的两种运作结构

1. 运作结构一

政府授权属地国有企业作为项目业主，由属地国有企业整体负责项目的投融资、建设、运营等工作。属地国有企业通过公开招标的方式选择建设单位，由建设单位负责项目的施工；再通过公开招标的方式选择运营单位，在项目完工后负责项目的运营工作。政府根据授权协议的约定对属地国有企业进行考核并支付授权经营服务费。

在该模式下，授权主体是县级、市级或以上的地方政府。被授权主体的身份一直是讨论的议题，笔者认为，被授权主体应该是具备较强融资能力、在特定领域有丰富的市场优势和运营经验、自身信用评级在 AA+ 及以上或 AA 但具备较好资产抵押的属地国有企业，包括公告脱帽的平台公司。属地国有企业获得授权后，可自行建设或另行发包建设。属地国有企业通过项目的运营收入、政府支付的授权经营服务费以及自身的企业信用向金融机构融资。属地国有企业同样可以自行运营或通过公开招标方式选择运营单位，运营单位通过运营协议约定获取相应的回报。

由此可见，ABO 模式适合具有强自身"造血"功能且经营性现金流稳定的经营性或准经营性项目，实现项目外部性内部化。

具体交易结构如图 5-2 所示。

2. 运作结构二

政府授权属地国有企业作为项目业主并通过公开招标的方式选择社会投资人，属地国有企业与社会投资人合资成立项目公司，由项目公司负责项目的投融资、建设以及运营工作。政府根据授权协议的约定对属地国有企业进行考核并支付授权经营服务费，属地国有企业根据与社会投资人的协议向项目公司支付运营补贴。

在该模式下，项目公司整体负责项目的运作，运营收入由项目公司收取，项目公司通过项目的运营收入、属地国有企业支付的运营补贴以及各股东的增信措施（或有）等向金融机构融资。很多论文将该模式认定为 PPP 模式，笔者不完全赞同，笔者认为，

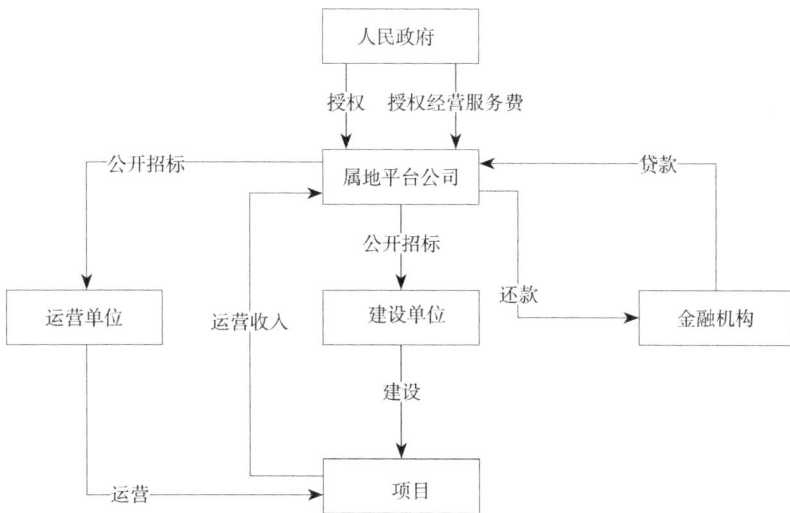

图 5-2 结构一交易结构图

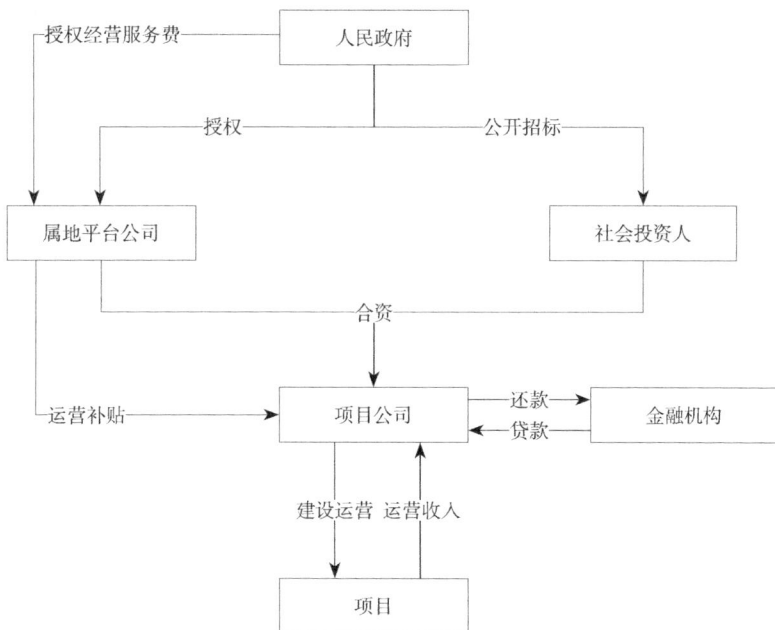

图 5-3 结构二交易结构图

区别在于属地平台公司，在该模式下的角色类似于政府方出资代表，但它又是 ABO 模式政府直接支付授权经营服务费的主体，类似 PPP 模式中的实施机构角色。

具体交易结构如图 5-3 所示。

5.4.2 变异型 ABO 模式——片区开发 ABO 模式

由于 ABO 模式的横空出世，部分地方政府为了加大基础设施项目的建设，开始寻求新的发展机会，在此基础上，ABO 模式发生了变异，从而衍化成了片区开发 ABO

模式。片区开发 ABO 模式多以未来封闭片区内的增量财政收入作为回报资金来源，而增量财政收入从穿透角度来看多与土地挂钩。

5.4.3 存在的问题分析

ABO 模式存在如下问题。

5.4.3.1 直接授权是否具备合规性问题

在 ABO 模式中，授权关系的确定一直以来都极具争议性，但一直没有明确的定论。有的观点认为 ABO 模式下政府与属地国有企业之间的合作区别于通过竞争性程序选定社会资本方的"公私合作"模式，应视为一种约定俗成的"公公合作"模式。

笔者认为，根据《中华人民共和国政府采购法》第二条明确规定："在中华人民共和国境内进行的政府采购适用本法。本法所称政府采购，是指各级国家机关、事业单位和团体组织，使用财政性资金采购依法制定的集中采购目录以内的或者采购限额标准以上的货物、工程和服务的行为"、第二十六条"公开招标、邀请招标、竞争性谈判、单一来源采购、询价、国务院政府采购监督管理部门认定的其他采购方式"，ABO 模式属于政府采购行为，应该按照法定采购方式选择授权国有企业作为项目业主，若未通过竞争性程序选择授权企业，存在因程序不合规而导致授权协议面临无效的可能性。

5.4.3.2 ABO 模式到底是购买服务还是购买工程

根据协议描述政府购买的是属地国有企业提供的服务，并支付授权经营服务费。理论上，不论是新建地铁还是片区都是为了给政府提供良好公共基础设施服务，所形成的资产归属于属地国有企业名下，其实操层面强调的是整体服务，但合作内容却包含大量的建设工程，从产出的角度来看，笔者认为，政府采购的既包含服务，也包含工程。

5.4.3.3 ABO 模式是否涉及隐性债务

《关于进一步规范地方政府举债融资行为的通知》（财预〔2017〕50 号）第四条中明确"健全规范的地方政府举债融资机制，地方政府举债一律采取在国务院批准的限额内发行地方政府债券方式，除此以外地方政府及其所属部门不得以任何方式举借债务。地方政府及其所属部门不得以文件、会议纪要、领导批示等任何形式，要求或决定企业为政府举债或变相为政府举债"。《财政部对十三届全国人大四次会议第 9528 号建议的答复》（财金函〔2021〕40 号）指出："由于 PPP 监管趋严等原因，部分地方开始采用'授权 – 建设 – 运营'（ABO）、'融资 + 工程总承包'（F+EPC）等尚无制度规范的模式实施项目，存在一定地方政府隐性债务风险隐患"。

在片区开发 ABO 模式案例中，社会投资人的投资回报来源于片区内的增量财政收入，政府根据绩效考核结果通过成本补贴、招商引资奖励等多种方式给予属地国有企业投资本金及回报，属地国有企业再根据协议支付给合资公司。尽管投资回报来源于增量财政收入，而且支付金额会根据绩效考核结果浮动，但穿透来看，投资回报均源自土地出让后的留存收入，有违《关于规范土地储备和资金管理等相关问题的通知》（财综〔2016〕4 号）"项目承接主体或供应商应当严格履行合同义务，按合同约定数额获取报酬，不得与土地使用权出让收入挂钩，也不得以项目所涉及的土地名义融资或者变相融资"。因此，笔者认为，政府具有最终支付义务，不论其支付路径和方式，若未纳入预算，从严格意义上来说存在政府隐性债务的风险。

5.5 ABO 模式融资情况分析

从债务性融资角度看，银行等金融机构主要关注项目本身的合规性、项目贷款期限、项目还款来源、项目增信措施等几个方面。

5.5.1 合规性

重点关注项目是否涉及政府隐性债务，可以从建设内容以及投资回报支付渠道方面考虑。

建设内容：在项目的建设内容中尽可能包含具有充足经营性收入的子项，从而使项目本身具备商业逻辑。

投资回报支付渠道：社会投资人的投资回报由政府授权的国有企业支付。对于社会投资人而言，其合作的对象仅限于授权的国有企业，尽可能避免与政府直接产生关系。

5.5.2 项目贷款期限

一般情况下采用 ABO 模式的项目合作周期都较长，因此社会投资人也希望金融机构能提供匹配项目合作期限的融资产品，这就要求金融产品的期限能够覆盖项目合作期。

5.5.3 项目还款来源

在 ABO 模式中，项目的还款资金主要来源于两个方面，一方面是政府支付的授权经营服务费，另一方面是项目自身所具备的经营性现金流。

通过上文分析可以看出，无论是京投 ABO 模式还是片区开发 ABO 模式，政府支付给属地国有企业的授权经营服务费或成本补贴以及招商奖励等均可能未纳入跨年度预算，部分学者认为，只要项目涉及财政奖补、土地增量收益、税收增量收益等还款来源，穿透看将被认定为源自政府财政，有增加政府隐性债务的嫌疑，导致项目在合规性方面不满足金融机构的融资要求。因此项目本身所具备的经营性现金流尤为重要,金融机构多将该部分经营性现金流认定为项目合规的还款来源并匹配相应的融资额度,但通常该类项目中合理的经营性现金流占比较小,匹配的贷款无法全额覆盖项目融资所需资金,从而社会投资人需要加大资本金投入。

5.5.4　项目增信措施

一般情况下若 ABO 模式的合作周期较长,如果合作期内政府支付的授权经营服务费存在隐性债务风险,项目自身经营性现金流不确定性风险较大,为确保资金的安全,金融机构通常会要求社会投资人或项目业主提供增信措施。

5.6　研究结论及操作建议

ABO 模式是政府授权属地国有企业负责项目投资、建设、运营的一种投融资模式,在项目方案策划阶段,可以根据项目具体情况、当地政府经济实力、社会投资人风险偏好等因素进行设计,使方案能够更加契合各方的诉求,以便推动项目顺利实施。无论项目按照哪种结构进行运作,项目本身的合法合规性设计至关重要,因此,笔者建议如下。

5.6.1　政府出台相关政策文件支持

与 PPP 模式相比,ABO 模式没有相关政策文件支撑,前期论证工作不明确,操作流程不清楚,在没有国家层面明确的政策规定下,不合规的操作将无法规避地方政府违规举债的风险。因此,政府相关政策文件的出台尤其重要,通过政府出台具备一定层级有效力的政策文件予以确认,保障 ABO 模式的顺利实施。

5.6.2　充分配置资源,重视项目经营性收入

对于采用 ABO 模式的项目而言,项目自身的"造血"功能将在很大程度上决定了项目的吸引力以及社会投资人的融资,因此建议在项目中应包含具有充足经营收入的子项目,将项目打造成为具有强自身"造血"功能且经营性现金流稳定的经营性或准经营性项目。

5.6.3　被授权单位的选择增加竞争性采购程序

综上分析,项目属地国有企业作为被授权单位是否需要增加竞争性采购程序一直饱受争议,没有采购程序的授权行为能否真正实现公平性、公开性和公正性存在很大疑问,具备同等资源整合能力的国有企业,政府如何进行甄别和筛选,标准是什么。因此,建议政府通过竞争性采购程序选择被授权单位,再通过协议或相关授权书确认其业主的角色和责权利。被授权单位若为平台公司,需明确已剥离政府融资职能,建立现代企业制度,彻底实现市场化运营转型。

5.6.4 授权经营服务费纳入中长期预算管理

笔者认为，授权经营服务费是基于特定目标的政府补助，而非对提供特定目标服务的对价，而政府购买服务的项目期限一般不超过1年，在预算保障的前提下，对于购买内容相对固定、连续性强、经费来源稳定、价格变化幅度小的政府购买服务项目，期限不超过3年。但对于ABO模式，一个关键环节在于运营，虽然运营期限并未具体明确多少年，但若低于3年，则运营将没有意义。因此，针对财政支出责任，需事先完成类似财政承受能力论证的全面评估，确定财政是否有能力和余力支付，若具备条件，根据政府出台的政策支撑，将依法纳入中长期预算管理，防止产生政府隐性债务。

5.6.5 注重对被授权单位实施建设运营的绩效考核

在ABO模式中，政府授权属地国有企业是为了更好地实施项目，确保项目的效益最大化。因此在授权协议中应当设置合理的绩效考核指标，一方面是为了避免授权经营服务费出现固定回报的现象，另一方面是为了促进被授权单位能够更加重视项目的建设和运营工作，为后续实施提供更好的服务。

5.6.6 充分利用专项债政策，将ABO模式与专项债结合

自中共中央办公厅、国务院办公厅印发《关于做好地方政府专项债券发行及项目配套融资工作的通知》以来，专项债几乎成为最炙手可热解决资金问题的方式。2020年全国新增专项债限额37500亿元，较2019年大幅提升74%。截至2020年底各地共计发行36019亿元，其中未使用的额度主要源于中小银行注资的额度（2000亿元）尚未用完，仅发行了506亿元。2020年专项债投向占比居首的依然是交通运输（21%，依次有铁路、公路、轨交等，下同），其后依次有保障性安居工程（14%，棚改、旧改等）、生态环保（9%，城镇污水垃圾处理设施、生态治理等）、产业园区基础设施（9%）、市政设施（9%，供水、供热、管廊、供气、供电等）、医疗卫生（8%，医院建设、公卫设施建设等）、新基建（7%，科技产业园、通信产业园、智慧城市、冷链物流等）、片区开发（5%）、文娱旅游（5%）、教育（4%）等。

2020年四川省共发行专项债务6415亿元，同比增长36.81%。四川省新增专项债券主要投向产业园及基础设施建设、医疗健康、其他基础设施和水务建设等项目。

四川省2020年新增专项债券平均发行期限14.56年，同比增加6.91年，平均利率3.45%，同比下降2BP。整体呈现发行期限大幅延长，发行利率逐年降低的趋势。从降低总成本角度考虑，专项债+ABO模式所产生的成本远低于PPP项目或ABO项目的融资成本。因此，建议充分利用专项债政策，将ABO模式与专项债结合，把项目切块化，使具有经营性收入且纳入政府性基金或专项收入的项目申请专项债，剩余部分项目采用ABO模式实施。

5.7　某市医院改扩建项目案例分析

5.7.1　项目名称

某市医院改扩建项目（一期）。

5.7.2　项目概况

本项目建设地点位于某市，于 2018 年招标实施。建设内容为改扩建医院，一期总建筑面积约为 17 万 m^2，包括医技综合楼、感染楼和食堂、门卫室、医疗垃圾房等后勤服务设施，配套设施供水、供热、道路、绿化等附属设施。

项目总投资约 14 亿元，合作期限为 10 年，其中建设期 2 年，运营期 8 年。

5.7.3　运作模式

当地政府授权当地国有企业采取 ABO 模式负责医院改扩建项目的投融资、建设、运营，建设资金来自当地国有企业自筹，该国有企业通过公开招标确定中标人并与中标人签订合资协议，共同设立项目公司，当地国有企业授权项目公司与中标人签订工程总承包合同，项目公司履行本项目建设与资产运营管理。

5.7.4　模式分析

本项目的招标同样面临两个问题：一是授权问题，二是是否存在隐性债务问题。

5.7.4.1　授权问题

根据项目运作模式描述，本项目由当地政府授权当地国有企业采取 ABO 模式负责实施，其授权过程未通过竞争性程序，存在因程序问题导致授权协议无效的可能性。

5.7.4.2　隐性债务问题

本项目建设资金来源于当地国有企业自筹，并未明确政府后期是否会支付当地国有企业授权经营服务费。若本项目未来的经营性收入能够完全覆盖项目投资成本，则当地国有企业可以根据项目自身的现金流收入进行融资，不存在隐性债务问题。若项目未来现金流不能完全覆盖项目投资成本且差额较大，当地国有企业自身的经营性现金流也不足以覆盖，则可能存在政府后期变相支付财政补助，从而导致增加政府隐性债务的风险。

5.8　某市二级公路项目案例分析

5.8.1　项目名称

某市公路项目（一期）。

5.8.2　项目概况

本项目建设地点位于某市境内，于 2017 年招标实施。建设内容包括 11 条公路，建设里程约 250km。项目总投资约 24 亿元，建设期 3 年，运营期公开信息未披露。

5.8.3　运作模式

本项目按照 ABO 模式组织实施，市人民政府授权市交通运输局为项目实施机构，实施机构通过公开招标选定社会投资人，并由社会投资人与市人民政府签订《某市公路项目（一期）投资协议》，履行本项目的项目业主职责。社会投资人在当地全额出资组建项目公司，由项目公司通过和市政府、有关县（市）政府另行签订《某市二级公路项目（一期）授权合作协议》合同，全面继承社会投资人在合同项下的权利和义务，承担本项目融资、建设、运营养护等职能，政府按照协议中支付授权费用的规定，根据项目的投资及运营养护成本，在运营养护期每年按时支付一定的服务费用，合作期满后，社会投资人将该项目无偿移交给政府指定机构。

5.8.4　模式分析

5.8.4.1　授权问题

相对于其他 ABO 模式，其授权程序采用了竞争性流程，规避了因程序问题导致授权协议面临无效的可能性。

5.8.4.2　隐性债务问题

项目公司通过政府付费获得其建设投资、运营维护费用及合理回报，项目公司收入来源于政府付费，但并没有明确政府付费的资金是否纳入财政预算，存在隐性债务的风险。而纯政府付费的项目违背了 ABO 模式的初衷，仅仅是借壳做项目，属于变异型 ABO 模式。

第6章　A+B模式

6.1　A+B模式产生的背景

在政府迫切希望投资建设大量基础设施和公共服务配套设施项目背景下，笔者提出将多种合法合规的投融资模式根据其自身特点互相组合，以打"组合拳"的方式，即 A+B 模式。

笔者仅探讨"PPP+专项债"和"PPP+REITs"投融资组合拳模式，抛砖引玉，现将两个模式的发展背景阐述如下。

6.1.1　PPP与专项债结合模式的发展背景

6.1.1.1　PPP 模式推进遭遇瓶颈

PPP 模式在我国大力推广以来，对充分发挥社会资本积极性，提高基础设施建设和服务效率意义重大。但近年来 PPP 项目的推进也遭遇了瓶颈，部分地方政府已经将 PPP 模式作为备选方案，主要原因有以下几方面。

一是地方财政承受能力接近 10% 的红线，无法支撑新项目的运营补贴，发展空间受限。

二是 PPP 项目前期工作程序较为复杂，入库工作对于合规性材料的审查严格。

三是多数 PPP 项目的中标单位为央企和国企，少数中标单位为民营企业。受政策限制，央企和国企一般无法为项目提供相应的担保，导致项目融资困难。民营企业自身资信相对较弱，贷款落地率不容乐观。

四是地方政府财政实力较弱的地区更有意愿和动力去推进 PPP 项目，而 PPP 项目的关键在于融资的可落地性，地方政府的财政收入是金融机构放贷条件的硬指标之一。

6.1.1.2　地方政府专项债发行浪潮兴起

从 2015 年后，专项债得到了迅速发展，2015 年首度发行 1000 亿元；2016 年、2017 年，其发行量分别达到 4000 亿元、8000 亿元；2018 年首度超过 1 万亿元；2019 年达到 2.15 万亿元；2020 年继续增至 3.60 万亿元。专项债加快发行的主要原因有两个：一是要满足 2015 年起新增公益性项目的资金需求；二是要用于置换截至 2014 年年底确定的非地方政府债券形式的存量专项债务，因此，可以分为新增专项债及置换专项债。近几年各级地方政府均在如火如荼地储备项目争取发行专项债，专项债的大规模发行和使用对稳投资、稳经济起到了一定作用。

6.1.1.3 "专项债 +PPP"结合的优势

2019 年 6 月中共中央办公厅、国务院办公厅印发了《关于做好地方政府专项债券发行及项目配套融资工作的通知》，允许专项债券作为重大项目资本金。此外，《财政部关于做好地方政府债券发行工作的意见》（财库〔2019〕23 号）放开了专项债的融资期限规定，专项债的融资期限能与 PPP 合作期完美契合。如果地方政府根据项目实际收益情况使用专项债券，将其作为部分项目其他配套资金，将有效地促进"库内 PPP 项目"落地。

2019 年 10 月 29 日，在第五届中国 PPP 发展（融资）论坛上，有关专家提出要以制度、标准和政策体系建设引领 PPP 高质量发展，加快推动 PPP 条例出台，统一顶层设计；探索 PPP 与专项债的结合，撬动社会投资，发挥协同效应。创新多元化融资模式。

因此，笔者认为，专项债解决部分项目建设资金后，PPP 项目总投资降低，政府支出责任随之减少。地方政府可以腾出多余的地方财承空间开展其他 PPP 项目，因为专项债融资利率是远低于 PPP 项目的融资成本的，专项债 +PPP 的组合最佳优势就是降低项目成本，优化地方政府财承结构，从而达到政府公共服务供给效率和效益最大化。

6.1.2 PPP 和 REITs 结合模式的发展背景

6.1.2.1 大量 PPP 项目即将步入稳定运营阶段

2014 年至今，中国 PPP 市场的发展经历了快速发展到逐步规范的过程，也随着国务院及各部委相关政策颁布出台，部分地方政府和社会资本方从没有经验摸着石头过河，到后来 PPP 项目粗犷发展，再到今天的规范做 PPP 项目，PPP 项目的实施不断成熟，PPP 市场发展也趋于理性。随着进入运营期的 PPP 项目不断增多，部分 PPP 项目有进一步优化现金流以及实现提前退出的需求，便存在着再融资需求。

6.1.2.2 国家支持 PPP 项目资产证券化

近几年国内 PPP 项目资产证券化市场发展缓慢，PPP 政策中多次强调探索和支持 PPP 与 REITs 相结合的创新融资模式。自《中国证监会 国家发展改革委关于推进基础设施领域不动产投资信托基金（REITs）试点相关工作的通知》（证监发〔2020〕40 号）后，业内多数专家认为公募 REITs 试点的开展将给中国基础设施投融资体制带来重大变革。PPP 与 REITs 的结合将对进入运营期的 PPP 项目股权再融资和投资人退出提供更多的选择空间。

6.1.2.3 两者在多个特征上具有较高融合度

基础设施 PPP 项目具有合作期限长、收益稳定、经营风险较低等特征，REITs 在基础资产、收益安排和项目风险等方面都具备一致性。

首先，PPP 项目与 REITs 拥有部分重合的适用领域，如市政工程、交通运输、教育、养老、医疗卫生、保障性安居工程、城镇综合开发、生态建设和环境保护、仓储物流、工业、林业等公共服务领域。涉及的基础资产包括办公楼、收费公路、出租公寓、保障性住房、工业地产、医疗设施、仓储设施、数据中心、工业厂房、产业园区等。

其次，PPP 项目能够为项目公司及其股东带来稳定现金流，股东分红比例也可通过修改公司章程进行调整，因此，PPP 项目的股权或收益权均可以作为基础资产进行资产证券化，高比例分红与稳定现金流也正是 REITs 产品的基本特征。

最后，为有效保障 PPP 与 REITs 投资人的利益，PPP 与 REITs 都强调通过设立 SPV 实现风险隔离，两者在风险分配和管理上利用双层架构的交易结构具有高度一致性。PPP 项目通过设立 SPV 并且以 SPV 为主体进行项目运营和对外融资，并且对项目运营有较为严格的考核体系，也体现出 REITs 依托于资产本身而非主体信用这一理念。

6.2 基本概念

笔者认为 A+B 模式，是在现行法律法规框架下，政府引入市场机制，通过对现行政策下多种合法合规的投融资模式和金融工具进行组合，充分考虑各种投融资模式和金融工具的政策背景、实施主体、适用范围及存在的主要问题，针对不同类型基础设施和公共配套服务设施，提出既可优化政府财政支出、又可使社会资本获得合理回报的投融资创新路径，从而更有效地满足政府和社会公共服务需求的一种模式。

自 2014 年以来国家已先后推出了政府和社会资本合作（PPP）模式和地方政府发行专项债券两项重磅政策措施，加上一直推介的金融工具—公募基础设施 REITs 和资产证券化，我国基础设施投融资领域将形成 PPP、专项债和金融工具耦合的局面，可依托各自特点和优势共同助力基础设施建设。笔者统筹政府方和社会资本方两方诉求：一是政府承担的费用支出相对低（或最低），二是社会资本方在风险可控的情形下获得合理的回报，提出"PPP+ 专项债""PPP+REITs"等组合模式。

6.3 PPP+ 专项债

6.3.1 实施路径与方法

6.3.1.1 项目拆分，按需组合

首先，项目切块化处理，将与土地收益挂钩的项目划为专项债项目，即 A 包，由政府解决；将供水、污水处理、停车、租赁收入等具有经营性现金流的项目打造为 PPP 项目，即 B 包。在建设和运营层面，通常由项目公司统一提供建设和运营服务，A 包资产归属政府方，但由项目公司提供运营维护服务，相当于项目公司负责 A+B 包

项目的整体建设和运营。合作期满，B包资产移交给政府。专项债对应的政府性基金预算收入和专项收入必须实行分账管理，项目专项收入可由政府平台公司代收，或由社会资本方收取并存入专户管理。

A+B模式组合的效果十分明显。一是项目资本金由政府方与社会资本方共担，能够有效降低政府和社会资本各自出资压力。二是A包使用专项债券筹资，可显著降低项目融资成本与融资难度，降低整个项目的缺口补助。三是用活了政府性基金预算和一般公共预算，政府性基金预算用于专项债券还本付息，而一般公共预算则用于可行性缺口补助。四是整个项目都由项目公司统一建设和运营，有利于从全生命周期角度提质增效。

6.3.1.2　专项债券能否作为PPP项目资本金问题

2019年6月10日，中共中央办公厅、国务院办公厅印发了《关于做好地方政府专项债券发行及项目配套融资工作的通知》，通知指出"允许将专项债券作为符合条件的重大项目资本金。对于专项债券支持、符合中央重大决策部署、具有较大示范带动效应的重大项目，主要是国家重点支持的铁路、国家高速公路和支持推进国家重大战略的地方高速公路、供电、供气项目，在评估项目收益偿还专项债券本息后专项收入具备融资条件的，允许将部分专项债券作为一定比例的项目资本金，但不得超越项目收益实际水平过度融资"。在通知下发后，市场上对专项债能否用于解决PPP项目资本金不足问题进行了充分的探讨。根据《财政部对十三届全国人大三次会议第7295号建议的回复》（财预函〔2020〕124号），财政部回复了对于将专项债券作为PPP项目资本金的问题，这种模式虽有利于带动大规模投资，但容易产生财政兜底预期、层层放大杠杆，风险相对较大；且操作层面存在较多挑战。此外，按照财政部《关于推进政府和社会资本合作规范发展的实施意见》（财金〔2019〕10号）规定，PPP项目不得出现以债务性资金充当资本金的行为。

6.3.1.3　专项债作为PPP项目债务性资金问题

这种模式下，PPP项目资本金完全通过社会资本单独或与政府出资人代表共同筹集，剩余资金方面，一部分发行专项债筹集，另一部分由项目公司融资解决。项目收益和偿债安排方面跟A+B包模式类似，将专项债券对应的项目专项收入和政府性基金预算收入作为专项债券还本付息来源；而其余项目收益作为项目公司使用者付费，若使用者付费收入无法完全覆盖社会资本方投资建设及收益要求，政府按照合同约定给予可行性缺口补助。

6.3.2　合法合规性分析

根据《国务院关于创新重点领域投融资机制鼓励社会投资的指导意见》（国发〔2014〕60号）第三十四条"改进政府投资使用方式。在同等条件下，政府投资优先支持引入社会资本的项目，根据不同项目情况，通过投资补助、基金注资、担保补贴、贷款贴息等方式，支持社会资本参与重点领域建设"及《关于推广运用政府和社会资本合作模式有关问题的通知》（财金〔2014〕76号）中"地方各级财政部门可以结合自身财力状况，因地制宜地给予示范项目前期费用补贴、资本补助等多种形式的资金支持。在与社会资本协商确定项目财政支出责任时，地方各级财政部门要对各种形式的资金支持给予统筹，综合考虑项目风险等因素合理确定资金支持方式和力度，切实考虑社会资本合理收益"等之规定，政府通过（自有资金+专项债）投资补助方式建设A包内容，并将A包内容交由项目公司统一运营，并不违反现有PPP政策规定。政府方通过与社会资本方事先约定项目运营收益分配机制，取得A包项目收益，并纳入政府性基金预算，用于偿还专项债本息，而社会资本方通过运营整体项目，在严格遵循项目绩效考核相关规定情况下，获取收入用于项目投资回收和偿还项目债务性资金，具备合规性。

6.3.3 两种模式结合的核心问题及操作建议

政府专项债和PPP模式均有其适用范围，制度设计时也仅仅只考虑自身模式实施的规范性，未考虑两者之间的兼容性，因此，目前两者结合使用，在交易架构的搭建层面可能存在一定的政策壁垒和技术壁垒。比如，包括专项债偿还来源和PPP模式回报来源如何划分问题、筛选哪些项目作为结合问题、专项债审核和发行流程与PPP模式流程协调推进问题、专项债期限和PPP模式合作期限如何搭配问题。

6.3.3.1 回报来源切分方面问题

专项债券和PPP模式的结合最核心的问题就是界定清楚两者的回报来源。政府专项债券的还款来源为项目对应的政府性基金或专项收入，PPP项目的回报来源则为项目的第三方收入（使用者付费）及政府通过一般公共预算支出安排的补贴资金。建议对于两者的回报来源进行严格切分、独立核算、分账管理、隔离风险，以防"一女二嫁"造成相互推诿的现象。例如有土地收益的PPP项目，可考虑将土地收益用于偿还专项债，基础设施自身经营性收入作为PPP模式回报来源。

6.3.3.2 项目筛选方面问题

根据制度的规定范围选择合适的项目进行结合，但两者很难在初始阶段就规划进行结合。因此一方面建议在专项债券审核和发行阶段统筹考虑如何嵌入PPP模式，另一方面建议认真筛选PPP项目储备清单，选择专项债和PPP重叠领域内的项目，选择拥有政府性基金收入或经营性专项收入，预期未来现金流良好的项目申报专项债。

6.3.3.3 流程协调推进方面问题

专项债券发行流程周期较短，而PPP项目前期工作全过程通常需要半年至一年时间，在专项债资金申请下来后无法及时用于PPP项目，专项债券资金晚投入PPP项目可能造成资金沉淀，若要等项目落地之后再申请专项债务额度，又存在融资无法落地的风险。因此，建议一方面要选择前期工作成熟，预期落地速度快的 PPP 项目来开展专项债融资。另一方面在前期论证和采购过程中要确保财政资金和引入社会资本方资金能够满足项目的全部建设资金需求，若项目采购后存在资金盈余或短缺，需要设置针对投入资金变化的调节机制。

6.3.3.4　期限匹配问题

如果专项债资金用于项目资本金，那么需考虑资金期限匹配程度，目前已发行的专项债券融资期限主要为 10~15 年，而 PPP 模式合作期限通常长达 20~30 年，建议综合考虑 PPP 项目回报周期、项目预期收益和融资期限及还本付息的匹配度，适当延长专项债期限使两者匹配。而 A+B 模式的项目，因事先会将 A 项目和 B 项目进行切割，即独立项目运营不存在期限匹配问题。

6.4　PPP+REITs

6.4.1　实施的核心条件

第一，项目投资管理、报批报建手续齐全，已按规定履行项目投资管理以及规划、环评和用地等相关手续，已通过竣工验收。

第二，已产生持续、稳定的收益及现金流，必须是建成并经过不少于 3 年稳定运营的项目，投资回报良好，并具有持续经营能力、较好的增长潜力。

第三，从回报机制来看，当前政策导向上基础设施 REITs 应当投向类似于收费公路、城镇污水垃圾处理、固废危废处理等以使用者付费为主要回报来源的项目，这就导致纯政府付费类项目以及可行性缺口补助占比较高的项目并非 REITs 适用领域，可行性缺口补助占比较低、回报来源主要是使用者付费的项目仍有可能纳入 REITs 实施范围。

6.4.2　合法合规性分析

根据 REITs 核心条件"必须是建成并经过不少于 3 年稳定运营的项目，投资回报良好，并具有持续经营能力、较好的增长潜力"来看，"PPP+REITs"模式主要用于解决项目建成后项目运营期间的资金回笼问题，其实质属于项目后续债权融资。

根据《国务院关于鼓励和引导民间投资健康发展的若干意见》(国发〔2010〕13号)第三十一条"各类金融机构要在防范风险的基础上，创新和灵活运用多种金融工具，加大对民间投资的融资支持，加强对民间投资的金融服务。各级人民政府及有关监管部门要不断完善民间投资的融资担保制度，健全创业投资机制，发展股权投资基金，继续支持民营企业通过股票、债券市场进行融资"以及《国务院关于创新重点领域投融资机制鼓励社会投资的指导意见》（国发〔2014〕60号）等规定，"PPP+REITs"模式在满足REITs项目条件情况下，具备合规性。

6.4.3 两种模式结合的核心问题及操作建议

第一，基础设施REITs能否实现总投资全覆盖和战略配售的问题。根据《国务院关于调整和完善固定资产投资项目资本金制度的通知》（国发〔2015〕51号）的要求，项目一般采用"项目资本金+债务性融资"的结构。《指引》第二条规定，基金80%以上基金资产持有基础设施资产支持证券全部份额，基础设施资产支持证券持有基础设施项目公司全部股权。根据笔者测算，项目运营初期，其覆盖范围最多为项目资本金的1.25倍，REITs资金覆盖了项目资本金，但能否置换全部债务性资金并未明确。

第二，PPP项目股权变更问题。由于基础设施REITs需通过资产支持证券持有项目公司全部股权，必然需要项目公司原股东对原始股权进行转让。绝大多数PPP项目合同会对项目资产、项目公司股权、PPP项目合同权利的转让和处置做出限制，这要求在进行资产证券化的过程中必须取得政府的认可和配合。

第三，发行REITs后项目运营问题。基金管理人在基础设施REITs中处于核心地位，需承担项目运营管理等责任。基金管理人可以组建专业化运营团队（或子公司）并逐步培养和提高其运营管理能力，也可以对专业性较强、管理难度较大的项目采取第三方专业机构运营管理的方式。不管以何种方式进行运营管理，对基金管理人的运营能力都将是重大考验。

第四，税收负担问题。为保障基础设施REITs市场的活跃性，建议出台针对性的税收优惠政策。

6.5 山东省铁路专用线项目案例分析 [1]

6.5.1 案例简介

2019年4月，山东省邹平县交通基础设施建设投资有限公司新建铁路专用线项目先行进入财政部PPP项目管理库。为保证货运中心正常运作，卸车作业区配套建设物料储存设施。后来积极申报专项债项目，于2020年1月16日，成功发行专项债券，发行金额4.37亿元，发行期限20年。成为山东省首批成功发行的"PPP+专项债"项目。项目基本情况如下：

本项目位于淄博市周村区和滨州市邹平市区域内，铁路专用线全长27.917km。位

---

[1] 本案例资料来源为财政部政府和社会资本合作中心项目库信息和深圳证券交易所披露的债券信息。

于邹平市长山镇毛张村东设邹平货运中心，货运中心远期货运量为 3670 万 t，共有正线 2 条，到发线和装卸线 26 条。合作期限为 30 年，包含建设期 2 年，运营期 28 年。项目采用 PPP 模式下的"BOT+可行性缺口补助"模式进行实施，政府方将项目投资、融资、建设、运营维护等工作交由项目公司负责。合作期限内，项目公司享有本项目涉及资产的收益权，项目公司将项目相关资产完好无偿移交给政府方。具体操作模式为：

（1）邹平市人民政府授权市铁路办本项目作为实施机构，负责本项目前期准备、PPP 实施方案编制与报批、社会资本采购、PPP 合同签订、PPP 合同履行和项目期末资产移交等工作。

（2）本项目资本金比例为 20%。邹平市人民政府授权委托邹平市交通基础设施建设投资有限公司（以下简称"市交投"）作为政府出资代表，代表政府出资并持股，按照 1∶9 的出资比例与中选社会资本共同组建项目公司，并代表政府参与项目公司的运营管理。

（3）合作期内，项目公司通过使用者付费收入和可行性缺口补助收入回收投资，并获得合理的回报。其中使用者付费收入包括用户支付的货运服务费和货场服务费。可行性缺口补助公式如式（6-1）所示。

$$\sum_{t=1}^{n} \frac{CI_t - CO_t}{(1+i)^{t-1}} = 0 \qquad (6-1)$$

式中

　　n——PPP 项目合作期限，为 30 年；

　　i——社会资本全投资内部收益率（税后），为 7%；

　　CI_t——第 t 年现金流入，

　　　　　　CI_t= 第 t 年经营性收入 + 第 t 年可行性缺口补助；

　　CO_t——第 t 年现金流出，

　　CO_t= 第 t 年项目建设资金投入 + 第 n 年运营成本 + 第 n 年流动资金 + 第 n 年相关税费及附加。

（4）中铁十局、中铁三局以及中铁资本组成的联合体成功中标，中标金额为：1）运营期每年政府可行性缺口补助金额投标报价为 13008 万元 / 年；2）项目总投资投标报价为 616978.46 万元；3）全投资内部收益率（税后）为 7%；4）融资利率为 6.37%。

（5）合同期满后项目资产及相关权利等按法定程序完好无偿移交给政府或政府指定的其他机构。

6.5.2　案例解析

2020 年 1 月 16 日，2020 年山东省政府交通能源基础设施建设专项债券（三期）—2020 年山东省政府专项债券（八期）正式发行，上海新世纪资信评估投资服务有限公司对债券的评级结果为 AAA，发行利率 3.67%，期限为 20 年，本项目发行金额 4.37亿。本项目成为山东省首批成功发行的"PPP+ 专项债"项目，具体有以下内容可供借鉴：

（1）政策支持：《山东省财政厅等五部门关于做好政府专项债发行及项目配套融资工作的实施意见》（鲁财债〔2019〕50 号）提出"用好专项债券作为重大项目资本金政策，探索试行'PPP+ 专项债券'融资模式，拓宽实体项目政府投资渠道。"

（2）本项目采用政府与社会资本合作 PPP 模式入库，再争取地方政府专项债资金。根据 PPP 项目实施方案显示，在项目入库后，还未获得地方政府专项债资金支持。因此 PPP 实施方案未将政府专项债未来预计可争取资金性质和金额纳入股权设置、融资需求、回报机制、政府运营补贴支出测算等边界范围。由于专项债的申请成功，预期未来项目需要重新调整财承数据，启动与社会资本方的再谈判机制并签署 PPP 补充合同（协议）。

（3）相较社会资本方要求必要报酬率以及银行债务融资的利率，专项债成本优势明显，本项目以更优惠的资本成本完成了资金筹措，创新了投融资路径，实现供给效率和效益最大化，为当地经济建设提供足够的资金支持。

（4）根据专项债发行材料显示，会计师事务所对项目收益预测、投资支出预测、成本预测等进行的分析评价，认为该项目在全部债券存续期间内项目收益能保证债券正常的还本付息需要，总体实现项目收益和融资的自求平衡。

第 7 章　EPC 衍生模式

自 2014 年《国务院关于加强地方政府性债务管理的意见》(国发〔2014〕43 号) 发布后,政府 BT 模式正式退出舞台,PPP 模式逐渐成为当下基础设施和公共服务设施领域最主流的投融资模式之一,但随着《关于规范政府和社会资本合作(PPP)综合信息平台项目库管理的通知》(财办金〔2017〕92 号)以及财政部《关于推进政府和社会资本合作规范发展的实施意见》(财金〔2019〕10 号)等文件的发布,PPP 项目越来越规范化,不合规项目被清退出库,市场从疯狂到趋于理性,渐行渐稳。

根据全国 PPP 综合信息平台管理库项目 2021 年 3 月报显示,全国已有 651 个行政区财承占比高于 7% 预警线,离 10% 红线越来越近,PPP 项目实施空间受到了限制。在 PPP 模式严肃合规整顿的过程中,部分地方政府当期财政能力不足却又迫切上马基础设施和公共服务项目建设时,为解决政府方对这类项目前期财政资金投资不足问题,EPC+F、EPC+O 以及 EPC+ 基金模式应运而生。

7.1　EPC+F 模式

7.1.1　EPC+F 模式产生的背景

EPC+F 模式产生的一个重要背景是我国总承包商积极"走出去"。就海外项目而言,目前我国承包商参与的 EPC+F 项目大部分位于发展中国家,项目所在国业主面临筹措资金难的现实问题。随着"一带一路"倡议的稳步推进,我国承包商不仅需要为海外业主提供包括设计、采购、运输、试运行等全过程或若干阶段的总承包,还需使用包括权益融资、商业贷款、两优贷款、融资租赁等多种融资工具为具体项目提供融资支持。源于此,为了增加国内市场的竞争力,总承包商将该模式也运用于国内项目。

7.1.2　基本概念

EPC+F 中的 F 即融资(Finance),EPC+F 模式即"工程总承包 + 融资"模式,是指在具体项目中施工总承包商不仅需要进行包括设计、采购、运输、试运行等在内的全过程或若干阶段的总承包,还需协助业主进行融资。在 EPC+F 模式下,总承包商可能需垫付部分项目资金,或为业主向金融机构提供增信;作为对价,在项目竣工后,业主不仅需要向总承包商支付 EPC 工程款,还需就其垫付的那部分资金还本并支付资金占用费用。通常,国际工程领域的 EPC+F 项目承包商只提供融资支持服务,融资责任仍由业主承担。但在国内，EPC+F 项目发生了变异，承包商通常需部分甚至全部代替业主进行项目融资，可能还涉及垫资施工问题。如果项目业主是未脱帽的地方政府平台公司，还可能涉及新增地方政府隐性债务等合规性问题。

7.1.3 运作模式

7.1.3.1 运作方式

在 EPC+F 模式中，通常由地方政府授权平台公司作为项目业主，通过公开招标的方式选择项目合作方，项目业主和中标单位签署投融资建设合同，由中标单位负责项目的设计、采购、施工以及融资工作。

在建设期内，中标单位按照合同约定实施，项目业主按照约定支付一定比例的工程进度款。在回购期，应付未付的工程款按照约定比例全部支付给中标单位，并支付相应的投资回报。

7.1.3.2 合作期限

EPC+F 模式的合作期限通常为 N+3~5 年以内，其中 N 为建设期，回购期在 3~5 年以内。

7.1.3.3 回报机制

项目的回报机制主要包括两个部分，一部分是工程款，另一部分是延期支付的投资回报。

在建设期内，项目业主根据合同约定比例支付工程进度款，市场中的项目进度款通常情况下不超过 60%，延期支付部分按照约定利率计算资金占用费。资金占用费的支付大致可分为三种情况，一是在建设期内分阶段支付；二是在建设期末一次性支付；三是与延期支付的工程款一起作为回购期的基数在回购期分阶段支付。在回购期内，以延期支付的工程款为基数，按照约定的利率以等额本金或其他方式按季度或按年支付。

7.1.4 合法合规性分析

7.1.4.1 存在增加地方政府隐性债务风险

《关于进一步规范地方政府举债融资行为的通知》（财预〔2017〕50 号）规定："地方政府举债一律采取在国务院批准的限额内发行地方政府债券方式，除此以外地方政府及其所属部门不得以任何方式举借债务。地方政府及其所属部门不得以文件、会议纪要、领导批示等任何形式，要求或决定企业为政府举债或变相为政府举债"。

《国务院关于进一步深化预算管理制度改革的意见》（国发〔2021〕5 号）规定："完善常态化监控机制，进一步加强日常监督管理，决不允许新增隐性债务上新项目、铺新摊子。强化国有企事业单位监管，依法健全地方政府及其部门向企事业单位拨款机制，严禁地方政府以企业债务形式增加隐性债务。严禁地方政府通过金融机构违规融资或变相举债"。

如果 EPC+F 项目的招标单位为平台公司，如果建设资金穿透来看依然是政府财政资金，工程款延期支付，未纳入政府预算，易造成政府隐性债务风险。

7.1.4.2　不符合《政府投资条例》规定

《关于严禁政府投资项目使用带资承包方式进行建设的通知》(建市〔2006〕6 号)指出政府投资项目一律不得以建筑业企业带资承包的方式进行建设和严禁拖欠工程款。一经发现，有关部门要按照有关法律法规对该建设单位进行查处并依法进行行政处罚；建设等部门应停止办理其报建手续，对该项目不予竣工验收备案；有关部门对该单位新建项目给予制约；对于在工程建设过程中抽逃资金的，财政部门要立即停止该项目的资金拨付。

《政府投资条例》(国务院令第 712 号)第二十二条明确指出：政府投资工程不得由施工单位垫资建设。这是我国首次将禁止垫资建设政府投资工程上升到行政法规层面，即：从 2019 年 7 月 1 日开始，政府投资工程垫资建设将从"违规"变为"违法"。

7.1.4.3　按项目类型判断合规性

从不同招标主体出发，对 EPC+F 项目类型进行梳理，判断 EPC+F 项目是否合规的关键是穿透来看该项目是否涉及项目违规融资及隐性债务风险。笔者认为可从以下6 种情况进行讨论。

（1）招标主体为已脱帽的平台公司或其他市场化公司，项目类型为纯经营性项目。若招标主体为已脱帽的平台公司或其他市场化公司且项目是纯经营性项目，合理的经营性收入能完全覆盖项目总投资，则项目后期还款来源明确，基本不存在政府财政支出，项目合规，但需考虑项目授予的合规性。

（2）招标主体为已脱帽的平台公司或其他市场化公司，项目类型为准经营性项目。在该情况下，社会资本方需关注项目经营性收入缺口的还款来源和金额，如果该项目自身经营性收入的缺口由项目业主自身补足，不涉及政府"补助""补贴"等，则项目合规，但需考虑项目授予的合规性。如果需要政府进行某种"补助"，则该类补助必须纳入财政预算管理，否则不合规。

（3）招标主体为已脱帽的平台公司或其他市场化公司，项目类型为非经营性项目。该情况下，由于后期没有收入来源，对于市场化企业其投资该项目的逻辑不合理，尽管招标主体仍然是企业，但是还款来源穿透看仍涉及政府的财政支出，若未纳入预算管理则不合规。

（4）招标主体为未脱帽的平台公司，项目类型为经营性项目，和上述第（1）种类型类似。

（5）招标主体为未脱帽的平台公司，项目类型为准经营性项目。此种情况下，项目经营性收入缺口的填补必然会涉及政府财政支出（由平台公司本身进行填补的可能性非常小），则一旦未纳入预算，项目便不合规。

（6）招标主体为未脱帽的平台公司，项目类型为非经营性项目。和第（5）种情况类似，此种情况下涉及政府财政支出，未纳入预算，项目不合规。

7.1.5　可融资性分析

就目前市场上大多数 EPC+F 项目而言，具有较强的公益属性，且作为项目业主的平台公司实力普遍较弱，穿透看项目还款来源还是与政府财政挂钩，因此融资一直是此类项目的难点和关键点。2020 年以来，在国家支持大基建及企业复工复产背景下，部分银行放宽审批条件，要求在项目上包含经营性项目增强项目商业逻辑；在还款来源上通过股东对项目公司注入现金流等方式（如股东为项目公司出具资金保障计划）提高项目公司综合现金来源，将项目还款逻辑与政府财政完全划断，从而解决项目合规性问题；在本息安全保障上，更加依赖社会资本方担保增信。

7.1.6　研究结论及操作建议

如前文所述，对于采用政府财政资金的项目，其合规性存在一定的问题，因此，笔者建议如下：

7.1.6.1　重视项目的经营性打造

在 EPC+F 模式中，模式本身容易造成政府隐性债务风险，因此项目资金来源尤为重要，若项目自身具有很强的"造血"功能，在项目建成后，合理的经营性收入能够完全覆盖投资成本，则无论从融资还是政府隐性债务来看，项目本身的合规性都没问题。

7.1.6.2　重视业主单位的选择

在 EPC+F 模式中，项目招标单位通常是政府平台公司。根据财预〔2017〕50 号文和国发〔2021〕5 号文的要求，为避免造成地方政府违规举债，笔者建议在选择项目业主时可参考以下标准：

（1）项目业主应为公告"脱帽"的，已经市场化运作的平台公司。

（2）项目业主具备资金实力强劲、现金流充足、主体信用评级不低于 AA+ 的要求，若项目业主自身实力不强，则要求主体信用评级不低于 AA+ 的公司为项目业主的支付行为提供连带责任担保。

7.1.6.3　工程款支付比例设置

建议工程进度款支付比例不得低于财建〔2004〕369 号文规定。

7.1.6.4　征地拆迁不能包入项目

EPC 合作范围一般不包括征地拆迁，该内容属于项目业主负责事项，但实践中，发包人却将此转移给承包人，要求承包人先垫付前期费用，这样的行为实际上属于项目业主向承包人融资前期费用，因此，建议征地拆迁工作和费用不包入项目中。

7.1.6.5　注入资源支持项目业主做强做优做大

为避免政府直接付费方式，可通过注入资源的方式支持项目业主做强做优做大。如广东省江门市蓬江区人民政府出台的《关于支持江门市滨江建设投资管理有限公司做强做优做大的实施意见》，从注入资本金、经营性资产等方面做强、做优、做大人才岛项目业主，进而保障项目顺利实施。

7.1.6.6　EPC+ 约定违约责任延期支付需谨慎

这是一种比较隐晦的操作方式，在 EPC 合同方面，完全按照标准的 EPC 合同文本执行，竣工结算后支付至 97%，但在违约责任中约定："若发包人无法按期支付进度款时，应以未支付部分工程款为基数，按五年期以上贷款基准利率（或上浮一定比例）计取违约金"。所有的资金占用费将通过违约金形式获取，这样的违约支付行为变为被动违约支付的事实，面临债务审计风险，违约金支付过高也面临追责风险。因此，面对此类模式一定要谨慎对待。

7.1.7　金华市征迁安置项目案例分析 [1]

7.1.7.1　项目名称

寺南等村公寓式安置房（二期）、金桂院西区、金西公寓式安置房（二期）、吕塘下公寓式安置房、山嘴头征迁安置项目、西关征迁安置项目 EPC 总承包项目。

7.1.7.2　项目概况

该项目由金华经济技术开发区管理委员会批准建设，招标最高限价为 23.50 亿元，项目业主为金华智园置业有限公司，建设资金来自自筹，项目出资比例为 100%，招标人为金华智园置业有限公司。2018 年 10 月 23 日，中国五冶集团有限公司中标该项目，中标报价：工程设计费收费标准75%；建安工程费下浮率3.5%；延期支付工程款年利率7%。

7.1.7.3　项目运作模式

本项目实质上采用 EPC+F 的模式实施，一次性招标确定社会投资人和施工总承包单位。本项目合作期不超过 4 年，即：建设期 + 回购期不超过 4 年，其中建设期约 2 年（按招标文件为 790 个日历天），回购期为 2 年。根据本项目招标文件，工程进度款按每个地块分别支付：

---

[1]　案例来源于金华市经济技术开发区官网。

（1）本地块按规定计取的安全生产文明施工措施费从施工准备金中提取缴纳，提取时凭相关依据；

（2）本地块地下室顶板施工全部完成（即 ±0.000），30天内付总工程款的12%，并退还本地块剩余施工准备金的50%；

（3）本地块主体全部结顶（以发包人或总监理工程师组织主体结构验收通过为准），30天内付总工程款的13%及退还本项目剩余施工准备金；

（4）本地块外架全部拆除，30天内支付总工程款的10%；

（5）本地块竣工验收备案后30天内支付总工程款的15%；发包人组织政府相关部门应积极配合承包人进行竣工验收备案；承包人完成服务范围内所有竣工验收备案相关工作（包括质检、人防、消防、规划验收合格）后，如因发包人原因造成竣工验收备案超过三个月时，30天内付总工程款的15%；

（6）本地块竣工结算审价完成满一年的30天内支付至审定价的70%；

（7）本地块竣工结算审价完成满二年的30天内支付至审定价的97.5%；

（8）本地块竣工结算审价完成的30天内，扣留审定价的2.5%工程款作为质保金，缺陷责任期满扣除各项违约金不计利息返还。

本项目利息计算方式为：

（1）本地块主体全部结顶（以发包人或总监理工程师组织主体结构验收通过为准）之日至竣工验收备案之日（延误工期不予计息）应付工程款未付部分（总工程款的25%）按中标年利率计算利息；

（2）本地块竣工验收备案后至竣工结算审价完成一年（按一年计算）应付工程款未付部分（审定价的20%）按中标年利率计算利息；

（3）本地块竣工结算审价完成一年至竣工结算审价完成二年（按一年计算）应付工程款未付部分（审定价的27.5%）按中标年利率计算利息。

综上所述，根据招标文件，本项目过程付款比例为50%（按节点支付）。在2年回购期内，项目业主按年分别支付至70%和97.5%，延期支付工程款年利率为7%。

7.2 EPC+O 模式

7.2.1 EPC+O 模式产生的背景

EPC+O模式下，总承包商除承担建设期内传统的设计、采购、施工任务外，还要承担运营期内的运营维护职责。就我国而言，在国家政策层面，《国务院关于落实科学发展观加强环境保护的决定》（国发〔2005〕39号）最早提及了类似的概念，此后《国务院关于加快发展节能环保产业的意见》（国发〔2013〕30号）、《国务院关于加快发展生产性服务业促进产业结构调整升级的指导意见》（国发〔2014〕26号）均提到设计、施工和运营一体化总承包。

近年来，随着《关于开展2016年中央财政支持地下综合管廊试点工作的通知》（财办建〔2016〕21号）、广东省东莞市人民政府发布的《关于深化改革全力推进城市更新提升城市品质的意见》（东府〔2018〕102号）等文件的发布，EPC+O模式适用范围逐步扩大。

7.2.2　基本概念

EPC+O中的O即为运营（Operation），EPC+O模式即为"工程总承包+运营"模式，指总承包商不仅需要进行包括设计、采购、运输、试运行等在内的全过程或若干阶段的总承包，还需负责项目竣工验收后的运营工作。在EPC+O模式下，EPC和O部分是分开考虑的，项目合同价款也包括工程款和运营费用两个部分。

7.2.3　运作模式

7.2.3.1　运作方式

在EPC+O模式中，通常由地方政府授权平台公司作为项目业主，通过公开招标的方式选择项目承包方，项目业主和中标单位签署工程总承包合同（合同内包含运营内容），由中标单位负责项目的设计、采购、施工以及运营工作。

建设期内，项目业主根据工程总承包合同支付工程款。运营期内，中标单位通过项目运营获得运营收入。但在实践中，EPC+O模式发生了变异，部分地方政府为了缓解财政资金压力或加强运营考核约束效果，增加了运营环节，将部分工程款延期至运营期内平滑支付。该情况下EPC+O模式演变成EPC+F+O模式。

7.2.3.2　合作期限

EPC+O模式项目合作期限多为"N年建设期+3~5年运营期"。

7.2.3.3　回报机制

项目的回报机制主要包括两个部分，一部分是工程款，另一部分运营收入。

工程款部分：根据工程总承包合同约定正常支付工程进度款。

运营收入部分：一方面是指项目的使用者付费收入；另一方面若使用者付费收入不足，则项目业主进行可行性缺口补助。

对于将部分工程款延期至运营期支付的EPC+O模式项目，延期支付部分还包括资金占用费。

7.2.4　合法合规性分析

对于EPC+O模式而言，若项目的工程款按进度正常支付，项目运营的运营费用按规定纳入政府预算，则认为不存在合规性风险。若不是，其合规性风险可参照EPC+F模式，社会资本方应谨慎参与。

7.2.5 研究结论及操作建议

7.2.5.1 过程支付比例

对于正常支付工程进度款的 EPC+O 项目，社会资本方可直接参与；但对于将部分工程进度款放在运营期支付的项目，其操作建议参照 EPC+F 模式。

7.2.5.2 运营服务费应纳入政府预算

对于运营期的运营服务费，若使用者付费收入超过运营成本，则不涉及政府补助，不存在隐性债务风险；若使用者付费低于运营成本，政府需将可行性缺口补助纳入政府财政预算。

7.3 EPC+ 基金模式

7.3.1 EPC+ 基金模式产生的背景

在实践中，部分政府为筹集资金，在部分施工总承包项目招标投标文件中加入"认购与该工程项目有／无直接关联的基金份额"的相关条款方式，从而为施工总承包商附加了购买其基金的义务。

7.3.2 基本概念

EPC+ 基金模式严格意义上为 EPC+F 模式的派生模式。通过在招标投标文件中加入"认购与该工程项目有／无直接关联的基金份额"的相关条款，总承包商不仅需要进行包括设计、采购、运输、试运行等全过程或若干阶段的总承包工作，还需购买项目业主发行的基金或为项目所设立的基金，变相为其提供融资服务。与 EPC+F 模式的不同之处在于融资的形式，EPC+ 基金模式中总承包商购买的基金不一定会和具体的项目挂钩，其可能是项目业主或其关联公司发行的基金，募集的资金既可能用于该项目，也可能用于其他用途。

7.3.3 运作模式

7.3.3.1 运作方式

项目业主在 EPC 招标文件中加入了部分基金认购的内容，即要求投标人承诺在中标后的一定期限内认购招标文件中约定的基金份额，若没有按约定认购基金，则项目业主有权取消投标人的中标资格。

7.3.3.2 合作期限

项目合作期限一般较短，多为"$N+3\sim5$"年，其中 N 为建设期，$3\sim5$ 年为回购期。

7.3.3.3 回报机制

该模式的回报机制也较为简单，包括两部分，一部分是 EPC 工程款，另一部分是基金回报收入。

工程款部分由项目业主根据合同约定按照施工进度正常支付给中标单位。

基金回报收入是针对中标单位认购的基金给予本金和投资回报。

通常情况下认购的基金会投资于股权，因此在招标文件中项目业主仅能提供预期收益率。但为了确保社会资本方合理回报，社会资本会要求与项目业主另行签订协议，约定回购和收益率承诺。

7.3.4　合法合规性分析

在具体项目操作中，采用 EPC+ 基金模式应满足国资委《关于加强中央企业基金业务风险管理的指导意见》（国资发资本规〔2020〕30 号）和《关于做好中央企业新增基金业务备案工作的通知》（资本函〔2020〕4 号）的要求。

除此之外，需满足《关于中央企业加强参股管理有关事项的通知》（国资发改革规〔2019〕126 号）中"不得以约定固定分红等'名为参股合作、实为借贷融资'的名股实债方式开展参股合作"的要求。

7.3.5　研究结论及操作建议

在操作此类项目时，首先得考虑国资发资本规〔2020〕30 号文和资本函〔2020〕4 号文，笔者建议可关注以下几点。

7.3.5.1　基金应明确具体投资标的

基金应明确具体投资标的，不建议参与非社会资本方主导、投资标的不明确的基金。

7.3.5.2　基金的收益性

根据国资委相关要求，此类基金的预期收益率应不低于五年期国债利率。

7.3.5.3　选择实力强劲的项目业主单位

项目业主建议为直辖市、计划单列市或省会城市的地方政府信誉良好、信用评级高、财务状况好的大型国有企业或国内外知名企业。基金设立已履行合法、完备的决策程序。

7.3.5.4　控制出资比例，确保社会资本方权力

在基金中，建议社会资本方应控制出资比例，不作为基金劣后级，不早于其他基金投资人认购基金。在基金重大事项决策机制上，社会资本方应享有与认缴出资占比相匹配的权力。

7.3.5.5　确保基金收益实现及顺利退出

EPC+ 基金项目中，若基金收益与项目施工是脱钩的，存在由于基金经营不善导致基金到期无法按时获取预期收益以及不能按照约定方式实现社会资本方退出的风险。因此，基金应有明确的投资退出安排，回购主体信用评级和回购能力应充分考量。

7.3.5.6 确保施工收益的实现

由于社会资本方对基金出资是为了获取施工项目，因此，社会资本方需对工程报告、定额标准、招标文件、设计文件等进行详细梳理，并对项目进行现场踏勘，合理预估施工利润。同时，在建设期应当加强施工组织和管理，以确保施工利润的顺利实现。

7.3.5.7 确保基金认购出资的时序可控

项目业主所要求的基金出资时序和每笔出资金额对于社会资本方的现金流安排至关重要，因此，应在签订基金合伙协议或其他合同文件中对出资时点、顺序、每笔出资金额等进行明确约定，以合理优化社会资本方现金流，确保风险可控。

7.3.6 某市高速公路项目案例分析

7.3.6.1 项目名称

某市高速公路项目

7.3.6.2 项目概况

项目路线全长约 120km，桥隧比 60%，估算总投资约 210 亿元，建安费总价约 160 亿元，市（区县）要求按照项目总投资的 60% 配置资本金。

7.3.6.3 运作模式

本项目拟采用"认购基金 + 施工总承包"的模式实施，实施模式如图 7-1 所示。

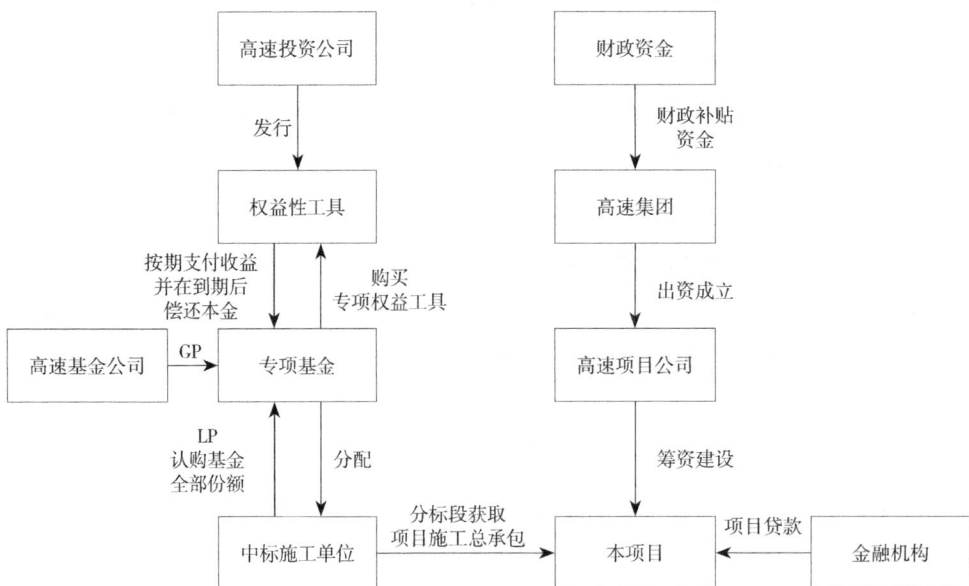

图 7-1 项目运作图

项目计划分标段实施，通过设置基金的方式遴选财务状况好、施工能力强的优质施工单位负责项目的施工建设。高速基金公司发起设立基金，按照建安费总价以及投资带动施工 1 ： 5 计算确定基金规模。产品分 3 年发行 3 期，每年发行 1 期，每期存续期为 5 年。

中标人将在收到中标通知书后，签订施工总承包合同前将认购首批基金份额的资金注入到指定账户，完成基金认购（首批发行的基金约占基金总规模的 30%~40%）。

基金收益分配原则：基金每年实现的收益（预期收益率 $X\%$/ 年），先扣除基金管理费、设立与运营费用（含托管费）和各项税费后，剩余可支配财产按各合伙人持有基金份额的比例进行分配。

基金退出。每期发行基金在满 5 年期或之前提前清偿实现各合伙人退出。

投标人需要在投标文件中明确基金认购承诺，并随投标文件同时向招标人递交承诺函，证明其具有相应的出资能力和意愿。

7.3.6.4　主要商务条件

本项目主要商务条件如表 7-1 所示。

主要商务条件表 表7-1

序号	名称	内容
1	合作模式	认购基金 + 施工总承包
2	投资额	静态总投资约 210 亿元，建安费总价约 160 亿元
3	项目合作期	8 年，其中建设期 4 年，建设期前 3 年发行 3 期基金，每期投资存续期为 5 年（滚动回购）
4	认购基金	中标后社会资本拟以自有资金按照出资额与施工合同额约 1：5 的比例认购基金份额
5	建设资金	业主自筹
6	回报机制及收益	存续期预期收益率为 $X\%$/ 年，满 5 年期或之前提前清偿实现退出
7	征地拆迁	政府负责项目征地拆迁工作，相关费用业主承担

在评判该项目时，应从中标社会资本方所投资的专项基金与项目本身有无直接关系、施工效益、投入基金的本金安全性和收益性考虑。

第 8 章　TOD 模式

8.1　TOD 模式产生的背景

TOD 理论起源于美国，最早可追溯到 19 世纪末到 20 世纪初。这一阶段美国的主要交通工具是郊区铁路和城市有轨电车，这两种交通方式都极度依赖于轨道线网。蒸汽机车具有长距离行驶、加减速慢等运作特点，有轨电车则是快速启停、安静污染小，这使得蒸汽机车主要用于市区与郊区的通勤，而有轨电车则用于市区，交通方式的限制迫使美国城市的土地利用采取紧凑、高密度和功能混合的布局形态，由此推动了美国独特的城市化发展历程，以及城市、轨道沿线站点周围土地的地产开发，这也是 TOD 开发模式的萌芽。

20 世纪 30 年代后，美国汽车工业逐渐成熟，充足的石油供应、科技进步、金融机构的支持等极大地降低了人们获得汽车的成本，私家车便逐渐成为美国家庭的标配。随着汽车进入千家万户，美国的交通出行模式也逐渐由公共交通为主转向驾驶私家车往返城市里的工作地点和郊区的独门庭院，促进了美国低密度郊区的发展，这种便捷的交通方式也促进了美国城市的"离心化"发展，郊区的发展速度很快便超过了中心城区的发展，进一步提升了美国城市化水平。

20 世纪 50 年代，有学者指出这种"以汽车为中心"的城市扩张之路会破坏城市结构和社会生活，使得城市走向使用功能单一、土地利用低效的不良发展之路，并提出可通过多样化的"小街区"模块建设利用城市土地的设想，这启发了后来人们对于郊区化问题改良方案的思考，为现代 TOD 理论的形成打下基础。

1990 年初，针对郊区无序蔓延带来的城市问题，美国形成了"新城市主义"，主张汲取第二次世界大战前美国小城镇和城镇规划的成功经验，以创建具有城市生活氛围的紧凑型社区为发展目标，取代郊区扩张的发展模式作为主要内容。至此，现代 TOD 发展模式的雏形已经形成。

1993 年，Peter·Calthorpe 在其著作中倡导新城市主义，并系统地论述了 TOD 的定义、类型、设计要点等，鼓励通过发展 TOD 模式来替代城市郊区化发展，并制定了一系列的基于 TOD 策略的城市发展土地利用准则。

进入 21 世纪后，美国精明增长联盟明确提出了精明增长的核心内容、原则及原理，作为一项综合应对美国城市蔓延的发展策略，其目标是通过规划紧凑型社区，充分发挥已有基础设施的效率，其中包含城市增长边界、TOD 发展模式以及城市内部废弃地的再利用等措施，试图通过提供多样化的交通和住房选择来控制城市低密度蔓延。

TOD 作为一项将交通和土地利用综合考虑的政策，成为城市精明增长框架内的重要内容之一，极大地促进了城市的良性可持续发展。这种规划理念经过长时间的探索和经验积累，逐渐成为一种以公共交通为导向的城市发展模式，并在美国和世界各地得到了广泛的认可和运用。

8.2　TOD 模式的基本概念

8.2.1　TOD 模式定义

TOD 模式是"以公共交通为导向的城市发展模式"的简称，其英文全拼为"Transit-Oriented Development"，这一概念最早由美国学者 Peter·Calthorpe 于 1993 年在其著作 The Next American Metropolis：Ecology，Community，and the American Dream（《未来美国大都市：生态、社区和美国之梦》）一书中提出，并给出了 TOD 的定义、类型、设计要点等。

在 TOD 模式中，公共交通主要是指以火车站、机场、地铁、轻轨等为主的轨道交通及巴士干线。城市的发展应以这些线路上的公共交通站点为中心、以半径 400~800m（大约 5~10min 步行路程）的区域范围作为购物广场或城市中心的选址，其核心亮点在于多功能用途，即：集工作、商业、文化、教育、居住等为一身，从而在不完全排斥私家车的同时，居民在工作场所和生活场所的往来中能方便地选用包括但不限于公交、自行车、步行等多种出行方式，从而实现生产与生活的高度和谐统一。

另一方面，公共交通通常有固定的线路和保持一定间距的站点（一般情况下公共汽车站距为 500m 左右，轨道交通站距为 1000m 左右），这就为沿线的土地利用与开发提供了重要依据，即：在线路沿线，尤其在站点周边对土地进行高强度开发，可以采用公共使用优先的方式进行建造。对于城市重建地块、填充地块和新开发土地，均可以采用 TOD 模式的理念进行规划设计与建设，通过土地使用和交通政策来协调城市发展过程中产生的交通拥堵和用地不足的矛盾。

总而言之，TOD 作为一种集合高效、开放、共享等特性的城市发展新模式，能够有效缓解"城市病"、实现资源有效利用，是现代城市发展的潮流。

8.2.2　TOD 模式设计特征

TOD 模式的设计特征可以简要概括为"4D"，具体如下。

（1）多元化（Diversity）。在 TOD 发展模式下，城市区域采用开发高密度住宅、商业、办公用地作为核心点，同时探索服务业、娱乐、体育等公共设施的混合利用模式。

多元化用途的土地使用模式能够有效地增加城市互动，促进非机动方式的出行。

（2）高密度（Density）。以公共交通站点为中心进行城市高密度开发，能极大化增加居民对公共交通出行方式的选择，如在距离轨道交通站点相同距离时，高密度的住宅区的公交出行比例将提高30%。

（3）宜人空间设计（Design）。高密度的城市开发将在有限的城市土地上提供多元化的服务，而传统的邻里、狭窄的街道、宜人的公共空间、尺度的多样性、与公交站点之间舒适的步行空间，都有利于提高公交出行的吸引力，增加居民生产生活的舒适度。

（4）合理到站点距离（Distance）。利用公共交通站点大流量人群的特征进行开发利用和高密度城市开发，有效提高城市土地利用效率，而公共交通站点的集中开发与宏观上站点的分散布局相互对应，优化城市空间结构。

8.3 TOD 模式在国内的发展情况

8.3.1 政策层面

近年来，随着 TOD 模式在全国的推广，各地陆续出台了有关政策，为进行 TOD 综合开发提供了指引。各地已出台的 TOD 相关政策概况，筛选部分城市如表 8-1 所示。

近年来国内各地涉及TOD开发政策概况 表8-1

城市	出台年度	政策名称	政策要点
深圳	2010	《关于向社会公开征求〈深圳市轨道交通条例（征求意见稿）〉意见的通知》	进一步推行地铁上盖物业开发建设
	2013	《深圳市国有土地使用权作价出资暂行办法》（深府办函〔2013〕50号）	确定国有土地使用权作价出资在市地铁集团有限公司、市机场（集团）有限公司、市特区建设发展集团有限公司先行先试
广州	2012	《广州市人民政府办公厅关于印发〈广州市推进轨道交通沿线土地和物业开发工作方案〉和2012-2016年广州市轨道交通沿线土地储备规划（首批）的通知》（穗府办函〔2012〕172号）	明确"地铁+物业"开发体系
	2017	《广州市人民政府办公厅关于印发〈广州市轨道交通场站综合体建设及周边土地综合开发实施细则（试行）〉的通知》（穗府办规〔2017〕3号）	为沿线土地开发提供政策支持
上海	2014	《关于印发〈关于推进上海市轨道交通场站及周边土地综合开发利用的实施意见（暂行）〉的通知》（沪发改城〔2014〕37号）	对轨交物业及土地综合开发提出了相关指导
	2016	《市政府办公厅转发市发展改革委、市规划国土资源局〈关于推进本市轨道交通场站及周边土地综合开发利用的实施意见〉的通知》（沪府办〔2016〕79号）	对2014年暂行政策进行了进一步的明确和完善

城市	出台年度	政策名称	政策要点
佛山	2018	《佛山市顺德区人民政府办公室关于印发〈佛山市顺德区轨道交通站场用地及周边综合开发土地供应模式的实施意见〉的通知》（顺府办发〔2018〕43号）	明确了物业综合开发范围、土地供应方式等
杭州	2018	《杭州市人民政府办公厅关于印发〈杭州市城市轨道交通地上地下空间综合开发土地供应实施办法〉的通知》（杭政办函〔2018〕82号）	明确了综合开发的原则、对供地方式、规模控制、建设周期、保障措施等给予优化和细化
天津	2019	《市住房和城乡建设委等七部门关于印发〈推进天津市轨道交通场站及周边土地综合开发利用实施意见（试行）〉的通知》（津住建发〔2019〕6号）	明确了综合开发的开发范围、开发方式、开发成本及收益用途等
武汉	2016	《市人民政府办公厅关于加强轨道交通场站及周边土地综合开发利用工作的通知》（武政办〔2016〕173号）	明确了轨道交通场站及周边土地综合开发的目标、原则及适用范围，对于土地供应方式、建设审批流程、成本及收益管理等方面进行了规范
青岛	2016	《青岛市轨道交通土地资源开发利用管理办法》（政府令第249号）	对土地规划控制范围、土地开发核心区和特定区的设置、土地利用专项规划的编制、综合开发项目整体规划设计、沿线土地开发整理及土地使用权出让收益归集管理等方面进行规定
南宁	2016	《南宁市人民政府关于印发〈南宁市城市轨道交通综合开发建设用地使用权作价出资管理暂行办法〉的通知》（南府规〔2016〕26号）	为规范轨道交通用地管理，促进南宁市轨道交通项目建设提供了政策依据
成都	2018	《成都市轨道交通场站综合开发专项规划》	构建轨道交通站点综合开发分级体系，对以站点为中心，一般站点半径500m，换乘站点半径800m以及车辆基地周边范围内的土地资源进行梳理，充分预留综合开发资源
	2018	《成都市人民政府办公厅关于印发〈成都市轨道交通场站综合开发实施细则〉的通知》（成办函〔2018〕192号）	为成都市TOD综合开发提供了具体操作层面的实施细则
	2019	《成都市人民政府办公厅关于印发〈成都市轨道交通场站综合开发用地管理办法（试行）〉的通知》（成办函〔2019〕54号）	明确加强用地统筹管理，实行多种供地方式等

从表8-1可知，2009年至2014年期间，以广州、深圳、上海为主的一线城市开始探索出台轨道交通TOD开发政策，其中，广州作为全国最早出台TOD政策的城市，明确了"地铁+物业"开发体系；深圳市最早提出土地使用权作价出资政策；上海政策体系相对完善，通过制定相关管理导则明确了轨道物业开发的审批机制和建设方式。

其后，随着城市轨道交通建设在全国各大城市的高速推进，我国以南京、杭州、武汉、东莞、成都等为代表的城市皆出台了各自的 TOD 开发政策。其中，成都自 2017 年开始陆续出台了一系列政策，包括专项资金筹措方案、TOD 开发实施范围等，为 TOD 项目的资金筹集和如何进行综合开发等进行了顶层设计；东莞在 2018 年明确了"以地筹资"进行轨交场站土地开发的要求，对如何在轨道交通站场周边开展土地储备规划、土地储备、综合开发等明确了标准。

从各地 TOD 相关政策内容来看，以下三个方面值得注意。

8.3.1.1　开发范围方面

从上述政策文件来看，近年来 TOD 综合开发范围已成为政策文件的重要内容之一。例如，南京市规定原则上将不小于轨道交通场站周边 500m 范围划定为"轨道交通场站综合开发特定规划区"，并将其中 200m 范围划定为"轨道交通场站综合开发核心区"；武汉市确定轨道交通场站（包括车辆段、车站、区间线路等）及周边 500m 范围内为 TOD 开发区域；成都则明确"站点综合开发用地以轨道交通站点为中心，按照一般站点半径 500m、换乘站点半径 800m"内是 TOD 开发范围。

部分研究表明，轨道交通对沿线经济的辐射效果随距离增大而减小。因此，划定 TOD 综合开发的空间范围，有助于后续规划中合理安排对轨道交通车辆段、站点等设施周边土地的开发，最大限度发挥轨道交通带来的经济效益。

8.3.1.2　土地获取方面

根据各地政策内容，可以发现，各地为实现 TOD 轨交站点附近的综合开发，都出台了一些针对性的政策。以上海为例，新建轨道交通场站综合建设用地，在完成土地储备形成"净地"后可以协议方式将土地使用权出让给综合开发主体，但协议方式取得的土地使用权不得转让。

相比之下，南京市、杭州市、青岛市等城市规定非经营性用地以划拨方式供应；不具备独立开发条件的经营性用地以协议方式出让；具备独立开发条件的经营性用地以招拍挂方式出让。其中，杭州市明确了不具备单独规划建设条件的经营性地上空间，可带技术能力要求、建筑设计方案、场站施工方案等条件公开出让；而武汉市则要求，利用轨道交通场站及周边土地进行商品住宅综合开发建设的项目，应该采取公开出让方式供地；成都市针对招拍挂土地确定了出让起始价，规定土地出让起始价可按不考虑轨道交通因素的宗地评估价格的 70%（含持证准用价款）确定。这些城市在 TOD 政策中以带一定条件公开出让土地的方式，一方面为当地地铁集团"量身定做"了一些条件，使得其公开拿地较为简单；另一方面，因为土地是公开出让的，在二次转让方面限制较少，便于后续当地地铁集团引入外部开发商进行开发。

8.3.1.3　收益分配方面

从政策目的来看，我国各地纷纷出台TOD相关政策主要是着眼于以TOD综合开发收益反哺轨道交通建设和运营。

例如，南京市规定：土地收益和线路运营前的上盖物业收益全部纳入市级承担的轨道交通建设资金，运营后的上盖物业收益用于轨道交通运营收支平衡；规划区其余新增土地市级收益部分抵顶市级承担的轨道交通建设资金，区级收益部分抵顶区级承担的轨道交通建设资金。成都市规定：轨道交通场站综合开发用地范围内的土地，由区（市）县出资完成土地整理的，供地后按现行体制分配后，区（市）县所得净收益由区（市）县与成都轨道交通集团有限公司按1∶1的比例分成。由成都轨道交通集团有限公司出资完成土地整理的，供地后按现行体制分配后，区（市）县所得净收益由区（市）县与成都轨道交通集团有限公司按1∶3的比例分成。

8.3.2　市场层面

经过几十年的发展，日本、新加坡等国家在TOD建设和运营方面已拥有十分丰富的经验和成功案例，而目前我国内地TOD仍处于起步阶段，各项政策逐步出台，多个城市进行了有益探索，获得不少经验。

随着近年来一二线城市地铁建设迅猛发展，各城市都积累了巨大的轨道交通存量资产，其中地铁已成为我国各地城市轨道交通的核心。据中国城市轨道交通协会有关数据，截至2020年底，全国开通轨道交通（含地铁、轻轨、市域快轨等在内）的城市已达45个，运营总长度超过7978.19km，尽管随着《关于进一步加强城市轨道交通规划建设管理的意见》（国办发〔2018〕52号）对申报建设地铁的城市一般公共财政预算收入（应在300亿元以上）、地区生产总值（应在3000亿元以上）和市区常住人口（应在300万人以上）的红线划定，使得一些中小城市无缘地铁申报资格，但未来预计仍会有50个以上的城市拥有地铁，为进行TOD综合开发提供了巨大的市场空间。

从目前内地已开始运作的TOD项目来看，其普遍分布于一二线城市的交通枢纽，地理位置都较为优越、地块资源稀缺、项目价值较高。但是，目前国内TOD项目的开发建设也存在前期投入高、投资回报慢等问题，各地都还在摸索前进。如何突破开发周期长、收益平衡难等现实挑战，对各地轨道交通集团和与其合作的开发商提出了较高的要求。

8.4　港铁模式

8.4.1　港铁模式产生的背景和基本情况

作为TOD开发的先行者，香港地铁TOD开发模式（以下简称"港铁模式"）在世界范围内享有盛誉，其成功的背后有其独特的社会历史背景。

香港地铁规划始于 20 世纪 60 年代。当时，香港进入人口快速增长期，城市结构日益拥挤，公共交通设施严重不足。1975 年，香港地铁公司成立，并于 1979 年开通运营第一条地铁线。自建设地铁之初，就坚持"量入为出"，要求香港地铁公司平衡财务，不能使地铁设施成为长期财政的负担。在这样的要求下，香港地铁公司逐步摸索出"地铁 + 物业"的港铁模式，并与 TOD 开发理念相结合，形成总体城市规划下的"TOD+ 地铁 + 物业"的港铁模式。具体而言，港铁模式的发展历程可以分为以下几个阶段。

（1）初期阶段：港铁公司成立于 20 世纪 80 年代末。1979 年，香港首条地铁建成通车。初期，港铁公司依赖政府财政支持，其物业发展难以作为其建设和运营投入的主要还款来源。为弥补资金缺口，同时由于土地缺乏，港铁公司在九龙湾德福花园、中环环球大厦等地探索利用轨道建设范围内的土地进行车辆段和站点上盖的建设，寻求以其物业销售和租金收益反哺轨道交通建设和运营，并通过上盖物业建成后导入人口，增加沿线客流量，确保长久的运营收益。

（2）高速发展阶段：20 世纪 90 年代初至港铁上市。进入 20 世纪 90 年代后，随着新机场和多个新市镇的建设，香港在初期制定轨道交通规划时就让港铁负责配合和实施。比如，把机场快线及东涌线的规划设计、建设和运营全部打包给港铁负责，同时授予其沿线 TOD 开发权。通过让港铁参与新发展区域（将军澳和马鞍山新市镇等）前期的规划研究，并将新线站点和土地进行融合发展，香港实现了 TOD 理念与"地铁 + 物业"模式的有机结合。在这种"TOD+ 地铁 + 物业"的模式推动下，港铁公司通过设计先行提升了地铁人流带动的土地价值，反过来又将土地增值获取的收益用于开发建设并进一步导入人流，实现了良性循环。

（3）成熟阶段：2000 年至今。2000 年，港铁公司上市，其成熟的 TOD 开发模式得到了市场的良好认可。在前期开发的基础上，港铁开始通过长期持续的分阶段开发让土地和上盖物业的价值最大化。例如，在 1998 年通车的九龙站上盖开发上，港铁公司对之前预留的土地进行了长达 10 余年的分期开发。其首先开发住宅，孵化市场和人气；待发展较为成熟、商业需求较高时开始开发酒店、商场等商业设施；最后开发高端写字楼，完善商业配套设施。九龙站的具体开发情况后文将进行介绍。

综上，可以看到，港铁模式的实践其实是要早于 20 世纪 90 年代 TOD 理念的正式提出，可说是一种在特定时代背景下，未有成熟理论指导而自行摸索出的成功模式。事实上，直到当下，港铁公司也是世界上为数不多的、能够从其核心业务中盈利的地铁公司之一，其模式的运作有赖于政策尤其是土地政策的特殊支持，因而其可复制性也相对较弱。

8.4.2　港铁模式的运作方式

港铁模式是以地铁为核心，沿线开发新的社区，并通过物业自持和销售反哺地铁建设和运营，形成财务平衡的一种开发模式。其具体开发流程如下。

（1）项目的提出和策划阶段：政府提出项目后，和港铁公司共同进行项目总体策划。在策划中，双方共同制定的不仅包括轨道交通规划，还包括沿线"地铁＋物业"的综合开发规划。这意味着，从最早期的策划阶段，TOD理念便开始渗透到具体项目中，港铁通过对拟修建的地铁、车站物业等进行统一规划调整，结合周边用地需求对具体的站点线位、土地利用和开发强度等因素进行综合衡量后，与政府协商敲定实施方案。这样一来，港铁公司基于商业考虑的各项诉求就能在一开始贯彻到项目中去，并和政府基于公共利益考量的诉求实现平衡，最终达成地铁沿线经济和社会效益的双赢。相比之下，内地很多城市的轨道交通规划在策划之初并未严格基于成本效益原则渗透TOD理念，基于轨道站点的综合开发项目往往是在地铁规划锁定乃至建成后才进行，而在规划之初就和实施主体共同进行综合开发的策划，正是港铁模式的关键优势。

（2）开发授权和具体项目策划阶段：基于政府政策和配套法律法规，如《地下铁路公司条例》《发展密度分区制度》等，政府授予了港铁公司为期50年且可续期经营、建造地下铁路及其延长部分的专营权，并在每座车站附近，将一定范围内具体地块的使用权和开发权以"未建设轨道前的土地价格"转让给港铁来进行规划发展。港铁公司基于取得的地块情况和上述已完成的总体策划内容进行具体项目的各种专业规划、设计等，并向政府申请取得规划批准。

（3）合作开发阶段：在这一阶段，港铁公司挑选房地产开发商，先按照地块在修好地铁后的价格将其转让给开发商，从中获取土地溢价收益；然后，与开发商按照上述总体策划和具体项目策划方案进行合作，在纳入开发商诉求的基础上签署开发协议，共同开发地铁上盖空间；之后，港铁公司负责监管并参与项目建设，项目建成后移交给开发商进行物业管理并分享利润，或者由港铁自持该物业。

（4）运营阶段：开发商将地铁物业建成后，港铁公司可以选择现金、实物或两者兼顾的形式分得物业收益；部分项目如九龙站上盖的商业综合体圆方广场由港铁自持并进行运营。而地铁部分，由于政府对港铁进行了政策授权和支持，不由财政进行运营兜底，在享有了上述土地增值收益和物业开发收益等前提下，港铁公司需承担全部的轨道交通建设成本和运营成本，确保具体项目自负盈亏，从中获取合理回报。

综上所述，港铁公司在政府的政策支持下，在成本较高的施工建设环节和商业风险较大的物业开发和运营等环节自行或联合开发商来进行操作，以一定的成本投入获取了土地本身和上盖物业的开发收益；而从政府层面来看，除低价给予港铁公司轨道交通沿线土地外，少有财政拨款，不会因新建地铁而造成巨大的财政支出，后续也不需依靠财政进行运营兜底补贴。港铁公司、开发商等的关系见图8-1。

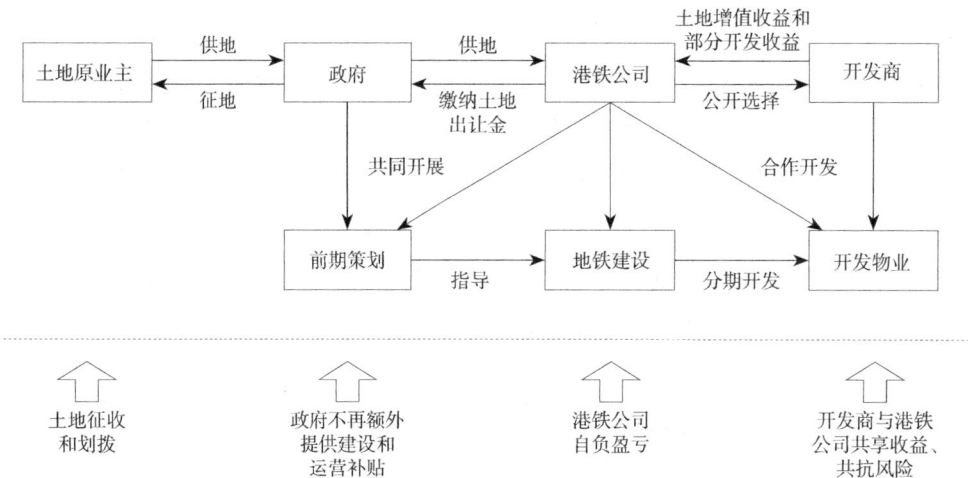

图 8-1　港铁模式

8.5　TOD 模式实施的核心和难点

8.5.1　TOD 规划设计

8.5.1.1　提前介入项目规划

轨道线路、站点的布局会显著提升轨道沿线土地的经济价值，将土地价值增值反哺线路建设是港铁模式的成功经验之一，而要想将土地价值增值锁定到轨道公司，就必须做好政策顶层设计和前期规划。

在 TOD 规划阶段，应结合土地利用总体规划、城市规划、交通规划、城市未来房地产发展趋势，策划轨道线位走向及站点选址，考虑站点周边地块的储备及开发条件，谋求土地价值增值反哺项目线路建设。

在规划编制时，由政府主导编制城市 TOD 规划，轨道公司可成立专业规划部门，以政府顾问、咨询单位、方案反馈等方式与政府方组成团队深度参与 TOD 规划的编制工作，TOD 规划可分为两阶段，第一阶段综合规划阶段，由政府提出总体规划，轨道公司可以结合潜在客源分布、可开发土地资源、现状与规划用地性质等方面向政府规划方案提出轨道线路及站点优化建议，将土地综合开发内容植入到规划中，同时结合线路、站点规划编制 TOD 土地综合开发规划；第二阶段是具体项目的规划，在获取土地后，由轨道公司完成项目发展的相关规划、设计、物业开发方案，并向政府申请规划审批。

8.5.1.2　具体项目规划设计

现阶段国内大部分轨道公司规划能力较弱，没有清楚认识到规划能力的价值和重要性。在具体项目规划时，轨道公司要将线路规划、站点规划、站点上盖、周边土地开发纳入一个整体来筹划。在规划时，为站点上盖做好预留预埋，确立轨道站点与周边物业发展、交通换乘空间及城市空间的立体对接关系，对站点出入口、步行系统的设置提出详细规划。TOD项目空间结构复杂，项目前期规划要充分考虑空间设计的合理性和科学性，使地铁上盖建筑和地下空间对接顺利实施。此外，要根据不同功能区的噪声源和减振降噪需求，在规划设计阶段提出减振降噪的技术解决方案。

8.5.2　土地取得

8.5.2.1　拿地受限

港铁模式在引入内地过程中，受内地土地政策限制，轨道公司无法以协议出让的方式获取地铁站点周围的土地，将土地价值增值锁定到轨道公司。比如在2002年，深圳市确定由港铁投资、建设、运营深圳地铁4号线，深圳市人民政府以协议出让的方式，将沿线80公顷土地开发权按一定的折扣地价给予港铁项目公司，但项目最终审批时受阻，原因是根据2002年4月通过的《招标拍卖挂牌出让国有土地使用权规定》（中华人民共和国国土资源部令第11号）规定，"商业、旅游、娱乐和商品住宅等各类经营性用地，必须以招标、拍卖或者挂牌方式出让"，对此，深圳地铁4号线由协议出让改为招拍挂出让沿线土地，市政府因不能用土地资源直接补贴项目而改以现金形式支持项目公司建设及运营。

继国土资源部第11号令后，相继发布了《国土资源部、监察部关于严格实行经营性土地使用权招标拍卖挂牌出让的通知》（国土资发〔2002〕265号）、《监察部办公厅、国土资源部办公厅关于印发〈关于开展经营性土地使用权招标拍卖挂牌出让情况执法监察工作方案〉的通知》《国土资源部、监察部关于继续开展经营性土地使用权招标拍卖挂牌出让情况监察工作的通知》（国土资发〔2004〕71号）等文件，明确经营性用地需通过招拍挂出让方式取得。

TOD用地的物业开发、商品住宅用地属于经营性用地，按规定须通过招拍挂程序拿地，意味着轨道公司将和众多房地产开发商可能存在竞争，也可能存在合作。

8.5.2.2　土地政策探索

为扶持轨道交通发展，缓解轨道交通基础设施建设投融资压力，国家出台了相关政策鼓励轨道交通与场站上盖物业进行综合开发。

首先，国务院发布了两项支持铁路沿线土地综合开发的文件，为铁路领域土地综合开发提出了政策支持。

2013 年 8 月，《国务院关于改革铁路投融资体制加快推进铁路建设的意见》（国发〔2013〕33 号）提出："中国铁路总公司作为国家授权投资机构，其原铁路生产经营性划拨土地，可采取授权经营方式配置，由中国铁路总公司依法盘活利用"，根据此项规定，铁路沿线及站点的划拨土地可以通过授权经营的方式来供地。

2014 年 7 月，国务院发布《关于支持铁路建设实施土地综合开发的意见》（国办发〔2014〕37 号），对铁路用地及站场毗邻区域土地综合开发提出了政策支持，在土地供应方面"新建铁路项目已确定投资主体但未确定土地综合开发权的，综合开发用地采用招标拍卖挂牌方式供应，并将统一联建的铁路站场、线路工程及相关规划条件、铁路建设要求作为取得土地的前提条件"，根据此项规定，铁路领域土地综合开发用地可以和轨道交通投资建设同时进行招拍挂和公开招标。

其次，国家对轨道交通领域的土地综合开发也出台了一系列政策。

2015 年 1 月，《国家发展改革委关于加强城市轨道交通规划建设管理的通知》（发改基础〔2015〕49 号）提出："创新投融资体制，实施轨道交通导向型土地综合开发，吸引社会资本通过特许经营等多种形式参与建设和运营"。国家发展改革委鼓励将土地综合开发作为轨道投融资的创新方式。

2018 年 3 月，《国务院办公厅关于保障城市轨道交通安全运行的意见》（国办发〔2018〕13 号）规定："在保障运营安全的前提下，支持对城市轨道交通设施用地的地上、地下空间实施土地综合开发，创新节约集约用地模式，以综合开发收益支持运营和基础设施建设，确保城市轨道交通运行安全可持续"，国办发〔2018〕13 号文明确了土地综合开发收益反哺轨道线路建设、运营。

8.5.2.3 供地方式

在供地方式上，依据现有土地供应政策，对符合《划拨用地目录》的交通用地部分，仍以划拨方式供地，其他部分需招拍挂出让的，主要采取招标、挂牌出让，也有采取协议出让、作价出资等方式。

1. 分层确权 + 划拨 + 带条件招拍挂

根据《中华人民共和国物权法》第一百三十六条规定"建设用地使用权可以在土地的地表、地上或者地下分别设立。新设立的建设用地使用权，不得损害已设立的用益物权"，从物权角度明确了土地立体空间的物权属性。

TOD 模式中，建设用地使用权可以按照用地性质不同在立体空间中分层出让，以北京市五路车辆段上盖综合利用项目为例，建筑首层（层高 9m）为车辆段的运用库房、第二层（层高 4.5m）为物业用房，是符合《划拨用地目录》的交通用地，以划拨方式供地给轨道公司；第二层顶部为 1.5m 覆土，形成车辆段上盖，上盖之上为第三层，为9栋住宅，第三层土地使用权在公开招拍挂时带定向条款，即将结构预留阶段难以实施的融合性设计理念及轨道交通运营安全等相关要求，纳入土地招拍挂文件，以实现轨道公司定向拿地。

分层确权＋划拨＋带条件招拍挂有三个要点，一是根据每层的用地性质、使用权权属、供地方式不同，将站点、车辆段、停车场用地在立体空间内分为多层；二是将站点用房及交通设施用房划拨到轨道公司；三是经营性用地部分，以拥有地铁线路建设经验等条件设计参加竞投的主体资格，实现轨道公司定向拿地。

2. 协议出让

上海市、广州市、南京市、成都市等城市的轨道交通场站上盖物业／周边土地使用权均可以"协议出让"。

以南京市为例，2015年10月南京市人民政府发布的《市政府关于推进南京市轨道交通场站及周边土地综合开发利用的实施意见》（宁政发〔2015〕215号）规定："根据实际情况确定土地开发利用方式。具备条件的规划区内土地使用权应以招拍挂方式公开出让。核心区内用于车站、轨道、车辆段部分的土地按照划拨方式管理；核心区内不具备单独规划建设条件或适宜与地铁相关设施同步实施的经营性土地，由国土部门报经市政府同意后，按协议方式办理出让手续，协议出让的土地使用权及建筑物不得转让。鼓励社会资本参与轨道交通场站综合开发利用，土地使用权以招拍挂或股权转让方式公开出让。为支持轨道交通建设和可持续发展，鼓励地铁集团直接开发核心区土地和持有（或部分持有）上盖物业；地铁集团可参与其余规划区商业设施开发建设，经营收益优先用于轨道交通项目建设和弥补运营亏损"。

以上海市为例，根据《关于印发〈关于推进上海市轨道交通场站及周边土地综合开发利用的实施意见（暂行）〉的通知》（沪发改城〔2014〕37号）的规定："在完成轨道交通场站本体工程后，由综合开发主体负责经营性'上盖'建设。在明确规划和形成'净地'或'上盖'后，可以以协议出让方式，出让给综合开发主体。用于车站、轨道部分的土地，按照划拨土地方式管理；用于经营性开发的部分，按规划建设轨道交通前的市场评估地价收取"。如：在上海市莲花路地铁站项目中，上海地铁资产投资管理有限公司取得该站点综合开发项目用地的土地使用权，项目占地17617m²，规划用地性质为商业、交通枢纽综合用地，其中4000m²地铁站房及附属设施以划拨方式供地，13617m²商业用地以协议出让方式供地。但沪发改城〔2014〕37号文另有规定"综合开发主体以协议方式取得的建设用地使用权，以自主开发为主，土地使用权不得转让；如引入社会投资主体参与开发的，轨道交通场站建设用地使用权以招拍挂方式公开出让"。

3. 作价出资

作价出资是指将一定年限内的建设用地使用权作价，作为出资投入轨道公司，该建设用地使用权由轨道公司持有，土地使用权作价入股形成的股权，由政府委托有资格的国有股权持股单位统一持有。

在深圳、兰州、南宁等部分城市，轨道交通沿线土地的土地使用权在满足特定条件时可以不经过公开招拍挂程序而直接以"作价出资"方式投入轨道公司。

以南宁市为例，《南宁市城市轨道交通管理条例》规定："经市人民政府批准，本市国有城市轨道交通建设及运营单位在规划确定的城市轨道交通及其配套设施用地范围内进行综合开发的，可按作价出资方式取得土地使用权"。

以深圳市为例，《深圳市国有土地使用权作价出资暂行办法》，由深圳市人民政府选择经营性开发用地实施作价出资，将土地使用权注入国有独资的市地铁集团有限公司、市机场集团有限公司、市特区建设发展集团有限公司等全资国有企业，封闭运行，完成增资手续后由三家公司分别进行开发运行。以深圳市前海综合交通枢纽站城一体化开发项目为例，市政府将前海综合交通枢纽上盖物业项目用地作价出资给深圳市地铁集团有限公司，项目用地地上和地下空间同时供应给地铁集团，上盖开发部分定位为集枢纽立体商业、甲级办公、国际星级酒店及服务式公寓、商务公寓于一体的超级枢纽城市综合体，包括9栋超高层塔楼（含裙楼）、地铁11号线上盖独栋商业、远期枢纽上盖商业等。

8.5.3　注重统一规划与实施

在TOD模式中，项目的整体运作包括了规划、设计、投融资、建设以及运营五个环节，这五个环节统筹考虑，有机结合，可实现项目在规划设计阶段整体协调与平衡；在投资阶段避免因不同主体财务状况不同所造成的资金短缺，确保资金同步到位；在建设阶段能减少协调难度，降低施工成本；在运营阶段能保证运营品质，最大化运营收益。

因此从整体角度来看，政府应当将项目的规划、设计、投融资、建设以及运营交由同一主体实施，降低管理难度，实现协同效益。

8.5.4　注重开发时序，加强与其他市场主体合作

在TOD项目开发时，实施主体根据需求对项目进行分阶段开发，一方面分阶段开发可以缓解资金压力，实施主体还可以用已开发部分的现金流支撑项目后续开发；另一方面，分阶段开发也是对市场进行培育的过程，通过第一阶段开发，激活项目周边经济发展，增加项目商业价值，后期再开发时就可以适当提高项目售价，实现效益最大化。

在项目具体开发过程中，实施主体应当加强与其他市场主体的合作，根据项目板

块分布、业态布局等规划要求通过公开招标的方式择优选择不同的合作方，将专业的事交给专业的人做，实施主体则对整个项目进行监管及协调。

8.6　成都TOD模式

成都TOD模式的概念与上述TOD模式有一定区别，目前成都轨道交通规划设计、投资、建设、运营以及综合开发等均由成都轨道交通集团有限公司负责，施工方面由成都轨道交通集团有限公司单独通过公开招标的方式选择施工单位，运营方面由成都轨道交通集团有限公司统一运营，投资方面所需资金通过后期的综合开发弥补。

成都TOD模式主要是指综合开发环节，由成都轨道交通集团有限公司下属全资子公司成都轨道城市发展集团有限公司（以下简称"轨道发展集团"）主导，通过合理低价获取轨道交通站点附近的土地，然后通过公开的方式选择合作商进行综合开发，整体来看更倾向于房地产开发模式，因此轨道发展集团在选择合作商时更倾向于综合实力排名靠前的房地产开发商。

8.6.1　成都TOD模式发展现状

2017年下半年，成都市人民政府先后出台《成都市人民政府关于印发〈成都市轨道交通专项资金筹措方案〉的通知》（成府函〔2017〕153号）、《成都市人民政府关于轨道交通场站综合开发的实施意见》（成府函〔2017〕183号），2018年出台《成都市轨道交通场站综合开发专项规划》《成都市轨道交通场站一体化城市设计导则》和《成都市人民政府办公厅关于印发〈成都市轨道交通场站综合开发实施细则〉的通知》（成办函〔2018〕192号），2019年出台《成都市人民政府办公厅关于印发〈成都市轨道交通场站综合开发用地管理办法（试行）〉的通知》（成办函〔2019〕54号），确立了成都轨道交通建设资金筹集和TOD综合开发的顶层设计。

根据2021年3月发布的《成都市城市轨道交通TOD综合开发战略规划》，成都市2035年规划城市轨道交通线路36条，总里程达1666km，共696个站点和90个车辆基地的TOD综合开发，其中市政府统筹实施105个TOD站点和车辆基地，其余TOD站点由各区市县政府统筹实施。按照城市功能、站点位置、通达条件等因素构建了TOD站点四级分级体系：城市级16个、区域级59个、组团级140个、社区级481个。

成都提出7种"TOD+"商业模式分类，分别为：时尚消费、商务服务、创意经济、旅游经济、创新孵化、会展博览和生活服务。2019年，成都已启动14个轨道交通场站综合开发TOD示范项目。

成都市TOD用地均以带条件招拍挂的方式出让，竞买资格条件主要包括："意向竞买人或意向竞买人的实际控制人须具备6条及以上地铁线网建设和运营管理经验，且已建成并投入运营的地铁线网里程不得少于 200km""意向竞买人须向成都市城市轨道交通建设指挥部办公室提交公司注册所在地地级市或以上政府授予的地铁线路特许经营权批复等证明材料，经成都市城市轨道交通建设指挥部办公室审查符合报名条件的，由成都市城市轨道交通建设指挥部出具书面意见，意向竞买人持书面意见参与报名竞买"等，将竞买主体资格限定为成都轨道交通集团有限公司及其实际控制的子公司。2019 年 11 月 20 日，由成都锦江区静桉南轨道城市发展有限公司、成都锦江区静桉北轨道城市发展有限公司竞得锦江区四川师大站 TOD 用地，其竞买资格条件中，建设运营地铁线路数量要求从 6 条增加为 7 条，地铁线网里程要求由"不少于 200km"变成"不少于 300km"，表明 TOD 用地竞买要求在不断提高。

在出让价格方面，根据《成都市人民政府办公厅关于印发成都市轨道交通场站综合开发用地管理办法（试行）的通知》"以拍卖、挂牌方式出让的轨道交通场站综合开发用地起始（叫）价可按不考虑轨道交通因素的宗地评估价的 70%（含持证准用价款）确定"。由于成都 TOD 用地均以底价成交，所以不考虑轨道交通因素土地评估价的 70% 即为 TOD 用地的拿地价。

8.6.2　成都 TOD 项目合作模式

目前成都的 TOD 项目由轨道发展集团主导，目前主要有三种合作模式，包括股权型合作、协议型合作、代开发型合作模式。

8.6.2.1　股权型合作模式

股权型合作开发模式是合作各方共同出资设立项目公司，共同作为项目公司股东，以持有项目公司股权的形式实现对项目的控制，以项目公司为独立法人主体进行房地产项目开发的模式。根据实施路径的不同，股权型合作开发模式具体又可细分为项目公司无股权转让合作模式、项目公司股权转让合作模式、项目公司增资扩股合作模式。

1. 项目公司无股权转让合作模式

无股权转让的 TOD 项目可分为三种情况，一是轨道发展集团拿地后成立全资子公司进行开发；二是轨道发展集团与区国资公司合资成立项目公司拿地；三是轨道发展集团与区国资公司以及外部合作伙伴合资成立项目公司拿地。

（1）轨道发展集团拿地后成立全资子公司进行开发

轨道发展集团拿地后成立全资子公司进行开发的仅武侯区双凤桥 TOD。2019 年 7 月 11 日，由成都轨道城市发展集团有限公司以底价 23.64 亿元竞得，用地面积 206.53 亩，成交楼面价 6594 元 /m²。拿地后，2019 年 7 月 18 日轨道发展集团成立全资子公司成都武侯双凤七里轨道城市发展有限公司，进行双凤桥 TOD 开发。

（2）轨道发展集团与区国资公司合作

在14个示范TOD项目中，轨道发展集团与区国资公司合作的项目共有8个，其中2019年7个，2020年1个，各项目情况具体如表8-2所示。

轨道发展集团与区国资公司合资成立项目公司拿地　　　　表8-2

TOD站点名称	竞得人	项目公司成立时间	拿地时间	净用地面积（亩）	楼面价（元/m²）	成交价（亿元）	股东
高新区陆肖站	成都高新区陆肖轨道城市发展有限公司	2019年1月3日	2019年1月23日；2019年12月26日	518.57	4564.98	46.00	成都轨道城市发展集团有限公司（51%）、成都高新集团投资有限公司（49%）
郫都区梓潼宫站	成都郫都区梓潼轨道城市发展有限公司	2019年3月5日	2019年5月8日；2020年8月25日	125.56	5903.52	8.64	成都轨道城市发展集团有限公司（51%）、成都市郫都区国有资产投资经营公司（49%）
青羊区马厂坝站	成都青羊马厂坝轨道城市发展有限公司	2019年3月26日	2019年12月26日	234.27	5400.00	18.80	成都轨道城市发展集团有限公司（51%）、成都市兴光华城市建设有限公司（49%）
双流区双流西站	成都空港轨道城市发展有限公司	2019年12月12日	2019年12月26日	216.02	2853.96	4.26	成都轨道城市发展集团有限公司（51%）、成都空港城市发展集团有限公司（49%）
高新区三岔站	成都高新区三岔轨道城市发展有限公司	2019年2月27日	2019年12月26日	147.73	2310.00	6.98	成都轨道城市发展集团有限公司（51%）、成都高新投资集团有限公司（49%）
成华区龙潭寺站	成都成华区龙桂轨道城市发展有限公司	2019年12月16日	2019年12月30日	324.52	6080.00	26.31	成都轨道城市发展集团有限公司（51%）、成都成华城市建设投资有限责任公司（49%）
金牛区幸福桥站	成都金牛区幸福轨道城市发展有限公司	2019年12月13日	2019年12月30日	177.88	4950.00	11.74	成都轨道城市发展集团有限公司（51%）、成都交子现代都市工业发展有限公司（49%）
锦江区四川师大站	成都锦江区静桉南轨道城市发展有限公司	2020年9月21日	2020年11月20日	131.53	6400.00	13.58	成都轨道城市发展集团有限公司（51%）、成都市锦江区统一建设有限公司（49%）
	成都锦江区静桉北轨道城市发展有限公司	2020年9月22日		69.65	9100.00	10.56	成都轨道城市发展集团有限公司（51%）、成都市锦江区统一建设有限公司（49%）

以陆肖站 TOD 为例，2019 年 1 月 3 日，成都轨道城市发展集团和成都高新投资集团按照 51∶49 比例出资成立成都高新区陆肖轨道城市发展有限公司，注册资本为 2000 万元，主营范围为房地产开发与经营（凭资质证书经营）、土地整理、房屋租赁、工程项目管理（凭资质证书经营）、旅游资源开发。

2019 年 1 月 23 日和 2019 年 12 月 26 日，高新区陆肖轨道城市发展有限公司以底价 46 亿元竞得共计 518.57 亩陆肖站 TOD 用地，两宗地商业建筑面积占总建筑面积比例约为 55%。该项目规划为片区级站点，站点 500m 范围核心区以商业商务办公为主，分散布置展览馆、文化馆、美术馆、艺术中心等文化设施；外围为高品质住宅区域内，并集中设置了学校、社区中心、休闲商业及养老住宅，打造 10 分钟慢行"公园城市" TOD 社区。

（3）轨道发展集团与区国资公司以及外部单位合作

轨道发展集团与区国资公司以及外部合作伙伴合资成立项目公司拿地仅秦皇寺 TOD 项目 1 例，2020 年 2 月 24 日，成都轨道城市发展集团、成都天投地产开发有限公司、深圳招商房地产有限公司按照 44∶5∶51 的比例成立项目公司成都天府招商轨道城市发展有限公司，注册资本为 30 亿元。如图 8-2 所示。

2020 年 3 月 9 日至 4 月 1 日，成都天府招商轨道城市发展有限公司以底价 54.07 亿元在天府总部商务区共拿下 7 宗用地，累计约 788 亩，总建面积近 150 万 m²。

在本次拿地过程中，为了使由深圳招商房地产有限公司持股 51% 的成都天府招商轨道城市发展有限公司满足竞买条件，将竞买人实控人拥有 6 条以上、200km 以上地铁建设运营经验的要求，放宽到竞买人参股股东拥有以上相应经验亦可。

2. 项目公司股权转让合作模式

股权转让的 TOD 项目分为两种情况，一种是轨道发展集团拿地，将土地注入全资子公司进行股权转让；另一种是轨道发展集团与区国资公司成立项目公司拿地，然后再进行股权转让。

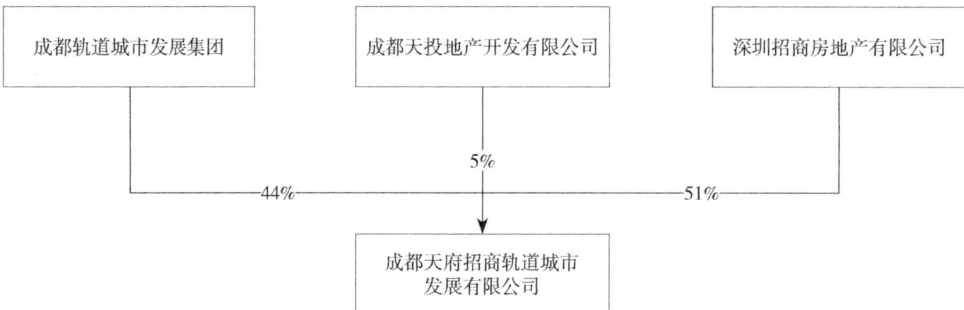

图 8-2　成都天府招商轨道城市发展有限公司股权结构

（1）股权转让受让方资格条件

1）资质条件

国内合作方应具有房地产开发一级资质，且上一年度排名中国房地产开发企业综合实力前 50 强或商业地产综合实力前 30 强。

此处排名为"中国房地产开发企业综合实力"以中国房地产业协会官方网站"X 年中国房地产开发企业 500 强测评榜单"为准，"商业地产综合实力"以中国房地产业协会官方网站"X 年中国房地产开发企业 500 强测评榜单 – 商业地产综合实力 50 强"榜单为准。

境外合作方应满足上一年度排名中国房地产开发外资企业前 10 强，或经评估认定其开发运营能力达到中国房地产开发企业综合实力前 50 强或商业地产综合实力前 30 强的具有 TOD 综合开发经验的企业。

此处排名为"中国房地产开发外资企业"以中国房地产业协会官方网站"X 年中国房地产开发企业 500 强测评榜单 – 外资企业 10 强"榜单为准。

2）信用条件

国内合作方主体信用评级不低于 AA+ 级（以国内权威评级机构出具的评级报告为准）。

注：此处"国内权威评级机构"包括：大公国际资信评估有限公司、联合信用评级有限公司、联合资信评估有限公司、中诚信国际信用评级有限责任公司、东方金诚国际信用评估有限公司。

境外合作方主体信用评级不低于 BB 级（以国际权威评级机构出具的评级报告为准）。

注：此处"国际权威评级机构"包括：标准普尔（Standard & Poor's）、穆迪投资者服务公司（Moody's Investors Service）、惠誉国际（Fitch）。

3）财务条件

截至上一年度 12 月 31 日，合作方经审计的财务报表净资产不低于人民币 100 亿元（或等值金额的外币）。

4）投标条件

不允许联合体投标。

（2）轨道发展集团拿地，土地注入项目公司进行股权转让

在 14 个示范 TOD 项目中，成都轨道城市发展集团拿地，注入其全资子公司作为项目公司，将项目公司部分股权公开转让的项目有 2 个，分别是天府新区昌公堰 TOD、龙泉驿区行政学院 TOD。见表 8-3。

成都轨道城市发展集团拿地后转让股权   表8-3

TOD站点名称	拿地时间	净用地面积	楼面价（元/m²）	成交价（亿元）	竞得人	项目公司	成立时间	股东（股权转让前）	股权转让时间	成交价（亿元）	股东（股权转让后）
天府新区昌公堰站	2019年7月3日	218.45亩	6414.00	22.24	成都轨道城市发展集团有限公司	成都天府新区广都轨道城市发展有限公司	2019年7月16日	成都轨道城市发展集团有限公司（100%）	2020年7月28日	12.88	成都保泽达锦房地产开发有限公司（66%）、成都轨道城市发展集团有限公司（34%）
龙泉驿区行政学院站	2019年7月11日	289.18亩	8370.00	27.27	成都轨道城市发展集团有限公司	成都龙泉驿区行政南轨道城市发展有限公司	2019年7月19日	成都轨道城市发展集团有限公司（100%）	2020年7月31日	7.46	万科（66%）、成都轨道城市发展集团有限公司（34%）

以行政学院TOD为例，2019年7月11日，成都轨道城市发展集团有限公司以底价27.27亿元竞得行政学院289.1812亩（其中出让面积212.0069亩）TOD用地，将土地注入其全资子公司成都龙泉驿区行政南轨道城市发展有限公司，2020年7月31日，成都轨道城市发展集团有限公司在西南产权联合交易所将成都龙泉驿区行政南轨道城市发展有限公司66%股权拍卖，由万科以7.46亿元竞得。

（3）轨道发展与区国资公司成立项目公司拿地后转让股权

在14个示范TOD项目中，成都轨道城市发展集团与区国资公司成立项目公司拿地，将项目公司部分或全部股权公开转让的有3个，分别是新津站TOD、廖家湾站TOD、万盛站TOD。

3. 项目公司增资扩股合作模式

该模式在前期拿地阶段与股权转让模式一样，两者的区别主要是合作方进入的方式不同。增资扩股是合作方将资金注入项目公司，稀释原股东的股权，但增加了项目公司的注册资本；股权转让是将原股东的股权转让给合作方，原股东实现部分退出，注册资本不会变化。根据《企业国有资产交易监督管理办法》（国务院国有资产监督管理委员会、中华人民共和国财政部令第32号）规定，企业增资通过产权交易机构网站对外披露信息公开征集投资方，时间不得少于40个工作日。

8.6.2.2 协议型合作模式

1. 运作模式

协议型合作开发模式是指轨道发展集团与合作方以《协议型联合开发协议》为基

础，轨道发展集团提供土地使用权，合作方提供资金、技术、劳务等，双方共同投资、共担风险、共享收益的合作开发模式。按具体操作方式又可分为另行设立经营管理公司协议合作和不设立管理公司协议合作两种方式。

（1）另行设立经营管理公司

轨道发展集团通过招拍挂形式取得土地后，通过公开方式选择合作方，轨道发展集团与中标合作方签署《协议型开发协议》，双方按约定的合作比例成立项目经营管理公司，并与项目经营管理公司签订《委托开发协议》，项目经营管理公司在授权范围内以项目公司名义开发房地产项目。

（2）不设立经营管理公司

在不设立经营管理公司的情况下，双方可约定成立项目部，由项目部具体负责项目开发建设过程中的相关事宜。

2. 实施要点

第一，在税收方面，轨道发展集团作为项目的开发主体，可以利用其主营业务亏损抵扣所得税。

第二，项目利润实现的主体为轨道发展集团，对于社会资本方而言，其获取投资收益的依据为双方签订的协议，风险较大。

第三，后期持有型物业双方长期合作经营，由于土地等资产都在轨道集团名下，若产权需按约定比例和时间过户给合作方，土地及资产的交易会涉及大量的税负。

第四，与共同设立项目公司不同，在协议型模式中，项目开发所涉及的账务处理均在轨道发展集团内，因此需合理区分项目开发和公司其他业务的账务关系，避免因管理问题影响项目开发。

8.6.2.3　代开发型合作模式

1. 运作模式

代开发模式是指轨道发展集团首先通过招拍挂取得土地使用权后，再通过公开招标的方式选择受托方，双方签署《委托开发协议》，受托方在授权范围内就房地产项目的开发进行管理和品牌输出，并根据合同规定的目标要求，依据项目销售额、利润额或经营目标等收取相关费用，项目开发事宜仅由轨道发展集团享有。

2. 实施要点

第一，对于社会资本方而言，在项目开发过程中仅承担管理输出职能，风险较小。

第二，对于轨道发展集团而言，项目开发资金由其全部承担，有一定资金压力。

8.7 陆肖 TOD 项目拿地案例分析

8.7.1 宗地情况

截至 2020 年 12 月 20 日，陆肖站 TOD 项目共取得 4 宗地，各宗地情况如下。

8.7.1.1 宗地一：GX2018-30（071/05）

该项目土地于 2018 年 12 月 29 日发布拍卖公告，2019 年 1 月 23 日由成都高新区陆肖轨道城市发展有限公司以底价 19.65 亿元成功竞得。

1. 宗地位置

位于高新区中柏大道东侧、中和一线南、北侧；宗地一的位置如图 8-3 所示。

2. 宗地面积

净用地面积 137510.99m²，合计 206.2665 亩。

3. 土地用途及使用年限

城镇住宅用地 70 年、商服用地 40 年。

4. 起拍价

6592 元 /m²，合计 19.65 亿元。

5. 规划设计条件

计入容积率总建筑面积不小于 13.75 万 m² 且不大于 29.81 万 m²，商业服务业设施用地计容建筑面积不小于 2.71 万 m² 且不大于 6.78 万 m²，二类住宅用地计容建筑面积不小于 11.04 万 m² 且不大于 23.03 万 m²；容积率为不低于 1.03 且不高于 2.24。

建筑密度：商业服务业设施用地不大于 50%；住宅建筑密度不大于 20%；二类住宅用地（兼容不大于 10% 的临街商业用地）的建筑密度 ≤ 25%。

建筑高度：建筑高度满足航空限高要求，且地块一建筑高度 ≤ 50m、地块二建筑高度 ≤ 60m、地块三建筑高度 ≤ 50m。

规划用地使用性质：城镇住宅用地、商服用地。

8.7.1.2 宗地二：GX2018-31（071/05）

该项目土地于 2018 年 12 月 29 日发布拍卖公告，2019 年 1 月 23 日由成都高新区陆肖轨道城市发展有限公司以底价 16.67 亿元成功竞得。

1. 宗地位置

位于高新区中柏大道西侧、中和一线南、北侧；宗地二的位置如图 8-3 所示。

2. 宗地面积

净用地面积 133036.36m²，合 199.5545 亩。

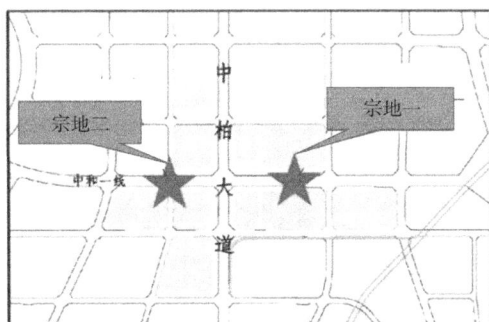
图 8-3 宗地一、宗地二位置图

3. 土地用途及使用年限

城镇住宅用地 70 年、商服用地 40 年。

4. 拍卖起拍价

3334 元 /m²，合计 16.67 亿元。

5. 规划设计条件

计入容积率总建筑面积不小于 13.30 万 m² 且不大于 50.01 万 m²，商业服务业设施用地计容建筑面积不小于 7.57 万 m² 且不大于 36.41 万 m²，二类住宅用地计容建筑面积不小于 5.73 万 m² 且不大于 13.59 万 m²；容积率为不低于 1.00 且不高于 3.76。

建筑密度：商业服务业设施用地不大于 50%；住宅建筑密度不大于 20%；二类住宅用地（兼容不大于 10% 的临街商业用地）的建筑密度 ≤ 25%。

建筑高度：建筑高度满足航空限高要求，且地块二建筑高度大于等于 180m 且小于等于 210m、地块四建筑高度大于等于 100m 且小于等于 150m、地块六建筑高度大于等于 100m 且小于等于 150m。

规划用地使用性质：城镇住宅用地、商服用地。

8.7.1.3 宗地三：GX2019-22（05/071）

该项目土地于 2019 年 12 月 6 日发布拍卖公告，2019 年 12 月 26 日由成都高新区陆肖轨道城市发展有限公司以底价 5.60 亿元成功竞得。

1. 宗地位置

位于高新区中和街道双龙社区 5 组（原双龙村 5 社、11 社），应龙社区 8 组（原陆肖村 6 社）；宗地三的位置如图 8-4 所示。

2. 宗地面积

净用地面积 41325.7m²，合 61.9886 亩。

3. 土地用途及使用年限

城镇住宅用地 70 年、商服用地 40 年。

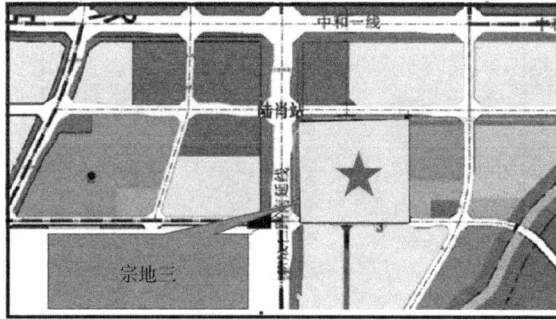

图 8-4　宗地三位置图

4. 拍卖起拍价

5423 元 /m²，合计 5.60 亿元。

5. 规划设计条件

计入容积率总建筑面积不小于 4.13 万 m² 且不大于 10.33 万 m²，商业服务业设施用地计容建筑面积不小于 1.86 万 m² 且不大于 4.66 万 m²，二类住宅用地计容建筑面积不小于 2.27 万 m² 且不大于 5.68 万 m²；容积率为不低于 1.00 且不高于 2.50。

建筑密度：商业服务业设施用地不大于 50%；住宅建筑密度不大于 20%。

建筑高度：一号地块用地内建筑高度不大于 50m，一、二号地块用地内建筑（含所有建、构筑物及设施）均须高度满足航空限高要求。

规划用地使用性质：城镇住宅用地、商服用地。

8.7.1.4　宗地四：GX2019-23（05/071）

该项目土地于 2019 年 12 月 6 日发布拍卖公告，2019 年 12 月 26 日由成都高新区陆肖轨道城市发展有限公司以底价 4.07 亿元成功竞得。

1. 宗地位置

位于高新区中和街道双龙社区 3 组（原双龙村 3 社）、6 组（原双龙村 9、10 社）；宗地四的位置如图 8-5 所示。

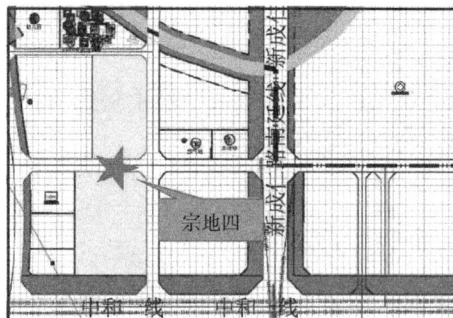

图 8-5　宗地四位置图

2. 宗地面积

净用地面积 33838.50m^2，合 50.7578 亩。

3. 土地用途及使用年限

城镇住宅用地 70 年、商服用地 40 年。

4. 拍卖起拍价

3836 元 /m^2，合计 4.07 亿元。

5. 规划设计条件

计入容积率总建筑面积不小于 3.38 万 m^2 且不大于 10.61 万 m^2，商业服务业设施用地计容建筑面积不小于 1.92 万 m^2 且不大于 7.69 万 m^2，二类住宅用地计容建筑面积不小于 1.46 万 m^2 且不大于 2.92 万 m^2；容积率为不低于 1.00 且不高于 3.14。

建筑密度：商业服务业设施用地不大于 50%；住宅建筑密度不大于 20%。

建筑高度：二号地块用地内建筑高度不大于 120m 且不小于 80m，一、二号地块用地内建筑（含所有建、构筑物及设施）高度均须满足航空限高要求。

规划用地使用性质：城镇住宅用地、商服用地。

8.7.2 土地出让人

陆肖站 TOD 土地出让人为成都高新技术产业开发区公园城市建设局。

8.7.3 竞拍条件

（1）意向竞买人或意向竞买人的实际控制人须具备 6 条及以上地铁线网建设和运营管理经验，且已建成并投入运营的地铁线网里程不得少于 200km。

（2）意向竞买人须向成都市城市轨道交通建设指挥部办公室提交公司注册所在地地级市或以上政府授予的地铁线路特许经营权批复等证明材料，经成都市城市轨道交通建设指挥部办公室审查符合报名条件的，由成都市城市轨道交通建设指挥部出具书面意见，意向竞买人持书面意见参与报名竞买。

（3）本宗地不接受自然人或联合竞买。

8.7.4 建设要求

（1）项目建成后，竞得人须自持计容商业建筑面积的比例不得低于该宗地总计容商业建筑面积的 50%，且在宗地出让年限内不得整体或分割销售。

（2）成都轨道交通运营单位认为建设、施工活动对城市轨道交通安全有较大风险的，项目建设、施工单位应当委托具备资质的第三方机构进行安全评估，委托具备监测资质的第三方机构对受影响区域的城市轨道交通设施进行监测。

（3）施工过程中应满足轨道交通运营单位的管理要求。

（4）竞得人如工商、税收关系未在项目所在地，须将工商、税收关系迁入项目所在地，或在项目所在地成立竞得人的全资独立法人公司，并按要求签订《国有建设用地使用权出让合同》或补充协议。

8.7.5　土地价款支付比例及期限

（1）签订《国有建设用地使用权出让合同》之日起 1 个月内再支付地价款的 50%。

（2）签订《国有建设用地使用权出让合同》之日起 3 个月内再支付地价款的 20%。

（3）签订《国有建设用地使用权出让合同》之日起 6 个月内再支付地价款的 30%。

8.7.6　开竣工时间

（1）开工期限：自《国有建设用地使用权出让合同》约定的土地交付之日起 12 个月内开工建设。

（2）竣工期限：自首次取得《建设工程施工许可证》之日起 29 个月内竣工。

8.7.7　成交情况

2019 年 1 月 23 日，宗地一和宗地二由成都高新区陆肖轨道城市发展有限公司竞得，均为底价成交。其中，宗地一成交单价为 6592 元 /m²，总价为 19.65 亿元；宗地二成交单价为 3334 元 /m²，总价为 16.67 亿元。

2019 年 12 月 26 日，宗地三和宗地四由成都高新区陆肖轨道城市发展有限公司竞得，亦均为底价成交。其中，宗地三成交单价为 5423 元 /m²，总价为 5.60 亿元；宗地四成交单价为 3836 元 /m²，总价为 4.07 亿元。

8.7.8　项目最新进展

截至 2020 年 12 月 20 日，陆肖站 TOD 的 4 宗地已开发了一宗地，即宗地一，其余三宗地处于待开发状态。

宗地一开发的楼盘名称为陆肖 TOD·麓鸣九天,位于成都地铁 6 号线与 22 号线（规划）的换乘站点，楼盘物业类型为住宅、小高层、高层，其开发商与项目拿地主体为同一主体，即成都高新区陆肖轨道城市发展有限公司。

2019 年 3 月，陆肖 TOD·麓鸣九天项目正式开工建设。2020 年 12 月 7 日该楼盘取得预售许可证，预计于 2022 年 10 月底进行交房。该楼盘绿化程度中等，绿化覆盖率为 35%，楼盘实际容积率仅为 1.8，物业类型为小高层住宅；户型均为 4 室 2 厅 3 卫，按面积可将户型细分为三种，分别为 170m²、203m² 和 238m²，目前该楼盘参考价为精装单价 25597 元 /m² 起。

8.8　昌公堰 TOD 项目股权转让案例分析

昌公堰站是成都 14 个 TOD 示范项目之一，也是天府新区的首个 TOD 项目。该站属换乘枢纽站，为地铁 6 号线（在建）与地铁 15 号线（远期规划）换乘站点。

昌公堰 TOD 项目位于四川省成都市天府新区梓州大道与武汉路东段的交界处，天府新区华阳街道香山村三、四、五组，紧邻轨道交通昌公堰站。项目总体定位"绿色公园 + 轨道交通 + 品质物业"的创新模式。设计目标以轨道交通为依托，以 TOD 综合开发方式打造"开放式社区 + 开放式街区商业 + 退台公园商业"，形成高品质生活及消费场所，助推美丽宜居公园城市，将片区从"城市中的公园"升级为"公园中的城市"。

8.8.1　土地情况

该项目土地于 2019 年 6 月 13 日发布拍卖公告，2019 年 7 月 3 日由成都轨道城市发展集团有限公司以底价成功竞得。

8.8.1.1　宗地位置

宗地位于天府新区华阳街道香山村三、五组，兴隆街道罗家店村五组（天府中心范围内，梓州大道西侧，武汉路北侧）。

8.8.1.2　宗地面积

净用地面积 145634.57m²，合 218.4520 亩。（其中出让面积 208.1214 亩）

8.8.1.3　土地用途及使用年限

住宅兼容商业用地住宅用地 70 年、商业用地 40 年。

8.8.1.4　拍卖起拍价

1069 万元 / 亩，合计 22.248 亿元。

8.8.1.5　规划设计条件

计入容积率总建筑面积：住宅兼容商业服务业设施用地不小于 13.88 万 m² 且不大于 34.68 万 m²，兼容商业计容建筑面积不小于总计容建筑面积的 10% 且不大于 20%；容积率为 2.5。

建筑密度：住宅兼容商业服务业设施用地不大于 30%；住宅建筑密度不大于 20%；服务设施用地（幼儿园）不大于 35%。

建筑高度：建筑高度不大于 120m，住宅建筑高度不小于 18m，1、3 号地块临东侧规划绿地建筑高度不大于 60m，4 号地块临东侧规划绿地建筑高度不大于 100m，4、5 号地块临南侧规划绿地 50m 范围内住宅建筑高度不大于 24m。

规划用地使用性质：住宅兼容商业服务业设施用地。

8.8.1.6　土地出让条件

竞买人须具备 6 条及以上地铁线网建设和运营管理经验，且已建成并投入运营的地铁线网里程不得少于 200km。同时，竞买人还需配建并无偿移交一所 10 亩的幼儿园，及配建其他市政设施用房、道路、绿地、公厕等。

8.8.2　项目公司股权转让情况

成都轨道城市发展集团有限公司在成功竞得项目用地后将其装入了旗下全资子公司成都天府新区广都轨道城市发展有限公司（以下简称"广都公司"），并于 2020 年 6 月 30 日在西南联合产权交易所挂牌转让广都公司 66% 的股权。

1. 广都公司情况分析

广都公司成立于 2019 年 7 月 16 日，注册资本 1 亿元，认缴资金 1 亿元，实缴资金 2550 万元。经中审众环会计师事务所（特殊普通合伙）四川分所审计，2020 年广都公司总资产 25.02 亿元，负债 24.82 亿元，净资产为 2016.8 万元。根据四川大成房地产土地评估有限公司评估结果，广都公司总资产评估价值为 36.43 亿元，负债评估价值为 24.82 亿元，净资产评估价值为 11.61 亿元，66% 的股权对应评估价值为 7.66 亿元，因此起拍价为 7.66 亿元。

2. 交易条件

转、受双方于成交次日起 3 个工作日内签订《产权交易合同》；轨道集团、发展集团、广都公司与受让方在成交次日起 3 个工作日内签订《受让方借款协议》。

交易价款支付方式一次性支付。受让方需在《产权交易合同》生效之日起 5 个工作日内付清交易价款的 100%。

借款支付方式分三期支付。在如下期限内向广都公司分三期提供借款：至《受让方借款协议》签订之日，轨道集团、发展集团已向广都公司提供借款本金合计人民币 2516938600 元。《受让方借款协议》签订后，受让方应按照如下约定向广都公司提供股东借款，用于偿还轨道集团、发展集团的前期股东借款 66% 部分及对应利息。对应利息的起息日为 2020 年 6 月 21 日（以下简称"起息日"），止息日为相关款项到达西南联交所账户之日 +3 个工作日（以下简称"止息日"）。

（1）自《受让方借款协议》生效之日起 5 个自然日内提供第一期借款，含应偿还发展集团、轨道集团的借款本金和借款利息。第一期借款本金 = 前期股东借款 × 66%×50%=830589738.00 元。第一期借款利息 = 第一期借款本金 ×8%/360×（止息日 – 起息日）=184575.50 元 ×（止息日 – 起息日）。

（2）自《受让方借款协议》生效之日起 2 个月内提供第二期借款，含应偿还发展集团、轨道集团的借款本金和借款利息。第二期借款本金 = 前期股东借款 ×

66%×30%=498353843.00元。第二期借款利息＝第二期借款本金 ×8%/360×（止息日－起息日）=110745.30元 ×（止息日－起息日）。

（3）自《受让方借款协议》生效之日起3个月内提供第三期借款，含应偿还发展集团、轨道集团的借款本金和借款利息。第三期借款本金＝前期股东借款 ×66%×20%=332235895.00元第三期借款利息＝第三期借款本金 ×8%/360×（止息日－起息日）=73830.20元 ×（止息日－起息日）。

3. 受让方资格条件

（1）资质条件

国内合作方应具有房地产开发一级资质，且上一年度排名中国房地产开发企业综合实力前50强或商业地产综合实力前30强（以行业权威排名为准）。

境外合作方应满足上一年度排名中国房地产开发外资企业前10强（以行业权威排名为准），或经评估认定其开发运营能力达到中国房地产开发企业综合实力前50强或商业地产综合实力前30强的具有TOD综合开发经验的企业。

（2）信用条件

国内合作方主体信用评级不低于AA+级（以国内权威评级机构出具的评级报告为准）。

境外合作方主体信用评级不低于BB级（以国际权威评级机构出具的评级报告为准）。

（3）财务条件

截至上一年度12月31日，合作方经审计的财务报表净资产不低于人民币100亿元（或等值金额的外币）。

（4）不允许联合体投标。

4. 转让结果

2020年7月28日由保利子公司成都保泽达锦房地产开发有限公司以12.88亿元竞得，现已完成股权转让登记。

第9章 片区综合开发模式

片区综合开发（以下简称"片区综合开发"或"片区开发"）是地方政府对拟开发建设的区域进行一体化改造、建设、经营和维护。目前，片区开发的概念主要是从狭义和广义两个方面去理解。

狭义的片区开发，就是指土地一级开发。即由政府或政府授权部门根据土地总体利用规划、土地储备计划等相关要求，对指定区域内的土地进行征收、对地上物进行拆迁，并结合实际情况进行七通一平，从生地到熟地，使其达到土地出让条件的过程。

广义的片区开发，在包括上述狭义概念的基础上，还需继续对该区域后续的基础设施和公共服务设施建设、招商引资、运营管理等全过程的开发提供建设服务。

目前片区开发的模式主要为政府和社会资本合作开发，包括 ABO 模式、PPP 模式、华夏幸福模式、EPC+F 模式、投资人 +EPC 模式、片区特许（经营）开发模式、园区委托运营商模式等，本书仅讨论市场中经常遇到的 ABO 模式、PPP 模式。

9.1 片区综合开发 ABO 模式

9.1.1 基本概念

片区开发 ABO 模式是目前市场中创新出来的模式，是 ABO 模式经过不断的发展，不断衍化而形成的一种模式。笔者认为其基本概念应该是 ABO 模式与片区开发模式的结合，具体如下。

政府授权属地国有企业作为片区开发项目业主，由该企业整合各类市场主体资源（投资方、金融机构、施工单位、运营单位等）并负责项目的规划设计、投融资、建设、运营以及招商等。

属地国有企业获取授权后有两种操作模式，一种是通过公开招标的方式分别选择项目建设方以及运营方负责项目的施工和运营；另一种是通过公开招标的方式选择社会投资人，双方成立合资公司，由合资公司负责项目的规划设计、投融资、建设、运营以及招商等。政府以封闭片区内未来增量财政收入为基础制定回报机制和绩效考核规则，并据此向属地国有企业支付服务费。在第二种模式下属地国有企业收到服务费后根据协议向项目公司支付相关费用。

9.1.2 片区开发 ABO 模式产生的背景

随着《关于进一步规范地方政府举债融资行为的通知》（财预〔2017〕50 号）、《关于规范金融企业对地方政府和国有企业投融资行为有关问题的通知》（财金〔2018〕23 号）等文件的发布，国家明确要求融资平台公司尽快转型为市场化运营的国有企业，地方政府不得干预融资平台公司市场化融资。地方政府的融资渠道受限，基础设施建设受到了一定的制约，市场中的片区开发 ABO 模式与其他模式不同，其回报机制是以片区内未来增量财政收入作为项目的回报资金来源，部分政府认为这样可以大大降低政府当期及未来的财政压力，因此越来越多的政府倾向于采用片区开发 ABO 模式。

9.1.3 运作模式

9.1.3.1 运作方式

政府授权园区管委会作为执行机构，授权属地国有企业综合开发权，由属地国有企业通过公开招标方式选择合作方并成立合资公司。

合资公司负责片区的规划设计、投资、建设、运营以及招商引资等工作。在片区增量财政实现后，由园区管委会通过成本补贴、招商引资奖励等多种形式对属地国有企业进行补贴，属地国有企业再将相关费用支付给合资公司。

合作区域内新增财政收入包括合作期内单位或个人经营活动新产生并缴纳的属于合作区域的各类收入，包括税收收入、土地使用权出让收入留存部分、扣除成本后的非税收入（包括专项收入、专项基金和其他非税收入，但国有资本经营收益、罚没收入、以政府名义接受的捐赠收入除外）。

该模式的交易结构如图 9-1 所示。

市场中片区开发 ABO 模式具体流程如下。

1. 片区范围划定

园区管委会根据实际需要编制片区开发布局方案并上报当地规委会，当地规委会审批通过后由规划和自然资源局出具选址蓝线图，确定片区综合开发项目实施范围。

2. 授权及协议签订

园区管委会上报《片区综合开发主体确认的请示》，政府同意后，由政府授予属地国有企业作为片区综合开发项目投资、建设、运营全周期唯一的实施主体，向属地国有企业出具明确其作为片区综合开发项目投资、建设、开发实施主体的函。

属地国有企业结合片区综合开发布局方案、控制性详细规划、产业发展规划等，编制《片区综合开发总体方案》并上报。园区管委会根据审批通过的《片区综合开发总体方案》与属地国有企业签署《片区综合开发授权委托协议》。

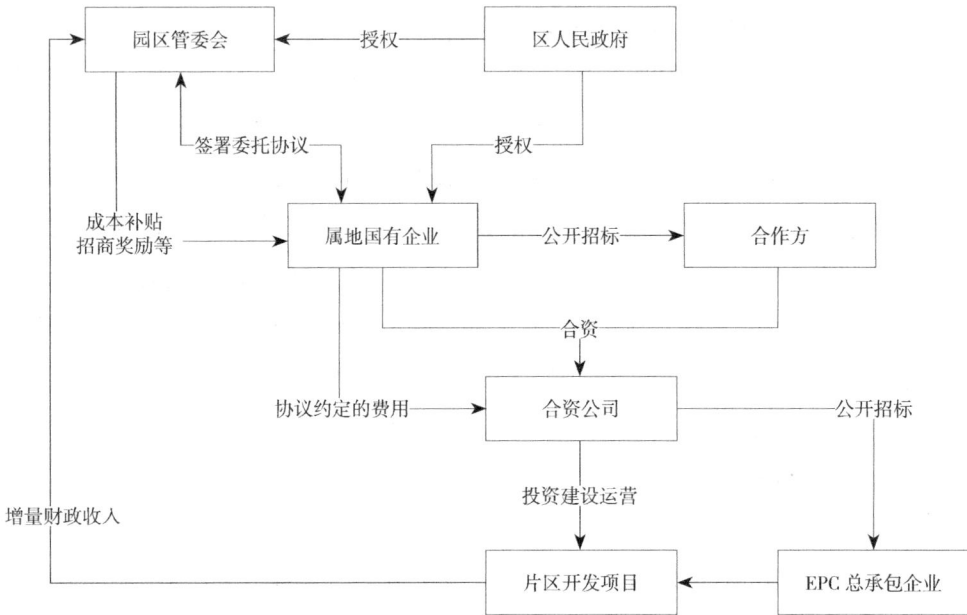

图 9-1 片区开发 ABO 模式交易图

3. 合作方选择

属地国有企业根据审批过的《片区综合开发总体方案》和《片区综合开发授权委托协议》编制项目招标文件，通过公开招标的方式选择合作方，并与合作方合资成立项目公司。

4. 建设运营方案编制

属地国有企业组织合资公司编制《片区综合开发整体城市设计方案》，确定项目投资规模。由当地财政部门牵头编制《片区综合开发投资补贴及产业导入奖励办法》并梳理片区内可配置的公共资产及公共资源，由规划和自然资源局制定片区用地拆迁 /供应计划，保障片区年度建设用地指标需求。

园区管委会和属地国有企业根据《片区综合开发整体城市设计方案》以及财政部门、规划和自然资源局出具的相关办法编制《片区综合开发建设运营方案》并上报政府审批。属地国有企业根据审批通过的《片区综合开发建设运营方案》与合资公司签订《片区综合开发投资协议》。

5. 投资回报实现

在片区开发取得区级增量收益后，报政府审批，财政部门依规支付补贴和奖励资金给园区管委会；园区管委会根据《片区综合开发授权委托协议》通过招商奖励、成本补贴等方式支付给属地国有企业；属地国有企业根据与合资公司签署的《片区综合开发投资协议》按绩效考核结果支付给合资公司。

9.1.3.2 合作期限

片区开发 ABO 项目的合作期通常与项目总投资及片区内未来增量财政收入有关。当未来增量财政收入较多，能够快速覆盖投资本金及收益时，合作期限一般较短。反之，则需要更长的合作期限。

9.1.3.3 回报机制

属地国有企业分年度核算汇总当年完成的规划设计、基础设施、城市运维、产业导入等内容的实际投资额度，向园区管委会报送申请支付财政补贴与奖励。园区对当年投入的费用进行审计，并向区政府报送支付申请，区政府批准后，只要片区实现了增量财政收入（主要为土地使用权出让收入留存部分），财政部门则按照经审定后《片区综合开发投资补贴及产业导入奖励办法》及《片区综合开发授权委托协议》，以成本补贴以及招商引资奖励等形式，在约定时间（通常 3 个月）内支付给属地国有企业，属地国有企业收到政府补贴后，根据《片区综合开发投资协议》支付给合资公司。若当年的片区增量财政收入不足以完全支付上年度费用，则根据合作协议约定计算资金占用费。

属地国有企业支付给合资公司的投资回报主要分为 3 个部分，包括基础设施、招商引资以及城市运维。

1. 基础设施部分

采用"成本 + 固定回报"模式，即每年对基础设施部分投入的费用进行审计，在片区实现增量收入后按照协议约定的投资回报率进行支付。

2. 招商引资部分

由属地国有企业编制年度产业招商计划并纳入园区管委会对属地国有企业的招商引资绩效考核，采用"成本 + 固定回报"模式，对产业招商所产生的成本进行审计，在片区实现增量收入后按照一定的合理利润率进行支付。

3. 城市运维部分

采用"成本 + 固定回报"模式，即对每年产生的运营成本进行审计，在片区实现增量收入后按照一定的合理利润率进行支付。该部分运营内容的设置比较灵活，可加入一些商业元素，如合资公司需负责片区内商业设施的运营管理（商铺、停车场等），与之对应的运营收入纳入合资公司的考核范围。

9.1.4 合规合法性分析

9.1.4.1 土地出让金支付项目款项合规合法性分析

根据《关于规范土地储备和资金管理等相关问题的通知》（财综〔2016〕4 号）规定"项目承接主体或供应商应当严格履行合同义务，按合同约定数额获取报酬，不得与土地使用权出让收入挂钩，也不得以项目所涉及的土地名义融资或者变相融资"。

对于片区开发 ABO 项目而言，笔者认为，若直接规定土地出让收入作为项目回报资金来源则不符合上述规定，但若土地出让金通过各项计提纳入政府性基金预算收入后，对于片区开发项目内符合政府性基金预算支出目录的项目可进行支付。

9.1.4.2 隐性债务合规合法性分析

笔者认为，在片区开发 ABO 模式中，政府授权属地国有企业作为项目业主，并明确建设资金由业主自筹，将建设资金与政府隔离，在一定程度上能避免产生政府直接债务。

其次，在项目回报资金来源方面，若社会资本获得收入的渠道仅为片区内增量财政收入，即有增量收入则支付相应回报，无增量收入则不支付，在此基础上再结合绩效考核的付费机制，那么对于政府而言，回报资金的支付并非刚性兑付，可能在一定程度上能隔离隐性债务风险。

9.1.4.3 约定片区未来增量收入支付项目款项程序合规合法性分析

在项目设计时，要关注其合理性，片区未来土地出让的增量收入纳入政府性基金预算收入，统一纳入地方财政体系，与其他财政收入混同使用。

9.1.4.4 片区开发土地拆迁合规合法性分析

根据《关于规范土地储备和资金管理等相关问题的通知》（财综〔2016〕4 号）规定"土地储备工作只能由纳入名录管理的土地储备机构承担，各类城投公司等其他机构一律不得再从事新增土地储备工作"。若平台公司仅作为片区开发主体对片区内的土地整理工作进行投资人招标可能存在合规性障碍。

9.1.5 可融资性分析

目前大部分片区开发项目的回报机制都涉及土地或者地方财政增量收入，笔者认为，只要项目涉及财政奖补、土地增量收益、税收增量收益等还款来源，穿透看可能将被认定为来自政府财政，有增加政府隐性债务的嫌疑，导致项目在合规性方面不满足金融机构的融资要求。通过与部分金融机构沟通，金融机构更倾向于以下操作方式：

9.1.5.1 解决项目商业逻辑

将纯公益性的公共服务配套建设（幼儿园、邻里中心、人才公寓建设等）与有一定收益性的园区基础设施及配套设施建设（各类办公楼、厂房等）、商业服务配套建设（酒店公寓、商业体、临街商铺等）打包建设，通过增加使用者付费内容，增加项目自偿现金流，解决项目自身商业逻辑，从而建立一套与政府财政彻底脱钩的还款逻辑，解决项目的合规性问题。当然，项目本身仍然存在收益不足、不确定性项目收益与还款期限不匹配的问题，银行等金融机构往往需要项目公司股东进行增信担保。因此该类贷款金融机构对政府的财政支付能力和股东实力特别关注。

9.1.5.2 整合成城市更新项目融资

目前广东、深圳的政策已经允许土地的一、二级联动，上海、浙江等省市也通过融资政策支持，间接打通土地一、二级联动壁垒。2020年4月26日成都市人民政府发布《关于印发〈成都市城市有机更新实施办法〉的通知》（成办发〔2020〕43号），明确"可采取公开方式确定土地使用权人作为项目开发建设主体，并预先约定土地出让合同生效及解约条件"，但土地实施细则迟迟未发布，是否可以实现土地一、二级联动尚未可知。目前部分银行以政府平台公司为突破口，审批落地了个别城市更新项目，默认政府平台公司作为城市更新项目一、二级开发主体，以未来的二级开发收益（如物业、商业开发等）为还款来源向其发放土地一级征拆贷款，探索城市老旧小区的片区开发新模式。

9.1.6 片区开发 ABO 模式的优缺点

9.1.6.1 优点

1. 程序便捷

相比于 PPP 项目而言，ABO 模式不需要进行物有所值及财政承受能力论证，因此程序上更加便捷。

2. 不受 10% 财政支出红线约束

根据《关于印发〈政府和社会资本合作项目财政承受能力论证指引〉的通知》（财金〔2015〕21号）规定"每一年度全部 PPP 项目需要从预算中安排的支出责任，占一般公共预算支出比例应当不超过 10%"。这一规定使得 PPP 项目的规模受到了一定的限制，部分地区由于接近 10% 预算红线，PPP 项目已经无法实施，而 ABO 模式无上述红线约束。

9.1.6.2 缺点

1. 可能形成政府隐性债务

目前市场上部分项目直接约定预期土地出让收入作为项目的收益来源和还款来源，这会形成政府隐性债务。

2. 回款存在一定的风险

社会资本方的投资回款全部来源于片区内未来的增量财政收入且主要以土地出让金为主，因此土地出让金的实现与社会资本方能否顺利回款密切相关。土地出让金的实现存在如下两个风险。

第一，若当年土地指标不足、土地出让计划以及出让价格不及预期，土地出让金的多少将会受到极大的影响，从而影响社会资本方的投资回报。

第二，由于土地出让金实行"收支两条线"管理，即使当期的土地按照计划出让，也存在土地出让金无法专项用于片区开发项目的风险。

3. 实施难度较大

片区开发项目实施的范围一般包含片区内的规划设计、投资、建设、产业招商、运营等多个方面，涉及范围较广。因此需要在项目前期做好详细的策划，确保项目风险可控。

片区开发项目的投资回报来源于片区内的增量财政收入，与 PPP 项目不同，该笔资金在合同签约时并没有明确约定纳入年度财政预算及中长期财政规划，若项目合作期限较长，则合作期内的不确定性因素较多，存在风险。

4. 融资难度较大

片区开发项目若模式设计不当，存在政府隐性债务风险，现阶段金融机构的认可度不高，若社会资本方使用自有资金进行投资，则资金压力较大；若采用项目贷款进行融资，则融资不确定性风险较大。

9.1.7　研究结论及操作建议

笔者认为，操作 ABO 模式的片区开发项目，可以从以下几方面考虑。

9.1.7.1　地方政府出具相关政策文件和授权文件

片区开发项目强调的是片区内封闭运行，片区内的增量收入专项用于项目的各种支出，因此建议省级、直辖市、市级人民政府出台支持片区综合开发项目封闭运行，明确片区内产生的增量财政收入专款专用于项目支出以实现项目平衡。除此之外，政府应当出台相应的项目授权文件。

9.1.7.2　项目所在区域的重要性

一般来说，片区开发项目的回报资金部分来源于片区内的增量财政收入，因此在选择项目时一定要对项目区域进行详细调研。

9.1.7.3　详细了解土地和财政支出情况

笔者认为，除项目本身具备强收益性以外，作为项目补充收入的增量财政收入，如土地使用权出让收入留存部分，应纳入政府性基金预算，纳入地方政府财政体系，与其他财政收入混同使用，然后按照政策和合同约定通过财政统一支付给合资公司。

社会资本方在项目推进前期，需调研项目周边土地价格，和政府明确约定可供出让土地数量以及土地出让计划，并根据项目建设内容合理安排项目开发时序，详细测算项目经济指标。可先试行示范区，再进一步扩大化。

9.1.7.4 注重产业导入能力

在片区开发项目中，产业导入是政府非常关注的内容，而且产业导入的成功与否将直接影响片区内土地的出让价格，间接影响社会资本方投资回报的实现，因此在项目前期要加强产业规划，积累产业资源，寻找优质的合作伙伴。

9.1.7.5 设置灵活的回报机制

片区开发项目的回报机制应是增量收入与绩效考核相结合。当绩效考核达标且片区内实现增量财政收入后，投资回报根据绩效考核结果据实支付给合资公司；当绩效考核达标，但属地国有企业无法支付投资回报时，应以应付未付部分为基数，按年度复利计息；当绩效考核未达标时，未达标部分的投资回报当年暂不支付，待达标后再据实支付，该部分费用不计算利息。政府以绩效考核达标和有增量付、无增量则不付的原则，从某种程度上来说，可能会隔离增加地方政府隐性债务的风险。

9.1.7.6 回购担保及支付条件设置

灵活的回报机制对于社会资本方能否获得稳定的回报具有不确定性，因此，为降低社会资本方投资风险，有如下建议。

一是对于当年新增的建设成本及投资回报，属地国有企业原则上应当100%支付，但考虑到外部条件可能发生变化（如市场环境、项目推进进度等），支付比例可以适当下调，但不得低于80%，对于应付未付部分应当计息。

二是应结合属地国有企业的实力设置应付未付上限额，若应付未付部分达到上限额时，属地国有企业仍然没有支付相应的费用，则社会资本方可以选择停工并追究事先约定好的违约责任。

三是属地国有企业（主体信用评级 AA+ 及以上）提供增信担保。当片区内的增量财政收入不足以覆盖建设成本及投资收益或片区内增量财政收入足以覆盖，但由于政府方原因未按约定支付时，属地国有企业应通过多种渠道筹措应付资金，包括但不限于企业自有资金、对外融资资金。这样的机制一方面可以降低社会资本方的投资风险，另外一方面通过"片区经营性收入 + 片区其他增量收入 + 企业自筹"的方式也可以在一定程度上降低政府隐性债务风险。若属地国有企业信用评价较低，则政府应安排第三方主体信用评级 AA+ 及以上的企业为属地国有企业提供连带责任担保。

9.1.7.7 严格约定片区开发项目合作内容

从上述分析中可以看出，若由平台公司仅对土地整理等相关工作进行招标，则可能存在合规性风险，因此建议片区开发项目的合作内容中包含各种业态的基建项目。

9.1.7.8 合理设置项目的合作期限

片区开发项目的合作内容一般包括基础设施及公共服务设施的建设、项目运营以及产业导入等，为降低社会资本方投资风险，加快资金回流，基础设施及公共服务设施建设部分的合作期建议控制在5~6年以内（包含建设期和回购期）。项目运营部分，仅针对项目的运营维护，不再涉及工程建设内容的支付。

9.1.7.9　投资回报率设置

片区开发项目的投资回报率建议设置为综合投资回报率，即股权和债权部分的投资回报率应一致，综合回报率的大小可根据合作期限、建设内容、融资情况等条件确定。

9.1.7.10　项目融资及融资主体

项目必须具有一定经营性现金流，在项目融资时，合资公司以项目经营性现金流以及属地国有企业的付费作为项目资金回报来源进行融资。

9.1.8　怡心湖 C 区案例分析

9.1.8.1　项目名称

怡心湖 C 区片区综合开发项目。

9.1.8.2　项目概况

本项目位于成都市中心城区双流区，是双流区打造的三大城市副中心之一——怡心湖副中心的重要组成部分。项目四至范围为东至剑南大道、西至华府大道、北至双兴大道、南至正公路，总规划占地面积约4356亩。本项目的基础设施建设、公共服务设施建设和生态环境提升静态总投资约34.58亿元，其中工程费用27.84亿元，工程建设其他费4.18亿元（包含预估征地费用8000万元），预备费2.56亿元；25年城市运维期，约3.68亿元；产业导入固定资产总投资额不低于150亿元（若片区规划产业类用地调整，可参照双流区产业投资强度，报产投公司协商确定后，调整投资总额）。

9.1.8.3　项目运作模式

由双流区人民政府授权双流区西南航空港经济开发区管理委员会（以下简称"西航管委会"）作为执行机构，授权成都空港产业兴城投资发展有限公司（以下简称"产投集团"）综合开发权，由产投集团负责选择城市合伙人。

中标的城市合伙人按照招标文件要求在获得中标通知书后30天内与产投集团签订《片区综合开发中标合同》，并按照约定由城市合伙人与产投集团成立片区综合开发合资公司，产投集团占比30%，城市合伙人占比70%。合资公司与产投集团签订《片区综合开发投资协议》，具体负责合作范围内的基础设施建设、公共服务设施建设和生态环境提升、城市运维以及产业导入。中标的城市合伙人需协助合资公司完成项目融资的主要责任，解决片区综合开发的资金筹措问题。

产投集团及时支付合资公司在基础设施建设、公共服务设施建设和生态环境提升、城市运维以及产业导入中的投资成本和投资回报。

9.1.8.4　合作内容

合作内容包括片区综合开发范围内的基础设施建设、公共服务设施建设和生态环境提升、城市运维以及产业导入。

（1）基础设施建设、公共服务设施建设和生态环境提升：包括但不限于合作范围内的整体开发策划、规划、咨询；本项目相关的征地拆迁补偿投资；筹集资金并开展本项目涉及的生态环境提升、市政基础设施、公共服务设施等。旨在通过前期策划、规划以及投资建设带动片区经济发展，带动区域价值提升，促进地方经济社会发展。

（2）城市运维：为满足片区产业导入及城市功能，实施的相关运营服务，包括1）公益类：片区内的市政公用设施的运营维护，包括但不限于市政道路、景观、水系、绿地及配套管理设施等；2）经营类：包括但不限于停车场、游乐设施及其他产业载体等。

（3）产业导入：通过整合高端智库、产业实体、运营企业、服务机构、金融资本等资源，依据怡心湖C区的产业发展定位和产业发展规划，协助产投集团开展相关产业导入工作，推动高端服业和高新技术产业在片区落地，实现产城融合的目标。

9.1.8.5　合作期限

本项目总体合作期25年，其中基础设施建设、公共服务设施建设和生态环境提升合作期6.5年（含建设期3.5年），城市运维、产业导入服务合作期25年（含前述的6.5年）。

9.1.8.6　回报机制

本项目采用的是"成本＋回报"的回报机制。

1. 片区综合开发投资成本的认定

片区综合开发投资成本指合资公司为实施怡心湖C区片区综合开发的成本，包括基础设施建设、公共服务设施建设和生态环境提升成本、城市运维成本、产业导入成本。

（1）基础设施建设、公共服务设施建设和生态环境提升成本：片区内相关的道路、停车场、绿地、幼儿园、中小学、医院、养老院、派出所、社区综合体等建设和提升成本。以区财评中心评审的招标控制价作为投资成本上限，合资公司向空港兴城产投公司按实际发生成本据实申请支付，最终支付金额以审计结果为准。

（2）城市运维成本：片区内相关的城市道路维护、清扫保洁、道路养护、绿化管护、水体维护、智慧城市设施设备维护等城市运维成本。以双流区相关部门汇总的上一年度城市运维费用标准为城市运维成本上限，合资公司向空港兴城产投公司按实际发生成本据实申请支付，最终支付金额以审计结果为准。

（3）产业导入成本：片区内相关的科技服务、总部经济、智慧生活、休闲度假、文化旅游等产业的导入和招商成本。合资公司向空港兴城产投公司按实际发生成本据实申请支付，最终支付金额以审计结果为准。

合资公司每月 25 日前向产投集团报送当月投资成本，按照"月度计量，年度汇总"方式确认。

2. 片区综合开发投资回报的认定

片区综合开发投资回报以合资公司实际投资产生的片区内基础设施建设、公共服务设施建设和生态环境提升成本、城市运维成本、产业导入成本作为计提投资回报的基数，投资回报率按照城市的合伙人的中标价格进行计算。

3. 片区综合开发投资成本及投资回报的计取及支付

（1）片区综合开发投资成本及投资回报计取

以本项目《中标合同》签订之日作为每年度投资汇总日，统计周期为一年（365日历天，闰年为 366 日历天）。

本项目需于 2020 年起开展实质性投资，空港兴城产投公司应于 2021 年起，每年投资汇总日前，汇总确认合资公司截至当月的投资成本及投资回报。自月度计量报送日起，开始计投资成本对应的投资回报。

年度汇总投资成本及投资回报可按式（9-1）计算：

$$\sum_{n=1}^{N}（第\ n\ 月计量确认成本 - 第\ n\ 月已支付金额）\times [（1+ 片区综合开发投资回报率\ i）\div 12 \times（N-n+1）] \quad (9-1)$$

式中

n—$n=1\sim N$，N：统计期间总月份数；

i—片区综合开发投资回报率（5%）。

（2）投资成本及投资回报支付

1）投资成本支付的必要条件

若投资成本对应的年度绩效考核达标，且在片区内取得增量收益后，应据实支付。若在审核后产投集团不能支付，应作为以后年度计提投资回报的基数，直至结清当月为止。

2）投资回报支付的必要条件

投资回报按实际产业导入绩效考核结果予以支付。若产业导入年度绩效考核达标，且在片区内取得增量收益后，按照《怡心湖 C 区片区综合开发绩效考核办法》考核结果，据实支付投资回报。若产业导入年度绩效考核达标，但在审核后产投集团无法支付的投资回报部分，应作为以后年度计提投资回报的基数，按年度计取复利，计取时期截止至结清日期当月；若产业导入当年度绩效考核未达标，按照《怡心湖 C 区片区综合开发绩效考核办法》考核结果，当年产业导入不足部分的投资回报暂不支付，且不得纳入次年继续计提投资回报的基数，直到产业导入绩效考核达标后（不超过支付期），据实支付。

3）投资成本及投资回报支付的原则

产投集团应根据上述计量原则于每年投资汇总日前汇总确认合资公司新增投资成本及投资回报，形成新增应付款项并于当年汇总日后 3 个月内向合资公司支付。

当年实际支付金额不低于当年形成新增应付款的 80%，且原则在 3 年内（含当年）完成全部款项支付。如产投集团无法满足支付要求时，应通过多种渠道筹措应付资金，包括但不限于企业自有资金、对外融资资金。当项目形成的应付未付款项累计超过 8 亿元时，合资公司有权暂停投资建设。

4. 支付路径

经西航管委会委托第三方审计单位对项目年度费用进行审计，根据审计结果，西航管委会向区政府报送支付申请；经区政府批准后，区财政局安排资金至产投集团，产投集团按协议约定向合资公司支付相关费用。

9.2 片区综合开发 PPP 模式

9.2.1 基本概念

片区综合开发 PPP 模式指在片区综合开发领域，政府采取竞争性方式选择具有投资、建设、运营管理能力的社会资本，双方按照平等协商原则建立长期合作关系，由社会资本提供以产业开发为核心的土地一级开发、片区基础设施和公共服务设施建设、招商引资、管理运营等综合服务，投资回报主要来自地方一般公共预算收入、项目使用者付费，或有的市场化反哺收入，政府依据绩效考核结果向社会资本支付对价。

9.2.2 市场现状

截至 2020 年末，财政部政府和社会资本合作中心项目管理库中，片区综合开发类项目达 617 个，其中 2020 年入库 66 个，2019 年入库 74 个，2018 年入库 231 个，2017 年入库 117 个，2016 年入库 129 个。如图 9-2 所示。

有 436 个项目进入执行阶段，122 个项目处于采购阶段，59 个项目处于准备阶段。从投资额来看，投资额 100 亿元以上有 46 个，占比 7.46%，投资额 50 亿元以上 100 亿元以下有 60 个，占比 9.72%，投资额 30 亿元以上 50 亿元以下有 59 个，占比 9.56%，统计显示，已入库片区综合开发项目投资额在 30 亿元以下占绝大多数。截至 2021 年 5 月 21 日，2021 年新入库项目 12 个。

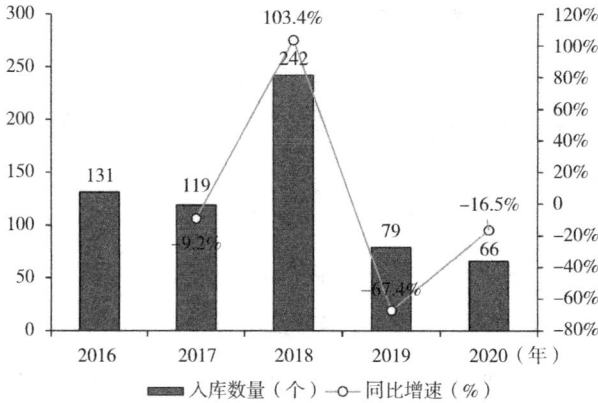

图 9-2　片区综合开发项目 2016~2020 年入库数量情况

在新型城镇化发展过程中，片区综合开发 PPP 项目在一定程度上提高了片区开发效率，缓解了财政收支失衡等问题，对补齐区域发展短板、提升区域整体价值具有重要意义。

对于片区综合开发项目，由于投资规模较大，仅通过一般公共预算安排项目运营补贴支出往往压力较大，因此这类项目会通过政府性基金预算安排部分项目运营补贴支出，如 2016 年 2 月发起的河北省邯郸市丛台区邯郸丛台产业新城 PPP 项目，86.80% 的可行性缺口补助来自政府性基金支出；2016 年 9 月发起的四川省资阳市天府国际机场资阳临空经济区产业新城 PPP 项目，可行性缺口补助中 71.97% 的支出责任从政府性基金安排；2017 年 12 月发起的四川省成都市简州新城城市综合开发运营 PPP 项目，可行性缺口补助中 99.01% 的支出责任从政府性基金安排。2019 年 3 月 7 日，财政部《关于推进政府和社会资本合作规范发展的实施意见》（财金〔2019〕10 号）规定"新签约项目不得从政府性基金预算、国有资本经营预算安排 PPP 项目运营补贴支出"。该文件出台，以 PPP 模式实施的片区综合开发项目数量直线滑落。

9.2.3　运作模式

9.2.3.1　运作方式

片区综合开发 PPP 模式中，由项目所在地人民政府授权管委会等相关单位作为实施机构，授权区域内政府平台公司作为政府出资代表。项目通过公开招标方式确定社会投资人，项目中标后，政府实施机构与中标社会资本签署《投资建设合作协议》，中标社会资本与政府出资代表共同成立项目公司，项目公司作为项目主体与实施机构签署《PPP 项目合同》，由政府授予项目公司负责合作区域范围内的基础设施和公共配套设施建设，并承担区域内公共服务责任，包括片区土地一级开发、设计、投融资、建设、运营以及移交工作。

运营期内，项目公司主要通过可行性缺口补助、使用者付费、市场化反哺收入和产业发展服务费获取合理投资回报。运营期满后，项目公司将项目资产无偿移交给政府或其指定接收机构，项目公司清算解散。具体交易结构如图9-3所示。

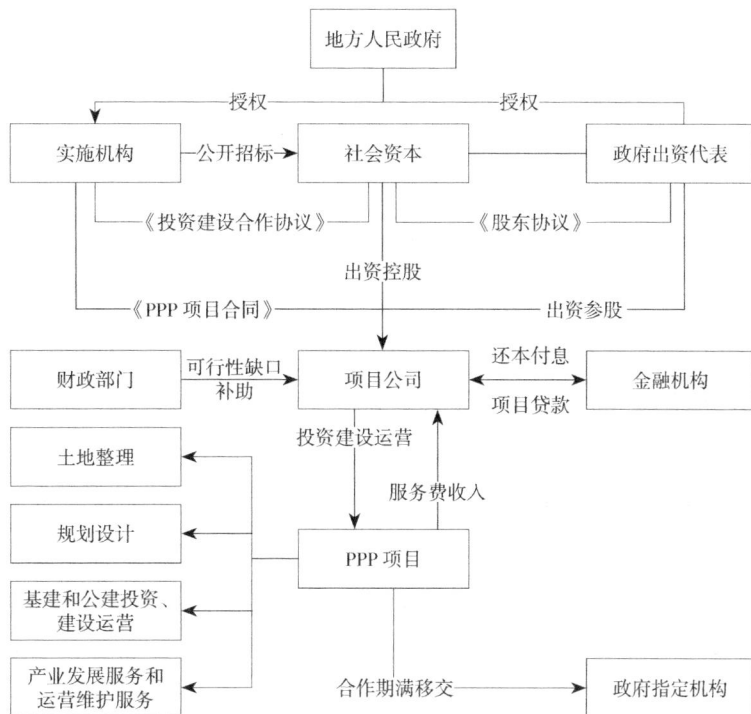

图9-3 交易结构图

9.2.3.2 合作期限

片区综合开发PPP项目合作期限相对较长，通常情况下以15~30年居多，但也有少部分项目合作期限为10年。其中建设期多为3年，运营期为合作期减去建设期后不等。

9.2.3.3 合作内容

片区综合开发PPP项目的合作内容包括了片区内的规划设计、土地整理、基础设施和公共设施的建设和运营，产业的引入、运营和发展，覆盖了片区发展的全生命周期。尤其是建设内容，与单一类型PPP项目不同，片区开发项目包括了很多项目类型，如市政道路、桥梁、配套用房、医院、停车场、综合管廊、物流园等。

9.2.3.4 回报机制

片区综合开发项目可能存在可经营性系数较低、财务效益欠佳、使用者付费无法完全覆盖基础设施建设运营的成本和回报等问题，因此回报机制通常采用可行性缺口补助模式。

与其他 PPP 项目不同，为激发社会资本招商引资的积极性，片区综合开发 PPP 项目的回报还包括一定的产业发展服务费奖励。

可行性缺口补助：可行性缺口补助是指因项目的使用者付费收入不足以覆盖项目公司的建设运营成本及合理回报，而由政府承担部分直接付费责任，给予项目公司的补助资金。

（1）使用者付费

片区综合开发 PPP 项目的使用者付费主要包括物业管理费、停车服务费、广告服务费、厂房租赁费、办公场所租赁费、物流仓储中心租赁费、经政府授权开展特许经营的部分公用事业如公园、综合管廊、道路等项目收费。

使用者付费的结算方式通常包括据实结算和约定最低收入。现阶段，约定最低收入的结算方式比较多，该结算方式主要是由采购人在招标文件中约定使用者付费下限，社会资本通过竞争方式对使用者付费进行报价。

（2）产业发展服务费

产业发展服务费是对项目公司产业招商、宣传、服务所付出的各项成本回报；另一方面，产业发展服务费带有奖励、激励的性质，鼓励项目公司招商龙头企业、符合产业规划及未来发展方向的优质企业，最大限度创造税收。当年产业发展服务费的总额，按照当年合作区域内新增落地投资额的一定比例、引入目标企业的级别及数量等方式考核计算。

如四川省成都市简州新城城市综合开发运营 PPP 项目，产业服务绩效奖励包括基本引入奖励、核心企业引入奖励、落地投资额超目标奖励。其中，基本引入奖励即项目公司引入简州新城管委会认定的一般企业的奖励，奖励额度为项目公司负责引入的入区企业的落地投资额的 0.5%；核心企业引入奖励即项目公司引入简州新城管委会认定的核心企业（原则上为高附加值科技型企业、高端制造企业以及重点招商目录企业），奖励额度为项目公司负责引入的核心企业的落地投资额的 1%；落地投资额超目标奖励为引入企业累计落地投资额超过累计目标时针对超额部分给予的奖励，奖励额度为超出目标累计落地投资额差值的 1%。

9.2.4　合法合规性分析

片区综合开发 PPP 模式其实质为 PPP 模式的一种项目类型，即城镇综合开发，具体见 PPP 模式章节分析。

9.2.5　可融资性分析

现阶段，片区开发项目以 PPP 模式实施更容易获得金融机构，特别是银行的认可，有利于解决项目融资问题，但由于片区开发项目金额较大，实施难度较其他项目更为复杂，出于融资本息安全的考虑，金融机构可能希望项目公司股东提供增信担保等，这也成为建筑央企开展这类项目融资的一大难点。

9.2.6 研究结论及操作建议

笔者认为，操作 PPP 模式的片区开发项目，可以从以下几方面考虑：

（1）部分片区综合 PPP 项目中，存在产业用地、科研用地以及安置房用地，政府通常会要求项目公司通过招拍挂方式获取土地，因此，需锁定土地价格，把土地费用纳入到项目总投资，政府通过可行性缺口补助的形式支付给项目公司，同时在运营期满时，项目公司需无偿移交给政府或其指定机构。

特别提醒：落实该部分土地费用据实纳入 PPP 项目总投资，并提供作为可行性缺口补助来源的支撑文件。提前落实移交方案，确保合法合规，明确资产移交产生的税费社会资本方不承担。

（2）产业导入是片区开发 PPP 项目的重要组成部分，而大多数社会资本方对此相对陌生，难以维持后期的产业导入及培育。政府往往以合作区域内引入产业形成的新增税收收入作为政府支付项目公司产业发展服务费的上限，而地方拥有较多产业优惠政策，项目内无法形成有效税收，如按照当年新增落地投资额计取的产业发展服务费超过合作区留存税收收入时，超出部分不再支付或者分期支付。针对这类问题，建议社会资本方提前与专业产业运营商签署产业运营委托合同，由其负责项目产业导入，承担相关成本、产业发展服务绩效考核兜底责任和违约责任。除此之外，应落实当本项目区域内新增税收收入可使用额度不足以覆盖相应产业发展服务费的支出责任时，争取由当地政府通过其他财政资金补足。

9.2.7 资阳市临空经济区产业新城 PPP 项目案例分析

2017 年 12 月 25 日，中信建设有限责任公司、中信建设投资发展有限责任公司、信恒银通基金管理（北京）有限公司（成员单位）组成联合体中标该项目，该项目基本情况介绍如下。

9.2.7.1 项目基本情况

1. 项目名称

四川省资阳市天府国际机场资阳临空经济区产业新城 PPP 项目

2. 项目背景

根据《关于印发〈成都天府国际机场临空经济区规划纲要〉的通知》（川府函〔2016〕228 号），本项目到 2020 年，为天府国际机场配套的交通运输、口岸物流、商务服务等设施同步建成，形成较完备的企业入驻条件。建成起步区 35km²，各功能组团布局初步形成，临空产业体系加快培育，区域生态体系和生态红线基本稳固，临空经济区管理机制趋于完善。

到 2030 年，临空经济区基本建成，形成以先进制造业、现代服务业为主导的产业体系，打造一批临空制造、航空服务、航空物流等产业集群，建成国际一流的基础设施和公共服务设施，人才、技术、资金、信息等高端要素集聚，成为我国重要的对外交往中心。

3. 工程概况

本项目总投资为 490.62 亿元，其中建安费用 279.80 亿元，占比 57.03%，工程建设其他费用 169.52 亿元，占比 34.55%，其中征地拆迁安置补偿费 149.06 亿元，预备费 30.03 亿元，占比 6.12%，建设期利息 11.27 亿元，占比 2.30%。

本项目社会资本方提供的服务及投资包括规划咨询服务、基础设施建设及公共服务设施建设服务、其他前期费用投资、运营维护服务和产业发展服务共五项内容。

（1）规划咨询服务内容

合作区域内的规划咨询服务包括：

1）就区域战略规划、产业规划、空间规划（包括但不限于概念性规划、总体规划、专项规划、控制性详细规划、修建性详细规划、城市设计）的编制、修编或调整提供咨询服务；

2）项目投资总体方案和年度投资计划的咨询服务；

3）土地储备计划、征地计划、土地出让计划编制的咨询服务；

4）其他经双方协商确定由社会资本方提供的规划咨询服务。

政府方将完成合作区域土地利用总体规划、城市总体规划、控制性详细规划、修建性详细规划和各项专项规划等的修编、编制和调整，社会资本方负责对此提供规划咨询服务。就上述规划服务政府方所发生的费用，包括合同签署前政府方已发生的费用，已经完成合同支付的费用，由社会资本方根据政府方的书面通知向政府方进行支付，社会资本方应在项目公司成立后且相应融资到位后 1 个月内支付完毕，该部分费用纳入社会资本方规划咨询服务费；未完成支付的，由社会资本方按照相应合同约定的付款进度进行支付。

（2）基础设施建设及公共服务设施建设内容

1）基础设施投资及建设内容

合作区域内的基础设施投资及建设内容包括：土地平整；道路桥梁建设；根据政府方要求的市政供水设施、供气设施、雨污排水设施、供电设施、通邮通信基础设施建设；

其他经双方协商确定由社会资本方负责的基础设施相关事项。

2）公共服务设施投资及建设内容

合作区域内的公共服务设施投资及建设内容包括：

公园、绿地、广场、景观环境、河道整治、公厕等项目；文化、体育、教育（幼教、职业教育）、医疗等公共事业项目；合作区域内政府方指定的村民拆迁安置区；合作区域内政府方指定的安置标准厂房；其他根据规划要求并经双方协商确定由社会资本方负责的公共服务设施事项。

3）其他前期费用投资内容

合作区域内除各子项目所含前期费用外的其他前期费用投资包括：

土地征地报批费用投资；土地征收征用费用投资；土地收购（收回）费用投资；建筑物拆迁相关补助费用投资；其他与前期费用投资有关的税费投资；拆迁安置费用投资。

4）运营维护服务内容

合作区域内的运营维护服务内容为除住宅小区、企业等具有自主物业服务选择权之外的项目设施的运营维护与物业服务，包括：道路清扫、道路养护、绿化养护；项目设施的维护和管理；其他经双方协商确定由社会资本方负责的运营维护服务。

5）产业发展服务内容

合作区域内的产业发展服务内容，包括：产业定位和发展规划研究；开发建设的宣传推广和园区品牌建设；招商引资，吸引与产业规划相符的企业落户园区；导入产业项目，培育产业发展；为入区企业提供包括投融资、建设、经营、管理、人才引进、行政审批协助等综合服务；其他与产业发展相关的服务。

9.2.7.2　项目运作模式

本项目合作期限为20年，采用总体规划与分期建设相结合原则，实行分阶段建设和滚动开发，各子项目建设期由双方确定，运营期为各子项目竣工验收合格次日至本项目合作期满期间。

资阳市人民政府授权资阳市临空经济区管理委员会作为实施机构通过公开招标的采购方式择优选择社会资本，授权资阳空港投资有限责任公司为政府出资代表，资阳市临空经济区管理委员会与社会资本签订《PPP项目合同》，政府出资代表与中标社会资本共同组建项目公司四川资阳临空产业新城建设开发有限公司，注册资本为5亿元，由政府出资代表和中标社会资本根据各自股权比例1：9出资到位（政府出资代表资阳空港投资有限责任公司出资10%为5000万元，社会资本方共出资4.5亿元。双方按股权同比例同步出资到位）。资本金占总投资比例不得低于20%，融资资金占总投资比例不得高于80%，且除项目公司注册资本以外的资本金需全部由社会资金方筹集。

资阳市临空经济管理委员会与项目公司签订《PPP项目合同补充协议》，承继原PPP项目合同中乙方的相关权利义务，项目公司负责项目的投融资、设计、建设、维护，与施工单位签订工程总承包合同。项目公司成立后1个月内，在项目公司名下设立产业发展公司资阳临空园区管理有限公司，根据项目实施对产业社区进行运营管理。

除经营性土地收入外，项目公司的利润根据每个子项目中资本金的使用情况向股东进行分配，优先就注册资本以外的项目资本金对应收益向中标社会资本进行分配后，剩余利润由中标社会资本与政府方出资代表按持股比例进行分配。合同期满后，项目公司按PPP项目合同向资阳市临空经济管理委员会或资阳市人民政府指定的其他机构无偿移交项目资产。

9.2.7.3　主要商务条件

1. 中标情况

中标情况如表9-1所示。

中标情况汇总表　　　　　　　　　　　　　　　表9-1

序号	栏目	内容	报价	备注
1	年投资回报率	基础设施建设及公共服务建设	资本金7%；融资资金投入上浮不超过20%	资本金报价上限为7%；融资报价上限为上浮20%
		其他前期费用	资本金8.4%；融资资金投入上浮不超过20%	资本金报价上限为8.4%；融资报价上限为上浮20%
2	建设期利息计算利率		上浮20%	融资报价上限为同期中国人民银行五年期以上贷款基准利率上浮20%
3	建安工程费下浮率		2%	最低下浮率不低于2%（含）

2. 回报机制

政府应付给项目公司费用包括规划咨询服务费、基础设施建设及公共服务设施建设可用性服务费、其他前期费用投资服务费、运营维护服务费和产业服务相关费用共5项。

具体如下：

（1）规划咨询服务费

社会资本方提供的规划咨询服务，政府方应向社会资本方支付相应服务费，社会资本方应以资本金支付全部规划咨询服务费，可按式（9-2）进行核算：

$$A_1 = \frac{T \times (1 + i_1)}{N} \qquad (9-2)$$

式中

A_1—就规划咨询费核定的项目资本金所形成的每一运营年待考核的付费总额（亿元或万元）；

T—政府方审定的规划咨询费投资总额（亿元或万元）；

i_1—10%；

N—10。

综上，项目公司应收规划咨询服务费即以政府方核定的咨询服务费成本上浮 10% 后平摊至十年计算，据 PPP 合同，该成本按社会资本方与第三方规划咨询单位签订的相关合同的合同金额计算（该等合同应经政府方同意，且第三方单位已按照该等合同提供符合要求的工作成果），以政府方审计为准；双方同意在各项规划咨询服务提供前由双方共同进行询价并遵循择优选取的原则确定最终咨询服务提供方。

（2）基础设施建设及公共服务设施建设可用性服务费

1）各子项目作为可用性服务费计算基数的建设项目总投资经建设期绩效考核后确定，可按式（9-3）计算。

$$S=Q\times K_1 \qquad (9-3)$$

式中

S—经建设期绩效考核确定的各子项目建设项目总投资，将作为各子项目可用性服务费的计算基数（亿元或万元）；

Q—各子项目竣工决算审计确定的建设项目总投资（如含建筑安装工程费，应为下浮后的金额，本项目为 2%）（亿元或万元）；

K_1—各子项目建设期绩效考核系数。

2）各子项目应付可用性服务费

各子项目的应付可用性服务费 = 可用性服务费 × 运营期绩效考核系数；

各子项目的可用性服务费依据各子项目的运营期区分资本金投入与融资资金投入分别单独核算。

其中，资本金投入形成的可用性服务费可按式（9-4）计算。

$$P_1=\frac{S_1}{N}+\left[S_1-(n-1)\times\frac{S_1}{N}\right]\times i_1 \qquad (9-4)$$

式中

P_1—经确认以资本金投入子项目，所形成的每一运营年待考核的可用性服务费总额（亿元或万元）；

S_1—经竣工决算审计确定的建设项目总投资（如含建筑安装工程费，应为下浮后的金额，本项目为 2%）中项目公司投入的资本金对应的计算可用性服务费的基数，$S_1=S\times[$ 根据该子项目融资协议确定的资本金比例，如含多笔融资协议，则为累计资本金比例]；

i_1——7%；

N——子项目的运营年限（年）；

n——子项目运营期付费年度，取值为 1，2，3 直至运营年最后一个年度。

其中，融资部分可用性服务费可按式（9-5）计算。

$$P_2=\frac{S_2}{N}+\left[S_2-(n-1)\times\frac{S_2}{N}\right]\times i_2 \qquad (9-5)$$

式中

P_2——就社会资本方融资资金投入各子项目，所形成的每一运营年待考核的可用性服务费总额（亿元或万元）；

S_2——经竣工结算审计确定的建设项目总投资（如含建筑安装工程费，应为下浮后的金额，本项目为 2%）中社会资本方融资资金对应的计算可用性付费的基数，$S_2=S\times[$ 根据该子项目融资协议确定的融资资金比例，如含多笔融资协议，则为累计融资占比]；

i_2——根据子项目融资协议中的实际融资成本据实核算，但计算利率不得超过融资协议同期中国人民银行公布的五年以上贷款基准利率上浮 20% 及投标报价（目前为 5.88%）；

N——子项目的运营年限（年）；

n——子项目运营期付费年度，取值为 1，2，3 直至运营年最后一个年度。

（3）其他前期费用投资服务费

双方约定，其他前期费用投资服务费可按式（9-6）和式（9-7）计算：

$$P_n=L_1+L_2$$

$$L_1=\frac{S_1}{N}+\left[S_1-(n-1)\times\frac{S_1}{N}\right]\times i_1 \qquad (9-6)$$

$$L_2=\frac{S_2}{N}+\left[S_2-(n-1)\times\frac{S_2}{N}\right]\times i_2 \qquad (9-7)$$

式中

P_n——其他前期费用投资中根据上述其他前期费用投资的内容确定的某一批资金在支付期间的每一年对应的政府方应付金额（亿元或万元）；

L_1—社会资本方以资本金作为其他前期费用投资，支付期间每一年可对应取得的政府付费金额（亿元或万元）；

S_1—经审计确定的社会资本方实际用于其他前期费用投资的资本金金额（亿元或万元）；

i_1—资本金投入的年投资回报率8.4%；

L_2—社会资本方以融资资金作为其他前期费用投资，支付期间每一年可对应取得的政府付费金额（亿元或万元）；

S_2—经审计确定的社会资本方融资资金中实际用于其他前期费用投资的金额（亿元或万元）；

i_2—根据子项目融资协议中的实际融资成本据实核算，但计算利率不得超过中国人民银行公布的五年以上同期贷款基准利率上浮20%（5.88%）；

N—支付期间，指本项其他费用投资和合理收益的支付年限，$N=10$，此处每一年指自某一批资金支付至政府方指定账户之日起的12个月的期间；

n—N年中的某一年，n可为1，2，3，直到10。

（4）运营维护服务费

双方约定运营维护服务费按实际成本据实确定，具体如下。

1）社会资本方进行运营维护就有经营性收入的项目设施所取得的年度经营性收入，优先用于抵消各年度运营维护成本。

如社会资本方取得的年度经营性收入不足以支付年度运营维护费的，对于不足部分，政府方根据审核结果据实与社会资本方结算费用。

如社会资本方取得的年度经营性收入超过项目设施年度运营维护成本及子项目政府每年应付的可用性服务费，超出部分（经营性子项目的运营收入在扣除运营维护成本、该子项目政府每年应付费后的结余）由中标社会资本与政府方指定出资代表按各自股权比例共享。

2）据实结算的标准方面

如有国家或四川省政府定价的，按照国家或四川省政府定价执行；

如无国家或四川省政府定价的，按照政府指导价或经政府方确认的市场价执行，具体以政府方出具的审核确认报告为准。

3）应付运营维护服务费 = 上述确定的运营维护费 × 绩效考核系数

（5）产业服务相关费用

本项目产业服务相关费用以产业服务成本加奖励的模式作为政府购买服务的支付模式。具体如下。

1）产业服务成本

产业服务成本为产业发展公司运营成本，政府方根据产业规划制定的年度招商引资产业投资任务完成情况，每年给予产业发展公司不高于 2000 万元据实核算运营成本费用（未完成年度产业投资任务的根据相应比例扣减 1%~20%）。

2）产业绩效奖励

产业绩效奖励分为基本奖励和核心企业引入奖励。

基本奖励：基本奖励总额以项目公司引入的落地投资额为计算依据，最高不超过产业项目累计落地投资额的 5%，并根据考核结果分期支付。具体而言，基本奖励在产业项目建成投产后第一次支付落地投资额的 1.5%、税收达标后第二次支付落地投资额的 1.5%，且税收达标后运营阶段奖励总计落地投资额的 2% 分摊到项目达标后到合作期满的年限（可能因考核不达标而扣减或暂缓）。

核心企业引入奖励：核心企业引入奖励为一次性奖励，单个核心企业引入最高不超过 1500 万元（相关核心企业目录、产业项目的投资规模及引进核心企业奖励标准等由双方另行签订补充协议进行约定，该补充协议未披露）。核心企业引入奖励支付时间则为核心企业与政府签约并在临空经济区注册具有独立法人的分支机构后。

3. 付费保障

政府方承诺将按照 PPP 合同约定的合作区域内政府方应向社会资本方支付的服务费用纳入当年财政预算和中期财政规划，通过逐年安排预算支出，并履行人大审议程序，完善合作区域服务费用支付的各项手续，以保证未来社会资本方服务费用的顺利支付。

如政府方资金来源充足，则可提前支付 PPP 合同项下应付社会资本方的服务费，届时根据政府方支付的对应的具体服务费金额，相应减少相应服务费的资金成本及相关费用，扣减金额及方法由双方协商确定，社会资本方不得拒绝政府方提前付费。

同时，本项目政府付费资金来源为本项目合作期在合作区域内新增的财政收入地方留存部分、特定奖励和专项资金、政策性资金和企业债券三部分。PPP 合同约定，双方应制定专员负责每月统计在合作区域内税收收入、国有土地使用权出让收入和非税收入新增实际财政收入的地方财政留存部分，并于次月 10 日前将上月的统计报表、台账和财务凭证汇总后提交双方确认。双方应于每月 15 日前完成并书面签署相关确认文件。

本项目部分运营补贴支出从政府性基金预算收入安排，这不符合 2019 年 3 月 7 日发布的财政部《关于推进政府和社会资本合作规范发展的实施意见》（财金〔2019〕10 号）相关规定，但由于本项目在财金〔2019〕10 号文发布之前即 2017 年 12 月 25 日已中标，因此满足项目合规性要求。

4. 资金来源

（1）资金政策

1）财政收入地方留存部分

财政收入地方留存部分即按照规定应上缴中央、四川省规定比例后并扣除计提的各项奖金或资金后的地方财政留存部分。双方约定合作期在合作区域内新增的财政收入地方留存部分在兑现双方同意的招商引资优惠政策后，90% 部分作为本项目付费资金来源。

具体而言，合作区域内新增财政收入包括：土地使用权出让收入；合作区域内新增税收收入；非税收入。

2）土地使用权出让收入

土地使用权出让收入仅指合作期限内合作区域的土地使用权出让收入的地方财政留存部分，即不含上缴中央、四川省级规定部分，并扣除按国家、四川省相关规定计提的各项基金或资金。

此处土地使用权出让收入将优先用于支付合作区域土地出让成本，剩余金额作为本项目服务费用资金来源。此处的土地出让成本仅指国家、四川省、资阳市有关国有土地使用权出让收支相关规定中的支出项目，包括合作区域的：征地和拆迁补偿支出；土地开发支出；支农支出；城市建设支出；其他支出。

为支持社会资本方的城中村、新农村改造和旧城改造投入，在依法合规的前提下，政府方同意将合作区域内所有村庄改造涉及地块产生的土地使用权出让收入地方财政留存部分全部作为本项目服务费用的资金来源，包括但不限于：在合作区域内的农村建新区；在合作区域内的城镇建新区；原址节余指标对应的在合作区域内的土地。

合同签订后国家、四川省对城中村、新农村改造和旧城改造所涉及的土地使用权出让收入安排及相关事项有新规定的，则按新规定执行。

政府方还承诺，符合适用法律的前提下其应将根据土地使用权出让收入计提的基金或资金优先用于合作区域。

3）合作区域内新增税收收入

合作区域内的新增税收收入指的是单位和个人因在委托区域注册登记、投资、建设、购销、转让、服务等形成的税收收入，即因上述行为由纳税人和扣缴义务人根据国家税收相关法律法规的规定，缴纳的属于合作区域税收收入的税款、代扣代缴、代收代缴税款，包括但不限于：增值税；企业所得税；土地增值税；城镇土地使用税；耕地占用税；契税；个人所得税。

4）非税收入

合作期限内合作区域产生的非税收入将全部作为本项目服务费用的资金来源，但不包括国有资本经营收益、罚没收入、以政府名义接受的捐赠收入。具体而言包括：

专项收入、专项基金：指合作区域内基础设施建设、公共服务设施建设、房地产开发及三产配套项目所发生的专项收入和基金，包括但不限于新型墙体材料专项基金及教育费附加；地方教育费附加。未实际形成财政收入的不纳入上述范围。

其他非税收入：指的是根据法律规定，合作期内产生于合作区域的、除上述专项收入、专项基金以外的、不包括行政事业单位收取的服务型费用在内的收费项目，含：基础设施建设项目；公共服务设施建设项目；房地产开发及三产配套项目。

5）特定奖励和专项资金

合作期内，国家、四川省、资阳市及其他机构为扶持合作区域内涉及本项目合作内容的基础设施建设、公共服务设施建设而拨付的奖励或专项资金，政府方将拨付社会资本方作为专项项目建设使用。如政府方在专项项目建设竣工前拨付社会资本方的，拨付的款项将不计入社会资本方对本项目的投资成本进行核算。

6）政策性资金、企业债券

除产业服务相关费用外，如合作区域内上述当年财政可用于安排的预算支出不足以支付经绩效考核及审计后的计算费用，则政府方承诺通过争取政策性资金、发行企业债券等多种途径筹措资金补足差额资金。

7）其他事项

据财承报告显示，本项目政府付费资金来源，仅2018年股权投入和50%的外溢风险支出占用市本级一般公共预算支出，其余支出均安排新区新增财力支出，均不从市本级一般公共预算中安排支出。

（2）资金平衡

根据财政承受能力论证报告，本项目政府支出责任总计为704.93亿元（股权投资责任1亿元，运营期付费责任697.50亿元，风险承担责任6.44亿元），其中从新增政府性基金列支585.60亿元，从新增一般公共预算列支115.11亿元，从市本级一般公共预算支出列支4.22亿元。

1）政府收入

政府性基金收入：经测算本级政府可安排支付的政府性基金预算为585.6亿元。

一般公共预算收入：经测算本级财政可安排支付的一般公共预算为397.69亿元。

2）政府支出

本项目政府实际支出责任为704.93亿元。

3）政府预算结余

政府性基金预算结余为0，一般公共预算结余为282.58亿元。

第 10 章　城市更新模式

10.1　城市更新模式产生的背景

城市更新是一种对城市中已不适应发展需要的地区进行必要的、有计划的改建活动。从国外城市更新的发展经验来看，城市发展建设周期的循环更替，受到产业变迁、经济兴衰的驱动影响。第一、第二次工业革命后，城市化进程在世界范围内加速。大量劳动力涌入工业发达地区，促使欧美许多城市急速扩张，带来人口密集、交通拥挤、环境污染等一系列问题。第二次世界大战后，许多国家城市毁坏严重，一些城市中心的人口和产业逐渐向郊区迁移，原有的市中心开始衰落。在此背景下，欧美国家率先开展了城市更新运动，从贫民窟等不良住宅区的拆除重建开始，逐步扩展到对城市其他区域的功能转换和改造更新。西方城市更新的基本理念，也逐渐从目标单一、效率优先的大规模拆除重建，逐渐转变为追求多元目标和丰富内容、并且具有人文色彩、强调公民参与、兼顾社会公平的小规模、渐进式的城市更新与社区发展。

相比之下，中国的城市更新步伐，是随着城市化进程的不断推进而不断前进的。从新中国成立初期的旧城改造、城中村改造，到以产业转型、产业升级带动区域转型，中国的城市更新内容在不断深化。20 世纪 80 年代，北京、上海等城市率先尝试由政府下属开发公司进行旧房更新，但这一阶段受制于当时的市场环境，仅是简单地"填空补实"，旧城风貌变化不大、城市发展结构与形态没有质的提升。进入 20 世纪 90 年代后，随着我国经济的高速增长，国家推行城市土地有偿使用政策，将市场力量和民间资本引入市场建设进程，商品房市场进入高速发展期，同时开启了大规模的城市更新运动。

在我国，以"旧城旧区改造"为主要内容的城市更新则开始于 2010 年前后。最早兴起的是"三旧"改造，这一概念起源于广东省，在国土资源部和广东省合作共建节约集约工地示范省的政策背景下，2009 年，《广东省人民政府关于推进"三旧"改造促进节约集约用地的若干意见》（粤府〔2009〕78 号）发布，标志着"三旧"改造政策正式在广东全省实施。随后，深圳市于 2009 年 10 月发布《深圳市城市更新办法》（深圳市人民政府令第 211 号），并于次年 12 月发布《深圳市人民政府关于深入推进城市更新工作的意见》（深府〔2010〕193 号）。2015 年底广州市发布《广州市城市更新办法》（广州市人民政府令第 134 号）及涉及旧村庄、旧厂房、旧城镇更新的配套文件。

此外，2011 年，北京市开始强调保护旧城、人口疏解，并于 2012 年发布《北京市人民政府关于印发〈北京市老旧小区综合整治工作实施意见〉的通知》（京政发〔2012〕3 号）；2015 年，上海市发布《上海市人民政府关于印发〈上海市城市更新实施办法〉的通知》（沪府发〔2015〕20 号），提出"卓越的全球城市建设"发展目标并启动城市更新计划。

目前，我国城市更新与国外相比更侧重于旧城旧区改造，并与产业升级、历史文化保护、区域综合整治等多因素、多方面密切结合，通过机制创新去平衡开发方与居民等不同群体的利益与需求，追求城市现代化的长远发展目标。《中华人民共和国国民经济和社会发展第十四个五年规划和 2035 年远景目标纲要》要求，加快转变城市发展方式，统筹城市规划建设管理，实施城市更新行动，推动城市空间结构优化和品质提升。2021 年《政府工作报告》也提出，实施城市更新行动，完善住房市场体系和住房保障体系，提升城镇化发展质量；加大城镇老旧小区改造力度，2021 年新开工改造城镇老旧小区 5.3 万个。

10.2 城市更新的基本内涵

自深圳市于 2009 年在国内率先提出"城市更新"理念后，我国各城市根据自身情况提出了具有本市发展特色的"城市更新"概念，本节对此进行一个简单的梳理。

2009 年，深圳市发布《深圳市城市更新办法》（深圳市人民政府令第 211 号），并于 2016 年对其进行修订。根据现行《深圳市城市更新办法》第二条，深圳市城市更新活动是指"由符合本办法规定的主体对特定城市建成区（包括旧工业区、旧商业区、旧住宅区、城中村及旧屋村等）内具有以下情形之一的区域，根据城市规划和本办法规定程序进行综合整治、功能改变或者拆除重建的活动：（一）城市的基础设施、公共服务设施亟需完善；（二）环境恶劣或者存在重大安全隐患；（三）现有土地用途、建筑物使用功能或者资源、能源利用明显不符合社会经济发展要求，影响城市规划实施；（四）依法或者经市政府批准应当进行城市更新的其他情形"。2020 年 12 月 30 日通过的《深圳经济特区城市更新条例》（深圳市第六届人民代表大会常务委员会公告第 228 号）维持了上述定义，但将深圳市城市更新类型精简为综合整治、拆除重建两类。

2015 年，广州市发布《广州市城市更新办法》（广州市人民政府令第 134 号），根据该办法第二条所述，广州市城市更新是指"由政府部门、土地权属人或者其他符合规定的主体，按照三旧改造政策、棚户区改造政策、危破旧房改造政策等，在城市更新规划范围内，对低效存量建设用地进行盘活利用以及对危破旧房进行整治、改善、重建、活化、提升的活动"。

2015年,上海市发布《上海市人民政府关于印发〈上海市城市更新实施办法〉的通知》(沪府发〔2015〕20号),在该办法第二条中,其对城市更新的定义为:"对本市建成区城市空间形态和功能进行可持续改善的建设活动。重点包括(一)完善城市功能,强化城市活力,促进创新发展;(二)完善公共服务配套设施,提升社区服务水平;(三)加强历史风貌保护,彰显人文底蕴,提升城市魅力;(四)改善生态环境,加强绿色建筑和生态街区建设;(五)完善慢行系统,方便市民生活和低碳出行;(六)增加公共开放空间,促进市民交往;(七)改善城市基础设施和城市安全,保障市民安居乐业;(八)市政府认定的其他城市更新情形。同时,本办法适用于本市建成区中按照市政府规定程序认定的城市更新地区。已经市政府认定的旧区改造、工业用地转型、城中村改造的地区,按照相关规定执行"。

2016年,珠海市发布《珠海经济特区城市更新管理办法》(珠海市人民政府令第114号),在该办法第三条中,城市更新是指"由符合规定的主体,对符合条件的城市更新区域,根据城市相关规划和规定程序,进行整治、改建或者拆建"。

2020年4月,成都市发布《成都市人民政府办公厅关于印发〈成都市城市有机更新实施办法〉的通知》(成办发〔2020〕43号),在该办法第四条中对城市更新进行了定义,成都市城市有机更新是指"对建成区城市空间形态和功能进行整治、改善、优化,从而实现房屋使用、市政设施、公建配套等全面完善,产业结构、环境品质、文化传承等全面提升的建设活动"。

此外,2020年7月20日,《国务院办公厅关于全面推进城镇老旧小区改造工作的指导意见》(国办发〔2020〕23号)发布。该文件定义的城镇老旧小区是指城市或县城(城关镇)建成年代较早、失养失修失管、市政配套设施不完善、社区服务设施不健全、居民改造意愿强烈的住宅小区(含单栋住宅楼),要求重点改造2000年底前建成的老旧小区。

综上所述,从各地政策性文件对城市更新内涵的界定来看,城市更新是涵盖了"三旧"改造、棚户区改造、城镇老旧小区改造等内容的上位概念,其内涵较之"三旧"改造等概念更为宽泛。从分类的角度,深圳市将城市更新分为综合整治、功能改变、拆除重建三类活动;广州市将城市更新分为整治、改善、重建、活化、提升等活动;珠海市将城市更新分为整治、改建和拆建活动。但总的来说,基本上都可以将其分为:(1)一般不改变建筑主体结构、使用功能和加建附属设施的综合整治类;(2)涉及改建但不涉及土地使用权变更的功能改变类;(3)涉及征拆和土地重新出让等的拆除重建类。

10.3 城市更新相关概念辨析

10.3.1 城市更新与"三旧"改造

笔者认为,城市更新包含"三旧"改造。从深圳市、广州市、上海市对城市更新的定义来看,都是特定城市建成区的更新改造,不仅包括了城市建成区内的旧城镇、旧村庄、旧厂房改造,还包括了目前国家政策提到的城镇老旧小区改造、综合整治等内容。随着国家和地方相关政策的完善,城市更新内涵不断充实、外延逐渐扩充。

相比之下,"三旧"改造作为自然资源部与广东省开展部省合作的产物,特指"旧城镇、旧村庄、旧厂房"的改造,是特定历史时期的产物且具有区域属性,在广东省内可以将狭义的"城市更新"理解为"旧改"。

10.3.2 城市更新与棚户区改造

笔者认为,在我国,城市更新和棚户区改造属于相互承继的政策体系。棚户区改造政策的主要工作是改造城镇危旧住房、改善困难家庭住房条件,对棚户区项目周边道路、广场、教育、商业等基础设施进行加强和完善,改善居住环境。"十三五"规划明确提出到 2020 年基本完成现有的城镇棚户区、城中村和危房改造。因而,目前普遍认为棚户区改造政策即将走向结束。

同时,在运作模式上,棚户区改造与城市更新的区别主要在于:棚户区改造的运作模式是"政府主导,市场参与",政府不仅是责任主体,还要参与整体规划设计和资金投入,棚户区整治改造的主要目的是完善基础设施和公共服务设施配套,以营利为目的的商业开发相对较少,产出的也多是政策性住房而非商品房(货币化的棚改安置除外);相比之下,城市更新运作模式中开发商主导的情况更普遍,相关市场主体旨在通过城市更新获取商业利益,项目多涉及土地二级开发乃至土地一二级联动。

当然,今后棚户区改造作为一项惠民举措,也会被纳入城市更新的大概念中,成为城市更新的一种方式。

10.3.3 城市更新与城镇老旧小区改造

随着《国务院办公厅关于全面推进城镇老旧小区改造工作的指导意见》(国办发〔2020〕23 号)的发布,全国范围内城镇老旧小区改造工作开始推动。笔者认为,老旧小区改造也是城市更新的一种方式,其涉及的基础类、完善类、提升类改造内容都属于城市更新范畴。目前,国家层面的城市更新政策文件尚未发布,各地的城市更新政策文件中也包含了对旧住宅区、危破旧房等的改造内容。因此,城市更新与老旧小区改造之间的关系也是包含与被包含的关系,城市更新包括但不限于城镇老旧小区改造。

10.4　国外城市更新经验借鉴

10.4.1　英国城市更新：自下而上的社区规划模式

英国是最早开始城市化的国家之一，其真正意义上的城市更新始于20世纪30年代的清除贫民窟计划。1930年，英国工党政府制定格林伍德住宅法，首次提出对清除贫民窟提供财政补助。为此，英国政府建立了城市开发公司（如伦敦道克兰区发展公司），其主要负责土地开发的前期准备工作，如强制收购、土地整理等，将土地出售给合适的开发商；同时培育资本市场、土地市场和住宅市场等，利用国家公共资金的投入和一些优惠政策，刺激更多的私人资金注入指定区域。

英国城市更新初期由政府主导，政府及公共部门的拨款补助为其主要资金来源。政府和城市开发公司通过优惠政策鼓励私人投资，并把投资引入旧城区的开发与建设中。

1980年，英国颁布了地方政府、规划和土地法案，在立法上确定了城市开发公司的使命是通过有效地使用土地和建筑物，鼓励现有的和新的工商业发展，创造优美宜人的城市环境，提供住宅和社会设施以鼓励人们在这些地区生活、工作。自此，英国政府的城市更新政策逐步发展为以市场为主导、以引导私人投资为目的，通过公、私、社区三方合作，让公众参与到城市更新的过程中。此后，英国城市更新活动逐步由政府主导的"自上而下"方式过渡到"自下而上"的社区规划方式。

为解决城市更新的资金问题，英国政府设立了专项基金，各地方政府与其他公共部门、私有部门、当地社区及志愿组织等联合组成的地方伙伴团体进行竞争，获胜者可用所得基金发展他们通过伙伴关系共同策划的城市更新项目。

10.4.2　美国城市更新：税收奖励推动更新改造

与英国早期类似，美国的城市更新运动是自上而下开展的。它先通过国会立法，制定全国统一的规划、政策及标准，确定更新的重点及联邦拨款额度。其后，由联邦统一指导和审核更新规划，并资助地方政府的具体实施。美国推动旧城更新改造的实施模式，主要有三种：

（1）授权区（Empowerment Zone，EZs），分别在联邦、州和地方层面上运作，将税收奖励措施作为城市更新的政策工具。

（2）纽约"社区企业家"模式，纽约旧城改造过程中鼓励贫困社区所在的中小企业参与旧城改造，其目的不只是解决废弃房屋的维修与重建问题，更重要的是对贫民区进行综合治理。

（3）新城镇内部计划。1977年卡特政府推出的《住房和社区开发法》实行了以城市开发活动津贴来资助私人和公私合营的开发计划。新城镇内部计划即为其中一种，使私人开发商和投资者获得至少等同于投资在其他地方的回报。根据该法案，联邦政府还提供抵押担保，鼓励金融机构利用抵押贷款资金来资助城市开发项目。

美国城市更新的资金来源，主要是基于税收。其中一种是税收增值筹资（Tax Increment Financing，TIF），是州和地方政府使用的一种融资方式，指的是在特定地区吸引私人投资，促进地区再开发。税收增值筹资通过发售城市债券，筹得的资金可以用于改善公共设施，也可用于向私人开发商贷款进行划定区域的建设。城市债券通过20~30年期的地产税收来偿还。另一种是商业改良区（Business Improvement District，BID），是基于商业利益自愿联合的地方机制，征收地方税为特定地区发展提供资金来源。BID是一种以抵押方式开展的自行征税，通常是用于划定区域物质环境的改善。

10.4.3 法国城市更新：注重对旧城区的保护性更新

第二次世界大战以后，为了解决住房危机，法国推出了"以促进住宅建设的量"为首要目的的政策。其城市更新主要表现为对城市衰败地区的大规模推倒重建，即重新组织和调整居住区空间结构，使其焕发活力。这一时期重建模式主要由政府主导，国家设立住宅改善基金，专门用于改善居民的居住条件。

在对旧城区的活化和再利用中，法国十分注重保护性更新。特别是对于历史文化悠久的城市，在保护好历史文化遗产的基础上，对建筑物进行维修，改造现有城市街区。这种模式抛弃了旧式的政策干预，以市场机制为主导，政府还会提供辅助融资的便利，如设立促进房屋产权贷款，专门用于鼓励房产主对自己传统建筑物进行改造的低息贷款。

在城市土地储备方面，法国主要依靠规划协议发展区和延期发展区两种手段，处理土地空置问题。规划协议发展区由城市制定，开发已规划开发的区域，为公共和私人开发商提供合同安排，包括土地整合、基础设施投资和其他与已定综合计划相一致的安排，并将规划和发展批准权下放到土地利用计划已获批的城市。延期发展区是将土地征收权赋予国家或其他政府，用于开发或者储备土地。

为了保障城市更新的资金来源，法国公共部门完全或者部分投资城市建设、基础设施、居住、活动场所或者公共空间。例如：巴黎市政府的做法是市政府出资获得51%的股份，与私营公司合资成立一个旧城改造的专业化投资公司。政府为该公司提供信用担保，该公司从银行贷款取得主要的改造资金。另外，私人投资者在市场条件下投资大部分的城市建设活动，但是依附于公共部门的决策。

10.4.4 荷兰城市更新：分类别更新、差异化改造

1901年颁布的《住房法》和1993年颁布的《社会租赁房管理法令》是荷兰城市更新的主要法律，它们明确提出了让社会每个群体，尤其是低收入群体获得舒适和价

格合理的住房。同时，荷兰在改造中实施建立紧凑型城市的政策进行土地再开发。荷兰城市更新的模式主要包括住房改造和工业区改造两种：

住房改造是由政府购买改造区域的大部分私有产权，进行差异化住房改造，专家和居民可参与项目改造方案的制定。对于质量和状况相对较好的地区，采取以技术和硬件改造为主的更新改造方式，目的在于节约成本、降低造价，避免因高价改造而产生高租金。对于质量和状况相对较差的地区，则采取替换重建的方式，起到改善城市衰败境况的作用。

工业区改造始于20世纪90年代末，主要围绕旧城中心区或边缘区大量废弃和退化的工业用地更新，旨在发挥这些地块在城市中的区位优势，重组和整合这些区域的功能，注重城市功能的多元化和综合开发，并且鼓励建筑师参与设计，激发城市活力。

资金来源方面，荷兰城市改造的资金主要来源于政府投资。20世纪90年代后期，因经济环境的变化，该国开始将私人资金与公共资金相结合，成立更新基金等，填补复杂问题与有限资金之间的差距。

10.4.5　日本城市更新："多方联合"的城市更新模式

日本城市更新自二战重建开始，经过20世纪60年代、70年代的高速城市化和造城运动，20世纪80年代开始注重城市化质量和规划分权，开始对第一代新城和集中式住宅进行改造；20世纪90年代建立了注重多主体协调合作的规划体制，将民间主体和资本引入城市再开发。进入21世纪后，受泡沫经济影响，日本政府为拉动经济发展及解决城市老化问题，于2002年制定《都市再生特别措施法》，开始注重地域价值提升的可持续都市营造，一方面，以举国战略自上而下推动城市更新，另一方面，持续鼓励自下而上的"造街"活动和小型更新项目，聚焦街区、社区甚至单体建筑的更新改造。另外，为了应对越来越严重的社会老龄化、少子化的局面，以及人口向东京、大阪等大城市集聚的趋势，2014年后日本政府修正了《都市再生特别措施法》，先后提出了《立地适正化计划》和《立地适正化操作指南》，允许地方政府根据区域人口状况、经济发展要求，合理配置公共服务设施，优化城市建设强度，赋予地方政府更高的自治权利。

日本城市更新往往是以街区、社区、市政道路甚至单体建筑等小地块为更新改造对象，通过强化市政基础配套、提升公共服务等综合措施，提高土地空间利用率和土地空间价值，打造具有现代化特色的新城区，并特别注重传统历史建筑或者历史街区与现代化城市建设的融合协调。日本城市更新，是土地所有者内部及与政府长期不断沟通协调，实现各方诉求平衡的结果，也是相关法律法规和制度不断完善的过程，因此一个城市更新项目需要十几年到二十几年的逐步演替发展。

纵观日本城市更新的发展历程，日本在面对战后重建、大规模人口迁移、泡沫经济崩溃、地震灾害等一系列挑战的过程中，都市营造和都市更新的主题始终贯穿其中，逐渐发展出来一套都市更新计划体系和都市更新制度。其主要特征表现为两个转变：一是逐步形成由中央政府向地方政府不断分权的规划体系；二是逐步形成由政府包办主导向利益相关者自我组织协调的更新路径和制度体系。

10.5　国内城市更新政策梳理

10.5.1　国家层面相关政策

10.5.1.1　国办发〔2020〕23号文

1. 改造内容

《国务院办公厅关于全面推进城镇老旧小区改造工作的指导意见》（国办发〔2020〕23号）将城镇老旧小区改造内容分为基础类、完善类、提升类三类。

基础类：为满足居民安全需要和基本生活需求的内容，主要是市政配套基础设施改造提升以及小区内建筑物屋面、外墙、楼梯等公共部位维修等。

完善类：为满足居民生活便利需要和改善型生活需求的内容，主要是环境及配套设施改造建设、小区内建筑节能改造、有条件的楼栋加装电梯等。

提升类：为丰富社区服务供给、提升居民生活品质、立足小区及周边实际条件积极推进的内容，主要是公共服务设施配套建设及其智慧化改造。

2. 改造资金分担

首先，应按照谁受益、谁出资原则，积极推动居民出资参与改造。小区居民出资责任，可通过直接出资、使用（补建、续筹）住宅专项维修资金、让渡小区公共收益等方式落实。

其次，加大政府支持力度。将城镇老旧小区改造纳入保障性安居工程，中央给予资金补助，按照"保基本"的原则，重点支持基础类改造内容。

同时，持续提升金融服务力度和质效。金融机构加大产品和服务创新力度，在风险可控、商业可持续前提下，依法合规对实施城镇老旧小区改造的企业和项目提供信贷支持。

此外，推动社会力量参与。通过政府采购、新增设施有偿使用、落实资产权益等方式，吸引各类专业机构等社会力量，投资参与各类需改造设施的设计、改造、运营。支持规范各类企业以政府和社会资本合作模式参与改造。支持以"平台＋创业单元"方式发展养老、托育、家政等社区服务新业态。

10.5.1.2　政策评述

该文件对城镇老旧小区改造工作提出了指导意见，为老旧小区改造列出了时间表，明确了老旧小区改造对象范围，将改造内容分为三类，同时还指出了除采用居民出资、中央补助资金、市县财政资金、涉及住宅小区的各类资金、地方政府专项债券外，建议以 PPP 模式实施改造。该文件的规定多为原则性条款，改造资金分担等问题仍有待各地出台具体的实施细则予以明确。

10.5.2 广东省相关政策

10.5.2.1 政策概况

自 2008 年底，国土资源部和广东省开展部省共建节约集约用地试点示范省工作以来，广东省出台了涉及"三旧"（旧城镇、旧村庄、旧厂房）改造的系列政策，在全国率先启动城市更新相关工作。其中，2021 年 3 月 1 日起施行的《广东省旧城镇旧厂房旧村庄改造管理办法》（粤府令第 279 号）是全国第一部专门针对存量建设用地的政府规章，总结和提炼了十余年来广东省"三旧"改造工作成果，为全国城市更新政策贡献了"广东经验"。近年来广东省级相关政策概况如表 10-1 所示。

广东省级城市更新相关政策梳理 表10-1

时间	名称	发文部门及文号	时效性
2008.12.20	《国土资源部与广东省政府签署合作协议共建广东节约集约用地试点示范省》	国土资源部	现行有效
2009.2.4	《印发〈广东省建设节约集约用地试点示范省工作方案〉的通知》	广东省人民政府 粤府明电〔2009〕16 号	现行有效
2009.3.1	《广东省土地利用总体规划条例》	广东省人大 广东省第十一届人民代表大会 常务委员会公告第 11 号	现行有效
2009.8.25	《广东省人民政府关于推进"三旧"改造促进节约集约用地的若干意见》	广东省人民政府 粤府〔2009〕78 号	现行有效
2013.6.19	《关于转发〈国土资源部关于广东省深入推进节约集约用地示范省建设工作方案的批复〉的通知》	广东省国土资源厅 粤国土资办公发〔2013〕179 号	现行有效
2016.9.14	《广东省人民政府关于提升"三旧"改造水平促进节约集约用地的通知》	广东省人民政府 粤府〔2016〕96 号	现行有效
2018.4.4	《广东省国土资源厅关于印发深入推进"三旧"改造工作实施意见的通知》	广东省国土资源厅 粤国土资规字〔2018〕3 号	现行有效
2019.8.28	《广东省人民政府关于深化改革加快推动"三旧"改造促进高质量发展的指导意见》	广东省人民政府 粤府〔2019〕71 号	现行有效
2019.12.11	《国家税务总局 广东省税务局 广东省财政厅关于印发〈广东省"三旧"改造税收指引（2019 年版）〉的通知》	国家税务总局、广东省税务局、广东省财政厅、广东省自然资源厅 粤税发〔2019〕188 号	现行有效
2020.12.11	《广东省旧城镇旧厂房旧村庄改造管理办法》	广东省人民政府 广东省人民政府令第 279 号	现行有效

10.5.2.2　政策要点与评述

广东省涉及的城市更新政策主要以"三旧"改造呈现，这为广州市、深圳市城市更新政策提供了依据，其政策要点如下。

（1）鼓励原土地权利人自行改造、市场主体积极参与。粤府〔2009〕78号文作为广东省级推进"三旧"改造的纲领性文件，明确了在政府依法收回、收购土地使用权，纳入土地储备这一通常的改造方式外，鼓励原土地使用权人自行进行改造。粤府〔2016〕96号文也强调，纳入连片改造范围的"三旧"用地可以由原土地权利人优先收购归宗实施改造、也可以由当地政府统一收储和组织改造并通过公开招拍挂确定改造主体；独立分散、未纳入成片改造范围的"三旧"用地优先自行或合作改造。《广东省旧城镇旧厂房旧村庄改造管理办法》明确，"三旧"改造项目范围内的土地或者地上建筑物、构筑物涉及不同权利人的，应当通过收购归宗、作价入股或者权益转移等方式形成单一改造主体。

（2）部分"三旧"改造项目可以实现土地一二级联动开发。粤府〔2009〕78号文和粤税发〔2019〕188号文均明确对由政府统一组织实施"三旧"改造的，可在确定开发建设条件的前提下，由政府将拆迁及拟改造土地的使用权一并通过招标等方式确定土地使用权人。

（3）允许采用协议出让方式供地。粤府〔2009〕78号文允许划拨和农村集体建设用地土地协议出让，对于纳入"三旧"改造范围、位置相邻的集体建设用地与国有建设用地也可通过协议方式打包进入土地市场。粤国土资规字〔2018〕3号文重申，涉及"三旧"改造的供地，属政府收购储备后再次供地的，必须以招标拍卖挂牌方式出让，其余可以协议方式出让。粤府〔2019〕71号文也重申了对于纳入"三旧"改造范围、位置相邻的集体建设用地与国有建设用地，可一并打包进入土地市场，通过公开交易或协议方式确定使用权人。《广东省旧城镇旧厂房旧村庄改造管理办法》也从省级政府规章的层面再次确认，"三旧"用地、"三地"和其他用地，除政府收储后按照规定划拨或者公开出让的情形外，可以以协议方式出让给符合条件的改造主体。

（4）允许土地出让收益补偿原土地权利人。粤府〔2009〕78号文明确，在旧城镇改造中，需要搬迁的国有企业用地由政府依法收回后通过招拍挂方式出让的，市、县人民政府通过征收农村集体建设用地进行经营性开发的，在扣除收回土地补偿等费用后，其土地出让纯收益可按不高于60%的比例，依照有关规定专项用于企业和原农村集体经济组织发展。粤府〔2009〕78号文规定，由政府统一组织实施"三旧"改造的，拆迁费用和合理利润可以作为收（征）地（拆迁）补偿成本从土地出让收入中支付。粤府〔2016〕96号文也明确"工改商"项目国有土地使用权由当地政府依法收回的，必须按规定采用招拍挂方式出让，所得出让收益可按规定用于补偿原土地权利人。粤府令第 279 号再次确认，"三旧"用地由政府收储后公开出让的，可以结合本地实际和改造利益平衡需要，将扣除土地征收、收回、收购等费用以及计提资金后的出让收益的一定比例，或者土地公开成交价款的一定比例补偿给"三旧"用地原权利人。

10.5.3 深圳市相关政策

10.5.3.1 政策概况

《广东省人民政府关于推进"三旧"改造促进节约集约用地的若干意见》（粤府〔2009〕78 号）出台后，2009 年深圳市出台了我国首部城市更新办法，即《深圳市城市更新办法》（深圳市人民政府令第 211 号），而后又相继出台一系列城市更新相关政策。2020 年 12 月 30 日，《深圳经济特区城市更新条例》经深圳市第六届人民代表大会常务委员会第四十六次会议通过，自 2021 年 3 月 1 日起施行，这是全国首部城市更新地方立法。深圳市城市更新主要政策梳理如表 10-2 所示。

深圳市城市更新相关政策梳理

表10-2

时间	名称	发文部门与文号	时效性
2009.10.22	《深圳市城市更新办法》	深圳市人民政府 深圳市人民政府令（第 211 号）	已被修订
2010.12.18	《深圳市人民政府关于深入推进城市更新工作的意见》	深圳市人民政府 深府〔2010〕193 号	现行有效
2012.01.21	《关于印发〈深圳市城市更新办法实施细则〉的通知》	深圳市人民政府 深府〔2012〕1 号	现行有效
2012.08.17	《深圳市人民政府办公厅印发〈关于加强和改进城市更新实施工作的暂行措施〉的通知》	深圳市人民政府办公厅 深府办〔2012〕45 号	失效
2013.12.31	《关于印发〈城市更新单元规划审批操作规则〉的通知》	深圳市规划和国土资源委员会 深规土〔2013〕786 号	现行有效
2014.05.27	《深圳市人民政府办公厅印发〈关于加强和改进城市更新实施工作的暂行措施〉的通知》	深圳市人民政府办公厅 深府办〔2014〕8 号	失效
2016.10.15	《深圳市人民政府关于施行城市更新工作改革的决定》	深圳市人民政府 深圳市人民政府令（第 288 号）	现行有效
2016.11.12	《深圳市人民政府关于修改〈深圳市城市更新办法〉的决定》	深圳市人民政府 深圳市人民政府令（第 290 号）	现行有效
2016.12.29	《深圳市人民政府办公厅印发〈关于加强和改进城市更新实施工作的暂行措施〉的通知》	深圳市人民政府办公厅 深府办〔2016〕38 号	现行有效

续表

时间	名称	发文部门与文号	时效性
2018.11.14	《深圳市人民政府关于印发〈深圳市城市更新外部移交公共设施用地实施管理规定〉的通知》	深圳市人民政府办公厅 深府办规〔2018〕11号	现行有效
2020.12.30	《深圳经济特区城市更新条例》	深圳市第六届人民代表大会常务委员会公告第228号	现行有效

10.5.3.2 政策要点与评述

深圳市城市更新政策主要从实施方式、规划编制、土地管理、收益补偿和监管机制等方面对城市更新活动加以规范。

（1）合理处置合法外用地和零星用地。由于历史原因，深圳市存在部分违建用地和违法建筑[1]，而深圳市人民政府令（第211号）文中只允许合法用地作为城市更新对象。为此，深府办〔2012〕45号文对违建用地建立起利益共享机制，其中20%由政府收回纳入土地储备，另外80%交由市场主体开发，且80%用地中须另外贡献15%土地优先用于建设公共基础设施。但只要缴纳这部分土地，全部项目用地都进入城市更新，违建用地和违法建筑经由城市更新转为合法，并在此基础上进行再开发和再利用。在深府办〔2012〕45号文中，城市更新单元中违建用地最多占30%，在后续的深府办〔2014〕8号文和深府办〔2016〕38号文中此比例分别提高至40%和50%。此外，深府〔2012〕1号文允许将因规划统筹确需划入城市更新单元的未建设用地（主要指国有未出让的边角地、夹心地、插花地）作为零星用地一并出让给项目实施主体。对于合法外用地和零星用地的灵活处置，在一定程度上保障了城市更新用地规模，也符合各方主体利益。此外，根据2020年12月30日通过、2021年3月1日起施行的《深圳经济特区城市更新条例》，对于旧住宅区、城中村合法住宅、住宅类历史违建部分等城市更新，在城市更新意愿比例符合条件的情况下，对于未达成一致的少数物业权利人，实行"个别征收+行政诉讼"制度[2]。"个别征收+行政诉讼"制度是深圳开创出来的一条独特又富有自己特色的城市更新道路，

---

[1] 2004年深圳市对特区外实行"统转"，把全部关外土地转为国有土地，农民转为城镇居民，以此实现深圳全域的土地国有化。但由于过去几十年形成的地租经济和庞大村集体利益群体的存在，原村民纷纷"种房保地"，导致大量关外土地从名义上已经成为国有土地，但实际使用权被原村民掌握。这些土地成为"合法外用地"，土地上的建筑成为"违法建筑"。详见《深圳土地制度改革研究报告》。

[2] "个别征收+行政诉讼"制度规定城市更新项目经行政调解后仍未能签订搬迁补偿协议，区人民政府为了推进城市规划的实施，维护和增进社会公共利益，可以对旧住宅区未签约部分房屋实施征收，并进一步明确了政府实施征收的适用情形、征收标准、征收程序等。相关内容详见《深圳经济特区城市更新条例》第三十五条、第三十六条、第三十七条、第三十八条等。

由于刚开始实施，其程序操作问题以及利益平衡问题还有很多需尝试的地方，其效果需要在实践中检验。

（2）征收补偿方面，《深圳经济特区城市更新条例》明确已登记的商品性质住宅物业采用原地产权置换的，按照套内面积不少于1：1的比例进行补偿；并明确两个"95%"的征收标准，即旧住宅区已签订搬迁补偿协议的专有部分面积和物业权利人人数双95%后可征收，城中村合法住宅、住宅类历史违建物业权利人人数签约95%后可征收等。

（3）在特定条件下允许土地一二级联动。对于由政府统一组织实施的拆除重建类城市更新项目，在确定开发建设条件且已制定城市更新单元规划的前提下，深圳市人民政府令（第211号）和（第290号）均提到政府在土地使用权招标、拍卖、挂牌出让中确定由中标人或者竞得人一并实施城市更新，建筑物、构筑物及其他附着物的拆除清理由中标人负责。此外，深府办〔2012〕45号文允许将处置后的历史违建用地通过协议方式出让给项目实施主体进行开发建设。这些措施可以将土地出让与一级整理绑定，用二级出让收益反哺一级征拆成本，实现土地一二级联动。

综上所述，深圳市遵循"政府引导、市场运作"的原则，灵活处理土地问题，既有效保障了城市更新项目的用地规模，又较好地平衡了各方的利益，激发了市场主体的参与热情，对于推进深圳市城市更新具有重要意义。

10.5.4　广州市相关政策

10.5.4.1　政策概况

2015年12月，广州市出台《广州市城市更新办法》，其后，广州市对相关政策进行了细化，具体如表10-3所示。

广州市城市更新相关政策梳理　　　　　　　　　　　　表10-3

时间	名称	发文部门与文号	时效性
2015.12.1	《广州市城市更新办法》	广州市人民政府 广州市人民政府令第134号	现行有效
2015.12.11	《广州市人民政府办公厅关于印发广州市城市更新办法配套文件的通知》	广州市人民政府办公厅 穗府办〔2015〕56号	现行有效
2019.4.18	《广州市人民政府办公厅关于印发〈深入推进城市更新工作实施细则〉的通知》	广州市人民政府办公厅穗府办规〔2019〕5号	现行有效
2020.9.9	《中共广州市委广州市人民政府关于深化城市更新工作推进高质量发展的实施意见》	中共广州市委、广州市人民政府 穗字〔2020〕10号	现行有效
2020.9.17	《广州市深化城市更新工作推动高质量发展的工作方案》	广州市人民政府办公厅 穗府办函〔2020〕66号	现行有效

10.5.4.2 政策要点与评述

（1）城市更新范围方面，《广州市城市更新办法》明确下列土地申请纳入省"三旧"改造地块数据库后，可列入城市更新范围："退二进三"产业用地；无工业用途、产业落后及不符合安全及环境要求的厂房（厂区）用地；散乱落后旧村庄；棚户区及危破旧房的旧城区。

（2）改造主体方面，《广州市城市更新办法》明确包括市政府工作部门或区政府及其部门；单个土地权属人；多个土地权属人联合作为主体。

（3）资金筹措和使用方面，《广州市城市更新办法》明确广州市城市更新项目的资金来源包括：市、区财政安排的城市更新改造资金及各级财政预算中可用于城市更新改造的经费；国家有关改造贷款政策性信贷资金；融资地块的出让金收入；参与改造的市场主体投入的更新改造资金；更新改造范围内土地、房屋权属人自筹的更新改造经费；其他符合规定的资金。

（4）土地政策方面，穗府办规〔2019〕5号文明确旧城连片改造项目，经改造范围内90%以上住户（或权属人）表决同意，在确定开发建设条件的前提下，由政府作为征收主体，将拆迁工作及拟改造土地的使用权一并通过招标等方式确定改造主体（土地使用权人），待完成拆迁补偿后，与改造主体签订土地使用权出让合同。

10.5.5 上海市相关政策

10.5.5.1 政策概况

近年来上海城市更新相关政策梳理如表10-4所示。

上海市城市更新相关政策梳理　　　　　　表10-4

时间	名称	发文部门及文号	时效性
2009.2.4	《上海市人民政府印发〈关于进一步推进本市旧区改造工作若干意见〉的通知》	上海市人民政府 沪府发〔2009〕4号	现行有效
2010.2.20	《上海市人民政府关于贯彻国务院推进城市和国有工矿棚户区改造会议精神加快本市旧区改造工作的意见》	上海市人民政府 沪府发〔2010〕5号	现行有效
2014.2.22	《上海市人民政府印发关于进一步提高本市土地节约集约利用水平的若干意见》	上海市人民政府 沪府发〔2014〕14号	现行有效
2014.3.26	《上海市人民政府印发〈关于本市开展"城中村"地块改造的实施意见〉》	市建设管理委等十一部门 沪府〔2014〕24号	现行有效
2014.11.28	《上海市人民政府办公厅关于转发市建设管理委等三部门制订的〈上海市旧区改造专项贷款管理办法〉的通知》	上海市城乡建设和管理委员会、上海市财政局、上海市住房保障和房屋管理局沪府办〔2014〕100号	现行有效
2015.5.15	《上海市人民政府关于印发〈上海市城市更新实施办法〉的通知》	上海市人民政府 沪府发〔2015〕20号	现行有效

时间	名称	发文部门及文号	时效性
2015.9.18	《上海市关于旧区改造安置住房免缴城市基础设施配套费的通知》	上海市住房保障和房屋管理局 沪房管财〔2015〕232 号	现行有效
2016.6.12	《上海市人民政府办公厅转发市住房城乡建设管理委等三部门〈关于在本市开展政府购买旧区改造服务试点的意见〉的通知》	上海市住房和城乡建设管理委员会、上海市财政局、上海市发展和改革委员会沪府办〔2016〕48 号	现行有效
2017.3.31	《上海市人民政府办公厅转发市规划国土资源局制订的〈关于加强本市经营性用地出让管理的若干规定〉》	上海市人民政府办公厅 沪府办〔2017〕19 号	现行有效
2017.7.13	《上海市人民政府印发〈关于深化城市有机更新促进历史风貌保护工作的若干意见〉的通知》	上海市人民政府 沪府发〔2017〕50 号	现行有效
2017.11.9	《上海市人民政府印发〈关于坚持留改拆并举深化城市有机更新进一步改善市民群众居住条件的若干意见〉的通知》	上海市人民政府 沪府发〔2017〕86 号	现行有效
2017.11.17	《关于印发〈上海市城市更新规划土地实施细则〉的通知》	上海市规划和国土资源管理局沪规土资〔2017〕693 号	现行有效
2018.1.10	《关于印发〈上海市旧住房拆除重建项目实施管理办法〉的通知》	市房屋管理局 沪房规范〔2018〕1 号	现行有效
2018.6.20	《关于落实〈关于深化城市有机更新促进历史风貌保护工作的若干意见〉的规划土地管理实施细则》	上海市规划和国土资源管理局	现行有效
2018.11.4	《上海市人民政府办公厅关于转发市规划资源局制订的〈上海市地下建设用地使用权出让规定〉的通知》	上海市人民政府办公厅 沪府办规〔2018〕32 号	现行有效
2018.11.15	《上海市人民政府关于印发〈本市全面推进土地资源高质量利用若干意见〉的通知》	上海市人民政府 沪府规〔2018〕21 号	现行有效
2018.11.16	《关于印发〈关于本市推进产业用地高质量利用的实施细则〉的通知》	上海市规划和国土资源管理局 上海市经济和信息化委员会 上海市科学技术委员 沪规土资地〔2018〕687 号	现行有效
2018.11.22	《关于印发〈上海市历史风貌保护及城市更新专项资金管理办法〉的通知》	上海市财政局 沪财发〔2018〕7 号	现行有效
2020.2.11	《关于印发〈上海市旧住房综合改造管理办法〉的通知》	上海市房屋管理局、上海市规划和自然资源局 沪房规范〔2020〕2 号	现行有效

10.5.5.2 政策要点

（1）土地政策方面，上海市主要是采用政府收储、存量补地价、带方案招拍挂、定向挂牌等系列操作模式。其中政府收储模式在旧区改造、工业用地转型、"城中村"

改造中用得较多；存量补地价模式主要适用于土地现有物业权利人或者联合体为主进行的历史风貌保护项目、工业用地转型项目等，以及项目周边不具备独立开发单零星土地通过补地价的方式纳入项目整体开发；带方案招拍挂模式适用于：1）历史风貌保护项目中涉及经营性用地的项目应采取保留建筑物带方案公开招拍挂方式出让；2）产业项目类工业和研发用地，采用"带产业项目"挂牌方式供应；3）旧区改造地块可以采取带保护方案公开招拍挂；4）位于城市重要特定地区、具有重要功能性的商业、办公等经营性用地，可采用附带规划设计方案、基础设施要求、功能建设要求、运营管理要求的方式实施出让；定向挂牌模式在"城中村"改造、历史风貌保护中有所提及，营利性教育科研、医疗卫生、社会福利、文化体育等基础设施、社会事业项目用地，可采取协议出让方式供地，但均有一定附带条件。

（2）资金支持政策方面，上海市充分利用财政和税收手段，鼓励土地现有物业权利人或者联合体、居民以及其他社会资金等参与城市更新。在政府财政税收方面：1）建立历史风貌保护及城市更新专项资金，主要来源于政策划定的市区土地出让收入、财政补贴资金、公有住房出售后的净归集资金、公房租金等；2）建立市、区两级存量产业用地收储专项资金，探索"以房换地"等市场化补偿方式；3）通过市、区财政补贴资金、公有住房出售后的净归集资金、公房租金、政府回购增量房屋收益、居民出资部分改造费用等方式，多渠道筹措旧住房拆除重建改造资金，并积极推进政府购买旧区改造服务工作，试行公积金结余资金贷款支持；4）税收优惠。"城中村"地块改造明确以自我平衡为主，但积极引导社会资金，通过直接投资、间接投资、参股、委托代建等方式参与改造，探索发行企业债券或中期票据，专项用于"城中村"改造项目。

10.5.6 北京市相关政策

10.5.6.1 政策概况

北京市城市更新以老旧小区综合整治为主要内容。相关政策文件如表10-5所示。

北京市城市更新相关政策梳理 表10-5

时间	名称	发文部门及文号	时效性
2012.1.21	《北京市人民政府关于印发〈北京市老旧小区综合整治工作实施意见〉的通知》	北京市人民政府京政发〔2012〕3号	现行有效
2018.1.29	《北京市规划和国土资源管理委员会关于印发〈关于加快推进老旧小区综合整治规划建设试点工作的指导意见〉的通知》	北京市规划和国土资源管委会市规划国土发〔2018〕34号	现行有效

时间	名称	发文部门及文号	时效性
2018.5.29	《印发〈关于建立我市实施综合改造老旧小区物业管理长效机制的指导意见〉的通知》	北京市住房和城乡建设委员会、中共北京市委社会工作委员会、北京市社会建设工作办公室、北京市民政局 京建发〔2018〕255号	现行有效
2018.3.4	《北京市人民政府办公厅关于印发〈老旧小区综合整治工作方案（2018-2020年）〉的通知》	北京市人民政府办公厅 京政办发〔2018〕6号	现行有效
2020.4.17	《关于印发〈北京市老旧小区综合整治工作手册〉的通知》	北京市住房和城乡建设委员会、北京市规划和自然资源委员会、北京市发展改革委、北京市城市管理委员会、北京市市场监督管理局京建发〔2020〕100号	现行有效
2021.4.22	《关于印发〈关于引入社会资本参与老旧小区改造的意见〉的通知》	北京市住房和城乡建设委员会、北京市发展和改革委员会、北京市规划和自然资源委员会、北京市财政局、北京市人民政府国有资产监督管理委员会、北京市民政局、北京市地方金融监督管理局、北京市城市管理委员会京建发〔2021〕121号	现行有效

10.5.6.2 政策要点

（1）在整治内容方面，北京市老旧小区综合整治主要包括对房屋本体和小区公共部分进行改造，具体整治内容分为基础类和自选类。基础类是必须改造整治的内容，自选类是在已实施基础类改造整治的前提下，根据居民意愿确定的改造内容。

（2）在实施主体方面，北京市各区人民政府是本区老旧小区综合整治工作的责任主体，各区人民政府确定符合条件的企业作为投资主体，负责资金筹措、前期准备、统筹组织等工作。投资主体可将市区两级财政投入资金作为老旧小区综合改造资本金，吸引社会资本参与自选类改造。对具体改造项目，投资主体可自行实施，亦可委托其他企业实施。

（3）资金支持方面，依据整治内容，老旧小区综合整治资金来源可以有财政投资、售房款、住宅专项维修资金、个人公积金、责任企业资金和社会投资等。在明晰政府、市场、业主投资边界基础上，合理确定市、区两级政府资金负担比例。市财政局以转移支付方式将市级资金全部安排至各区，由其统筹使用。各区负责制定吸引社会资本参与老旧小区综合整治的具体措施，并建立受益者付费机制，改造后的老旧小区物业服务费用由业主缴纳，各区人民政府可结合实际情况予以支持。

10.5.7 浙江省相关政策

10.5.7.1 政策概况

浙江省的城市更新主要是以"未来社区"的方式开展的，相关政策如表10-6所示。

浙江省城市更新相关政策梳理　　　　　　　表10-6

发布时间	政策名称	发文部门及文号	时效性
2019.11.11	《浙江省人民政府办公厅关于高质量加快推进未来社区试点建设工作的意见》	浙江省人民政府办公厅浙政办发〔2019〕60号	现行有效
2019.12.4	《关于印发〈关于加快推进全省城镇老旧小区改造工作的指导意见〉和〈全省城镇老旧小区改造试点工作方案〉的通知》	浙江省住房和城乡建设厅浙江省发展和改革委员会浙江省财政厅浙建城〔2019〕58号	现行有效
2020.3.20	《浙江省人民政府关于印发〈浙江省未来社区建设试点工作方案〉的通知》	浙江省人民政府办公厅浙政发〔2019〕8号	现行有效
2020.6.11	《省发展改革委关于印发〈浙江省未来社区试点建设管理办法（试行）〉的通知》	浙江省发展和改革委员会浙发改基综〔2020〕195号	现行有效
2020.8.26	《省发展改革委 省财政厅 人行杭州中心支行 浙江银保监局关于印发〈关于进一步加强财政金融支持未来社区试点建设的意见〉的通知》	浙江省发展和改革委员会浙江省财政厅中国人民银行杭州中心支行中国银行保监管理委员会浙江监管局浙发改基综〔2020〕297号	现行有效
2020.12.7	《浙江省人民政府办公厅关于全面推进城镇老旧小区改造工作的实施意见》	浙江省人民政府办公厅浙政办发〔2020〕62号	现行有效

10.5.7.2　政策要点与评述

（1）建设内容方面，浙江省将未来社区建设内容分为改造更新和规划新建。改造更新以20世纪70~90年代老旧小区为主体，鼓励采取全拆重建和插花式改修建等方式；规划新建类按照人口集聚潜力大等要求选择试点，重点突出了建设方向为打造未来邻里场景、打造未来教育场景、打造未来健康场景等九大场景。同时提及"程序简化、标准化流程再造，将编制未来社区建设行动计划、实施方案，以及土地收储、控制性详规调整和土地出让等工作集成"，为未来社区建设开设"绿色通道"。

（2）土地政策方面，浙政办发〔2019〕60号文等文件明确允许依法采用邀请招标方式、评定分离办法选择设计、咨询单位；在建筑设计、建设运营方案确定后，可以"带方案"进行土地公开出让；改造更新类试点项目对应土地出让收益，剔除上缴国家部分，其余全部用于支持试点项目建设。

（3）资金筹措方面，浙江省在浙建城〔2019〕58号文等文件中提出统筹使用各级财政资金；对于符合条件、确需融资的，可争取地方政府一般债券支持；探索居民出资模式；鼓励有条件的地方按市场化原则成立专门的项目运作公司，争取金融机构依法给予信贷支持；鼓励有条件的小区通过引进专业团队合理开发运营加装电梯的管理维护、停车管理、公共广告及部分社区服务设施等，实现改造资金运营自平衡。

值得注意的是，浙江省允许"带方案"进行土地公开出让，并且允许改造更新类项目对应的土地出让收益剔除上缴国家部分可全部用于支持试点项目建设。这就为浙江省城市更新项目实现土地一二级联动提供了可能。

10.5.8　成都市相关政策

10.5.8.1　政策概况

2020 年 4 月 14 日，成都市发布了《成都市人民政府办公厅关于印发〈成都市城市有机更新实施办法〉的通知》（成办发〔2020〕43 号），正式推出了成都市城市更新政策；2021 年 4 月 8 日，成都市《成都市人民政府办公厅关于进一步推进"中优"区域城市有机更新用地支持措施的通知》（成办发〔2021〕33 号）发布，细化了成都市在"中优"区域的改造方式、保障措施等。成都市城市更新相关政策措施如表 10-7 所示。

成都市城市更新相关政策梳理　　　　　　　　　　　　　　表10-7

发布时间	政策名称	发文部门及文号	时效性
2020.4.26	《成都市人民政府办公厅关于印发〈成都市城市有机更新实施办法〉的通知》	成都市人民政府办公厅成办发〔2020〕43 号	现行有效
2020.10.13	《关于进一步推进"中优"区域城市有机更新用地支持措施（征求意见稿）》	成都市规划和自然资源局	现行有效
2020.12.3	《关于进一步加强容积率管理促进"中优"区域城市有机更新的规划支持措施（征求意见稿）》	成都市规划和自然资源局	现行有效
2021.4.8	《成都市人民政府办公厅关于进一步推进"中优"区域城市有机更新用地支持措施的通知》	成都市人民政府办公厅成办发〔2021〕33 号	现行有效

10.5.8.2　政策要点

（1）根据《成都市城市有机更新实施办法》，城市有机更新主要坚持以下原则：保护优先、产业优先、生态优先；少拆多改、注重传承；政府引导、属地管理、市场运作；尊重公众意愿，推进城市持续更新。

城市有机更新将单独或综合采取下列方式推动实施：1）保护传承，即在符合保护要求的前提下对建筑进行维护修缮、综合整治和功能优化，对建筑所在区域的基础设施、公共服务配套设施和环境进行更新完善，但不改变建筑整体风貌、主体结构和重要饰面材料，不得进行新建、扩建、改建活动；2）优化改造，即维持现状建设格局基本不变，通过对建筑进行局部改建、功能置换、修缮翻新，以及对建筑所在区域进行配套设施完善等建设活动，加大老旧小区宜居改造，促进建筑活化利用和人居环境改善提升；3）拆旧建新，即将原有建筑物进行拆除，按照新的规划和用地条件重新建设。

在城市有机更新的资金支持方面,成都市明确:1)鼓励和引导社会资本通过公开、公平、公正方式参与城市有机更新项目,探索城市有机更新政府与居民合理共担机制、政府和社会资金合作建设模式;2)设立城市有机更新资金,用于支持城市有机更新工作,对政府投资项目,以直接投资方式予以支持;对城市发展需要且难以实现平衡的项目,经市政府认定后可采取资本金注入、投资补助、贷款贴息等方式给予支持;3)鼓励积极利用国家政策性金融对城市有机更新的支持政策筹集资金,引导商业金融机构创新服务产品,支持城市有机更新资金筹措。

(2)根据《成都市人民政府办公厅关于进一步推进"中优"区域城市有机更新用地支持措施的通知》(成办发〔2021〕33号),成都市"中优"区域城市有机更新改造方式包含自有存量土地自主改造、"地随房走"方式整体改造、房屋征收与搬迁方式实施改造三种类型。

(3)根据《关于进一步加强容积率管理促进"中优"区域城市有机更新的规划支持措施(征求意见稿)》,成都市专门针对"中优"区域的国有土地改造住宅用地容积率进行了提升,主要包括:1)拆迁安置棚户区改造、保障性住房按照最高容积率3.0执行,城中村改造按照最高容积率2.5执行;2)适当提容历史城区外核心区国有土地改造住宅用地容积率,由平均2.5提高到3.0,历史城区外一般地区国有土地改造住宅用地容积率由平均2.0提高至2.5;3)在确保片区经营性用地开发建设总量不突破的前提下,允许容积率指标在片区内相同用地性质的未出让地块间进行平衡转移,并优先向轨道交通站点核心区及城市功能核心转移等。

10.6 各地区城市更新模式类型

10.6.1 广东省"三旧"改造模式

《国家税务总局 广东省税务局 广东省财政厅关于印发〈广东省"三旧"改造税收指引(2019年版)〉的通知》(粤税发〔2019〕188号)将广东省"三旧"改造模式分为政府主导和市场主导两大类,其中:政府主导包含收储模式、统租模式、综合整治模式、合作改造模式这4类;市场主导模式包含农村集体自行改造模式、村企合作改造模式、企业自改模式、企业收购改造模式、单一主体归宗改造模式这5类。广东省"三旧"改造模式详细内容如下。

10.6.1.1 政府主导模式

1.收储模式

(1)模式定义:收储模式是指政府征收(含征收农村集体土地及收回国有土地使用权等情况,下同)、收购储备土地并完成拆迁平整后出让,由受让人开发建设的情形。

（2）实施主体：政府。

（3）模式要点：政府征收、收购储备土地，并向原始权属人支付补偿；政府委托施工单位七通一平；政府公开出让土地；受让人开发建设。

2. 统租模式

（1）模式定义：统租模式是指政府下属企事业单位连片租赁农村集体的旧厂房用地并实施改造的情形。

（2）实施主体：政府下属企事业单位。

（3）模式要点：政府下属企事业单位以农村集体经济组织名义办理立项、规划、报建等手续；政府下属企事业单位连片租赁旧改用地，建设改造、联营、获取收益；期满连同土地和地上建筑物一并移交农村集体经济组织。

3. 综合整治模式

（1）模式定义：综合整治是政府投资主导整治改造，不涉及拆除现状建筑及不动产权属变动。

（2）实施主体：政府。

（3）模式要点：政府投资主导整治；不涉及拆迁现状建筑物、不动产权属变动；整治内容：小区公共服务设施、基础设施、小区道路、园林绿化、建筑修缮。

4. 合作改造模式

（1）模式定义：合作改造模式是以政府统一组织实施（即政府为征地拆迁方）为前提，有两种类型。

第一种类型是政府在拆迁阶段通过招标等公开方式引入土地前期整理合作方（以下简称"合作方"）承担具体拆迁工作，该企业需要垫付征地拆迁补偿款。完成拆迁后，政府将拟出让土地通过招标、拍卖或者挂牌等公开方式确定土地使用权人，在土地使用权人支付地价款后，政府再向合作方支付拆迁费用与合理利润。

第二种类型是政府通过招标等公开方式征选合作方，既承担土地前期整理的具体拆迁工作，又是土地使用权人。该合作方承担具体拆迁工作，垫付征地拆迁补偿款（含货币与非货币补偿），完成拆迁后，政府直接将拟出让土地使用权供应给该合作方，所支付拆迁费用与合理利润抵减其应向政府缴交的地价款。

（2）实施主体：政府与合作方。

（3）模式要点：上述两种模式均建立在广东省允许土地一二级联动的政策基础之上。其中第一种类型涉及土地一级开发，即政府公开招标合作方负责土地前期整理工作；合作方垫付征地拆迁补偿款；政府招拍挂出让土地；土地使用权人支付土地价款；政府支付合作方拆迁费用＋合理利润。第二种类型则涉及土地一二级联动开发，即政府公开招标选择合作方；合作方是土地整理人＋土地使用权人；合作方需垫付征地拆迁款；征拆完成后，政府直接将土地供应给该合作方；政府所支付的拆迁费用和合理利润抵减其向政府缴交土地款。

10.6.1.2　市场方主导模式

1. 农村集体自行改造模式

（1）模式定义：在符合国土空间规划的前提下，农村集体经济组织将其所属的国有建设用地，或将集体建设用地转为国有建设用地后，通过招标方式引入土地前期整理合作方，或者自行组织完成改造范围内改造意愿征询、土地房产调查、搬迁补偿、土地平整等土地前期整理事项，在达到土地出让条件后由政府以协议出让方式将土地使用权出让给该农村集体经济组织成立的全（独）资公司。

（2）实施主体：农村集体经济组织。

2. 村企合作改造模式

村企合作改造模式具体包括土地整理后出让、土地整理后租赁经营、土地整理后以复建地块集中安置、土地整理后回购物业和土地整理后合作经营五种子模式，详细内容如下。

子模式之一：土地整理后出让

（1）模式定义：在符合国土空间规划的前提下，农村集体经济组织将其所属的国有建设用地，或将集体建设用地转为国有建设用地后，通过招标方式引入土地前期整理合作方，由合作方先行垫资完成改造范围内改造意愿征询、土地房产调查、搬迁补偿、土地平整等土地前期整理事项，在达到土地出让条件后交由政府以招标、拍卖或挂牌或协议方式出让土地，农村集体经济组织取得出让分成或返还物业，合作方按土地整理协议取得相应收益。

（2）实施主体：农村集体经济组织与其合作方。

（3）模式要点：农村集体经济组织通过招标方式引入土地前期整理合作方，合作方先行垫资完成土地前期整理事项；在达到土地出让条件后交由政府以招标、拍卖或挂牌或协议方式出让土地；农村集体经济组织取得出让分成或返还物业；合作方按土地整理协议取得相应收益。

子模式之二：土地整理后租赁经营

（1）模式定义：在符合国土空间规划的前提下，农村集体经济组织将其所属的国有建设用地，或将集体建设用地转为国有建设用地后，通过招标方式引入土地前期整理合作方，由合作方先行垫资完成改造范围内改造意愿征询、土地房产调查、搬迁补偿、土地平整等土地前期整理事项，在达到土地再开发条件后，合作方以租赁形式从农村集体经济组织处取得该国有建设用地改造后地块经营权，并由其按国土空间规划和约定经营开发，合作方获得全部经营收益，在租赁期满后，合作方无偿（或有偿）将改造后地块及其地上建（构）筑物交回农村集体经济组织。

（2）实施主体：农村集体经济组织与其合作方。

（3）模式要点：农村集体经济组织通过招标方式引入土地前期整理合作方，由合作方先行垫资完成土地前期整理事项；在达到土地再开发条件后，合作方以租赁形式从农村集体经济组织处取得该国有建设用地改造后地块经营权，并由其经营开发，合作方获得全部经营收益；在租赁期满后，合作方无偿（或有偿）将改造后地块及其地上建（构）筑物交回农村集体经济组织。

子模式之三：土地整理后以复建地块集中安置

（1）模式定义：村集体经济组织将集体土地申请转为国有土地，分为融资地块与复建地块，通过公开交易方式选择开发企业后，与开发企业合作实施改造。

（2）实施主体：农村集体经济组织与其合作方。

（3）模式要点：村集体经济组织将集体土地申请转为国有土地，分为融资地块和复建地块并与开发企业合作实施改造；复建地块采取划拨方式供应给集体经济组织；融资地块由政府协议出让给开发企业；开发企业按要求缴纳土地出让金后对融资地块实施改造。

子模式之四：土地整理后回购物业

（1）模式定义：村集体经济组织将集体土地申请转为国有土地，并与开发企业合作实施改造。农村集体经济组织以一定比例的货币补偿款购置开发企业所开发的物业。

（2）实施主体：农村集体经济组织与其合作方。

（3）模式要点：集体经济组织与开发企业签订合作开发改造协议；开发企业与集体土地使用者及农村集体（被改造主体方）签订拆迁补偿安置协议并报政府备案；集体建设用地申请转为国有建设用地，并由政府协议出让给开发企业（不含对农村集体土地使用权补偿和拆迁安置补偿）；集体经济组织以一定比例货币补偿款购置物业。

子模式之五：土地整理后合作经营

（1）模式定义：村集体经济组织将集体土地申请转为国有土地，与合作方出资成立项目公司，由项目公司实施改造并负责项目运营管理，改造后，村集体经济组织从项目公司取得货币、非货币补偿。

（2）实施主体：农村集体经济组织与其合作方。

（3）模式要点：村集体经济组织通过公开交易选择合作企业，签订合作开发改造协议并办理转国有建设用地手续；村集体经济组织与合作方成立项目公司，合作方代项目公司垫付货币补偿、注册资本和改造项目发生的其他投入；集体经济组织制定地上建筑物补偿方案，以其名义对集体土地使用方进行拆迁补偿，但具体工作由项目公司委托合作方实施，拆除费用也由项目公司支付，政府协议出让地块给项目公司；房地产项目以项目公司立项、报建，其与集体经济组织签订房屋销售合同转移分成物业之权属给集体经济组织，并进行利润分成。

3. 企业自改模式

（1）模式定义：在符合国土空间规划的前提下，由企业自行选择土地前期整理合作方，或由企业自行对土地进行平整并达到土地出让条件后，由政府直接以协议方式出让给该企业（可能涉及"工改商"）。或者，在不实施拆除重建的情况下，由企业按照经批准的规划用途自行实施"微改造"。

（2）实施主体：企业。

（3）模式要点：企业自行选择土地前期整理合作方或自行平整土地；由政府直接协议出让土地给该企业（可能涉及"工改商"）；或由企业自行实施"微改造"。

4. 企业收购改造模式

（1）模式定义：在符合国土空间规划的前提下，企业收购改造地块周边相邻的土地使用权和房产并办理转移登记后，由地方自然资源主管部门进行归宗，再将土地使用权以协议方式出让给该企业，由该企业依据批准的规划用途实施全面改造。或者，在不实施拆除重建的情况下，由企业按照经批准的规划用途自行实施"微改造"。

（2）实施主体：企业。

（3）模式要点：企业收购改造其地块周边相邻土地使用权和房产并办理转移登记，即由企业主导改造周边区域；地方自然资源主管部门进行归宗，并以协议方式出让给该企业；或由企业自行实施"微改造"。

5. 单一主体归宗改造模式

（1）模式定义：在符合国土空间规划的前提下，改造范围内的权利主体通过以签订搬迁补偿协议的方式，将房地产的相关权益转移到单一主体后（多为房地产开发商），由该主体申请实施改造，在完成上盖物拆除后注销原有不动产权证书、办理土地收归国有手续，再由自然资源主管部门直接与单一改造主体签订协议出让合同。或者，在不实施拆除重建的情况下，由企业按照经批准的规划用途自行实施"微改造"。

（2）实施主体：单一主体（企业）。

（3）模式要点：原房屋土地权属人委托企业作为单一主体（多为房地产开发商）实施改造；改造规划经县以上人民政府或其授权单位审批通过；企业制定搬迁补偿方

案，并成立项目公司与区域内相关原权属人分别签订拆迁补偿协议；经政府主管部门确认，企业获得该区域单一主体资格；项目公司自行或委托其他公司完成建筑物拆除与土地平整；项目公司作为受托方以原权属人名义申请办理不动产权属证书的注销登记。由政府主管部门根据城市更新政策完成零散土地归宗，并由县级以上人民政府提供说明属于依法征收或视同政府收回的书面文件；项目公司向政府主管部门申请建设用地审批；政府主管部门在批准项目建设用地后与项目公司签订协议出让土地使用权合同，核发建设用地规划许可证。

综上所述，广东省已构建起上述多元化改造模式。根据广东省自然资源厅的统计，截至 2019 年底，广东全省累计投入"三旧"改造资金 1.66 万亿元，实施改造面积 82.4 万亩，完成改造面积 48.1 万亩，其中 2019 年新增实施改造 10.2 万亩，完成改造 7 万多亩，创历史新高。

10.6.2 深圳市城市更新模式

尽管 2020 年 12 月 30 日通过的《深圳经济特区城市更新条例》中将深圳市城市更新类型精简为综合整治、拆除重建两类。但基于过去多年深圳市城市更新模式的实践情况，笔者仍将深圳市城市更新模式划分为三类，其包括：综合整治类、功能改变类、拆除重建类。在深圳市的城市更新实践中，不同的城市更新对象应当采取的项目实施模式主要是：城中村以综合整治为主、拆除重建为辅；旧工业区以拆除重建和功能改变并重；旧城区以综合整治为主、拆除重建为辅。三种模式的主要区别如下。

10.6.2.1 综合整治模式

（1）内容：改善消防设施、改善基础设施和公共服务设施、沿街立面、环境整治和既有建筑节能改造等；不改变建筑主体结构和使用功能，不加建附属设施。

（2）实施主体：区政府制定实施方案并组织实施。

（3）资金来源及收益补偿：由所在区政府、权利人或者相关人共同承担，涉及改善基础设施、公共服务设施和市容环境费用由市、区两级财政按比例分摊。

（4）征拆及土地流转：不涉及征拆及土地流转。

10.6.2.2 功能改变模式

（1）内容：改变部分或全部建筑物使用功能；不改变土地使用权的权利主体和使用期限，保留建筑物的原主体结构。

（2）实施主体：权利人自行申请实施。

（3）资金来源及收益补偿：申请人办理完成规划和用地手续后，可以实施功能改变类城市更新，实施费用全部由申请人自行承担。

（4）征拆及土地流转：市规划国土主管部门批准功能改变的，应当与土地使用权人签订土地使用权出让合同补充协议或者补签土地使用权出让合同。土地使用权使用期限按照原用途使用期限扣除已实际使用时间的剩余期限确定，同时土地使用权人应当按照相关规定缴纳地价。

10.6.2.3 拆除重建模式

（1）内容：拆除原有建筑物，重新规划建设；可以改变土地使用权的权利主体和使用期限。

（2）实施主体：权利主体自行实施；市场主体单独实施；合作实施；政府统一组织实施。

（3）资金来源及收益补偿：对由政府统一组织实施的，可以在拆迁阶段通过招标的方式引入企业单位承担拆迁工作，拆迁费用和合理利润可以作为收（征）地（拆迁）补偿成本从土地出让收入中支付；也可以在确定开发建设条件且已制定城市更新单元规划的前提下，由政府在土地使用权招标、拍卖、挂牌出让中确定由中标人一并实施城市更新，建筑物、构筑物及其他附着物的拆除清理由中标人或者竞得人负责。

（4）征拆及土地流转：房地产权益取得方面，实施主体以地产作价入股、签订搬迁补偿安置协议、房地产收购等方式形成单一权利主体；征拆及补偿方面，政府相关部门或者其成立、授权的机构与权利主体签订搬迁补偿安置协议，按照一定的标准对权利主体进行补偿，然后通过招标方式引入市场主体，由市场主体承担与权利主体签订搬迁补偿安置协议等具体工作，搬迁补偿费用和市场主体的合理利润从土地公开出让收入中支付；土地使用权取得方面：采取招标、拍卖、挂牌等公开出让方式，但对于确定开发建设条件且已制定城市更新单元规划的项目，可以由政府在土地使用权招标、拍卖、挂牌出让中确定由中标人一并负责建筑物、构筑物及其他附着物的拆除清理。此外，可以以协议出让方式来出让经过处置的历史用地和符合条件的国有零星用地。

在上述城市更新模式引领下，近年来深圳市城市更新工作推进迅速。根据《深圳市 2020 年度城市更新和土地整备计划》，2020 年深圳市城市更新年度任务包括深圳市新增实施改造任务 9000 亩，完成改造任务 5000 亩；新增拆除重建类城市更新单元计划用地规模 679 公顷；完成旧工业区综合整治建筑面积 120 万 m^2。其中，城市更新专项计划要求 2020 年深圳市新增"工改 MO"类更新单元计划用地规模不高于 133.5 公顷，新增规划配建人才住房、安居型商品房和公共租赁住房 29456 套，创新型产业用房 23.6 万 m^2，新增规划配建独立占地公共配套设施 134 个，非独立占地公共配套设施规模 25.3 万 m^2；土地整备专项计划则要求，2020 年深圳市全市安排土地整备资金

110亿元，并计划安排新建土地整备项目73个，续建土地整备项目188个；房屋征收专项计划要求，深圳市2020年安排市本级房屋征收项目资金51.7033亿元，其中市本级财政承担的房屋征收常规项目131个，市本级财政承担的房屋征收轨道交通项目42个，另计划安排区级财政承担的房屋征收项目883个。

综上所述，深圳市遵循"政府引导、市场运作"的原则，针对不同对象分类实施城市更新模式，并通过城市更新单元和年度计划管理制度加以规范，积极鼓励原权利人自行实施、市场主体单独实施或者二者联合实施城市更新项目。

10.6.3　广州市城市更新模式

广州市城市更新模式主要涉及"三旧"改造，分为旧村庄、旧城镇和旧厂房三类：

《广州市人民政府办公厅关于印发广州市城市更新办法配套文件的通知》（穗府办〔2015〕56号文）中，作为《广州市城市更新办法》（市政府令第134号）配套文件的《广州市旧村庄更新实施办法》明确旧村庄更新改造包括全面改造和微改造两种方式。同为上述配套文件的《广州市旧城镇更新实施办法》也将项目改造方式分为全面改造和微改造；《广州市旧厂房更新实施办法》明确旧厂房改造方式分为政府收储、自行改造以及政府收储和自行改造结合三种。具体内容如表10-8所示。

广州市城市更新模式类型　　　　　　　　　　　　　　　表10-8

旧村庄	旧城镇	旧厂房
（1）全面改造 整体拆除重建 1）征收储备 政府按照土地整理和土地出让两阶段模式推进； 2）自主改造 村集体经济组织自行拆迁补偿安置，由村集体经济组织或其全资子公司申请以协议出让方式获得融资地块开发融资； 3）合作改造 可以一次性引入合作企业，也可按照土地整理、土地开发两阶段分别引入合作企业。 （2）微改造 费用由集体和村民投入为主	（1）全面改造 危破房、土地功能布局不合理、公共服务配套设施不完善区域。市、区政府安排房屋拆迁完毕后，可通过公开出让融资地块土地使用权回笼资金。拆迁补偿安置和土地整理阶段，通过公开方式选择市场主体具体实施。政府通过市公共资源交易中心平台公开出让土地。 （2）微改造 适用于整饰修缮与历史文化保护性整治。政府统筹实施的微改造项目由市、区财政安排资金。由权利主体或者街道（社区）与权利主体共同完成的微改造，可由市、区财政安排资金补贴，并在现行法规政策允许的前提下，吸引社会力量参与	（1）政府收储 主要针对一些工改工、工改商的项目； （2）自行改造 在上述工改商收储范围外，旧厂房权属人可以按要求申请自行改造或者交由政府收储。自行改造用地按照规划新用途的基准地价，扣减已缴纳的原用途土地出让金的未使用年限部分后补交土地出让金

广州市城市更新工作进展迅速。根据广州市住建局的相关介绍，2019年，广州市"三旧"改造新增实施面积完成11252亩。通过城市更新，广州共新增公共服务设施

及配套约 1.2 万个、249 万 m²，老旧小区加装电梯 1591 台，三线整治 504km，村民复建住宅建筑面积 362 万 m²，村民复建经营性物业建筑面积 183 万 m²。

10.6.4　上海市城市更新模式

上海的城市更新采取了政府引导、政府市场双向并举的改造模式。上海市城市更新模式类型归纳如表 10-9 所示。

上海市城市更新模式类型　　　　　　　　　　　　表10-9

旧区旧房改造	工业用地转型	城中村改造	历史风貌改造
（1）修缮改造：如成套改造、综合整治、平改坡、增加公共设施等； （2）拆除重建：必须符合《上海市旧住房拆除重建项目实施管理办法》	（1）"104 区块"结构调整和能级提升； （2）"195 区域"加快转型； （3）"198 区域"减量化	（1）土地储备：经营性土地形成"净地"后，公开招标、拍卖、挂牌出让，由受让人按照规划开发建设； （2）与农村集体经济组织合作改造：以农村集体经济组织为改造主体，可引入合作单位共同改造开发，由农村集体经济组织或合作单位自筹资金改造开发； （3）公益性项目建设：规划建设为公益性项目的，可通过组织实施公益性项目建设等方式，开展城中村改造	可采取旧区改造、原权利人或多方共同参与、成套改造、历史遗留"毛地"开发调整的风貌保护更新等多种方式实施

上海创新采用了"政企合作、市区联手、以区为主"的模式。比如，上海地产集团挂牌上海市城市更新中心，作为全市统一的旧区改造功能性平台，具体推进旧区改造、旧住房改造、城中村改造及其他城市更新项目的实施。上海地产集团的全资子公司上海城市更新发展公司与黄浦区金外滩集团、杨浦区城投集团、虹口区虹房集团、静安区北方集团等区属国资企业，投资成立了四个区级城市更新公司，市、区投资比例为 6：4，具体负责旧改地块的改造实施，通过规划资源部门的土地"预供地"政策，赋予城市更新公司"旧改地块—二级联动"资格，解决建设资金，同时在后期项目中做好市场资源嫁接，积极引进市场化、标杆性企业参与不同类型地块的功能开发，让专业人做专业事，提升开发品质，确保功能落地。

10.6.5　浙江省城市更新模式

浙江省城市更新模式可以根据建设规模分为两种，一是建设规模较大的"未来社区"模式，主要是一些有条件的小区、存在多孔预制楼板等安全隐患的老旧小区，采取全拆式重建和插花式改修建；二是建设规模较小的小区模式，根据群众需求开展水、电、气、路、通信基础设施、安防设施、停车泊位、邮政、快递服务、环境整治等功能性修复，如表 10-10 所示。其中，"未来社区"模式基于土地出让 + 土地带方案出让的政策基本实现土地一二级联动开发，笔者将在后文结合浙江省丽水市相关案例详细分析此种城市更新模式。

浙江省城市更新模式类型　　　　表10-10

未来社区模式	建设规模较小的小区模式
（1）政府通过公开招标采购城投公司提供一定区域综合开发项目的投资运营服务；城投公司公开招标社会资本作为项目合作开发单位组建项目公司； （2）由项目公司完成设计工作，包括九大场景设计并形成实施方案、运营方案； （3）项目公司负责该项目的一级开发；投资项目征地拆迁及相关补偿，进行场地平整、市政基础设施建设达到土地熟化； （4）由政府自然资源和规划局待项目公司完成的实施方案、运营方案出让土地，进行土地招拍挂； （5）根据土地出让结果分为： 1）社会资本方或其关联房地产公司竞得土地，土地出让金剔除上缴国家部分后返还至城投公司、项目公司，偿还土地一级开发成本和利润，之后由社会资本方货期关联房地产公司完成土地二级开发部分及其运营。项目公司完成一级开发配套建设部分的运营； 2）社会资本方未竞得土地，由第三方房地产公司竞得土地，土地出让金剔除上缴国家部分后返还至城投公司、项目公司，偿还一级开发成本和利润，由竞得土地的房地产公司按照实施方案完成二级开发及运营	（1）鼓励通过临近小区联动改造、拆除违法建筑、既有用地集约混合利用等方式，为配套建设停车场、社区综合服务中心、社区卫生站、物业用房等基础设施和养老、抚幼、家政、便利店等各类公共服务、社会服务设施创造空间，提升服务功能，解决服务面积不达标、布局不合理、使用不方便等问题； （2）在老旧小区改造过程中，对确须拆除解危的危旧房，按征收补偿政策实行异地安置或货币化安置，符合棚户区改造政策范围的可申报纳入棚户区改造计划。其拆除后的腾退空间，主要用于建设小区配套公共服务和社会服务设施； （3）鼓励行政事业单位、国有企业将老旧小区内或附近的存量房屋，提供给街道、社区用于老旧小区养老托幼、医疗卫生等配套服务

10.6.6　成都市城市有机更新模式

10.6.6.1　成都市"中优"区域城市有机更新改造方式

根据《成都市人民政府办公厅关于进一步推进"中优"区域城市有机更新用地支持措施的通知》（成办发〔2021〕33号），成都市城市有机更新改造方式主要包含自有存量土地自主改造、"地随房走"方式整体改造、房屋征收与搬迁方式实施改造三种类型。

1. 自有存量土地自主改造

适用情形：非招标、拍卖、挂牌方式取得的自有存量国有建设用地（土地出让合同或土地划拨决定书明确约定收回土地使用权的除外）和2005年1月1日前在工业园区外取得的工业用地。

实施程序：原土地使用权人向区政府（管委会）提出自主改造申请和改造方案，经区政府（管委会）审核同意并将项目搬迁补偿方案报市住建局审查备案后，持新规划条件依法办理土地使用条件变更手续，并按"双评估"补差方式缴纳土地出让价款后，由规划和自然资源主管部门为其办理不动产权变更登记。

支持措施：

（1）原土地使用权人可按城市规划要求对自有存量土地实施自主改造，也可通过联营、入股、并购等合法方式进行联合开发建设；

165

（2）对实施自主改造用于商品住宅开发的，按"双评估"价差的 90% 收取土地出让价款；用于发展服务业（含总部经济）的商服用地按 70% 收取土地出让价款 [对自持物业比例超过 60%（含 60%）的按 65% 收取土地出让价款；自持全部物业的按 60% 收取土地出让价款；自持全部物业的省、市重点项目可按不低于 55% 收取土地出让价款]；

（3）五城区（锦江区、青羊区、金牛区、武侯区、成华区）按"双评估"补差收取的土地出让价款市级财政按 6.6% 计提后，剩余部分全部返还区政府（管委会），专项安排用于实施本辖区内城市有机更新改造；五城区范围外的区域由当地财政按规定计提相关费用；

（4）土地使用权人可按照城市规划要求，对自有土地周边的边角地、夹心地、插花地等尚未供应的难以独立开发的毗邻、零星地块提出整合申请，由区政府（管委会）按现行土地整合有关政策规定和程序办理被整合土地的协议出让手续。

2."地随房走"方式整体改造

适用情形：以住宅为主的老旧小区，具有分散式产权特征的商品批发市场。

实施程序：区政府（管委会）报住建局备案后，通过公开招标方式确定项目实施主体，其与实施范围内的房屋所有权人进行平等协商，并完成全部不动产权交易和不动产权转移手续后，凭新规划条件签订土地出让合同，缴纳土地出让价款，实施项目整体改造。

支持措施：

（1）规划和自然资源主管部门按照所在区域新规划条件基准地价的 20% 收取土地出让价款；

（2）项目改造范围内的住宅不动产权利人，在完成不动产转移登记手续后重新购房的，可享受优先选房政策；

（3）五城区土地出让价款市级财政按 6.6% 计提后，剩余价款全部返还区政府（管委会），专项安排用于实施本辖区内城市有机更新改造，五城区范围外的区域由当地财政按规定计提相关费用。

3.房屋征收与搬迁方式实施改造

适用情形：未实施自主改造、"地随房走"整体改造，住房条件困难、经营环境恶劣、安全隐患严重、群众迫切要求搬迁、集中连片规模较大的城市更新区域。

实施程序：由区政府（管委会）编制城市有机更新实施计划，确定项目实施边界和规模、房屋征收与搬迁实施主体、投融资模式、进度安排等内容，在完成征拆形成"净地"后，由区政府（管委会）采取公开方式依法确定土地使用权人。

支持措施:

（1）土地出让起始价可按不低于项目区域内房屋搬迁补偿、片区土地整理总成本与财政计提费用之和确定。其中，五城区土地出让价款市级财政按 6.6% 计提，五城区范围外的区域由当地财政按规定计提相关费用；

（2）土地出让价款可分期缴付，缴付时间不得超过 1 年；

（3）按照收支原则，在分期收取土地出让价款后，原则上及时安排返还区政府（管委会），市级财政计提费用可在最后一期土地出让价款中计提。

10.6.6.2 当前成都市城市有机更新项目的推进情况

成都市目前印发的《成都市城市有机更新实施办法》和其配套文件成办发〔2021〕33 号文等，并未明确提出土地政策支持，如何在政策允许的空间内实现城市高质量发展，土地整理及公建配套设施建设是否能觅得合法合规的还款来源，以及社会资本方能否在城市更新项目中获取稳定可靠的收益无疑是社会资本最为关注的问题。

笔者走访了在成都市部分金融机构，了解到已陆续落地城市更新项目，融资层面存在一些要求，见表 10-11。

<table>
<tr><td colspan="2">成都市针对城市更新项目的融资条件　　　　　　　　　　　　　　　　表10-11</td></tr>
<tr><td>如何确定一二级实施主体</td><td>项目整体立项、立项材料中明确实施主体；部分银行要求政府出具会议纪要公开明确实施主体</td></tr>
<tr><td>开发内容</td><td>国有银行管控较为严格，不支持后期开发偏房地产项目，或按照开发贷条件进行放贷；地方银行倾向于房地产项目以实现快速退出</td></tr>
<tr><td>实施主体</td><td>目前落地项目的实施主体均为政府平台公司。</td></tr>
<tr><td>审批额度</td><td>部分银行仅审批一级额度，部分银行可按一二级内容整体授信</td></tr>
<tr><td>期限</td><td>土地一级整理期限均为 5~10 年</td></tr>
<tr><td>增信措施</td><td>已落地项目均提供上征信系统的增信措施；央企是否能放宽要求，需进行协商</td></tr>
<tr><td>还款条件</td><td>部份银行以二级还款来源进行合规性包装以对一级建设进行放款，涉及二级开发倾向于重新审批，需先归还一级已发放的贷款。</td></tr>
</table>

10.7 城市更新可采取的投融资模式探讨

10.7.1 小区居民直接出资模式

根据国办发〔2020〕23 号文的精神，在城镇老旧小区改造中，按照谁受益、谁出资的原则，居民直接出资是实现老旧小区改造的重要方式。笔者认为，小区居民直接出资模式对应的主要是基础类和完善类小区改造项目，即不涉及征拆的"微改造"项目。

提升类改造项目因涉及小区周边公共服务设施的配套建设和智慧化改造，可能需要政府统筹公服设施规划、用地乃至征拆工作，资金方面也可能涉及政府财政补助，不是小区居民直接出资模式的主要应用领域。

同时，国办发〔2020〕23 号文指出，小区居民出资责任可通过直接出资、使用住宅专项维修资金、让渡小区公共收益等方式落实，落实到具体项目中，实施主体可能包括小区业主委员会和当地政府授权的平台公司等。在这种模式下，社会资本方参与城市更新项目多不涉及出资的问题，主要以总承包身份介入具体项目获取施工收益即可。如前所述，这种模式下的城市更新项目应多为不涉及征拆的"微改造"项目，即对老旧小区进行安装电梯、更换管线等工程建设。对于一些社会资本而言，此类项目的规模较小，潜在收益可能不如以二级开发为主的城市更新项目，参与这类项目的意愿可能不高。但若仅作为一个单纯的施工方而言，此类项目在国家政策的支持下，只要资金来源切实可靠，在不追求规模的前提下，仍不失为建筑企业参与项目的一种选择。

10.7.2 政府直接出资模式

此种方式下，政府直接以纳入预算的财政资金支持城镇老旧小区改造及旧城镇、旧村庄、旧厂房改造等城市更新项目。在具体项目操作中，社会资本方要么不需进行股权或债务性出资，仅参与一个施工总承包项目，获取相应施工收益；要么基于政府纳入预算的补助资金与地方平台公司等开展合作，可能具体会以 EPC+F、EPC+O 等模式参与到具体城市更新项目，具体要求见 EPC 衍生模式章节。

10.7.3 地方政府专项债模式

地方政府专项债是为有一定收益的公益性项目发行的，约定一定期限内以公益性项目对应的政府性基金或专项收入还本付息的政府债券。通常而言，政府专项债可用于建设资金不足、存在投资缺口但又有一定收益的项目。比如：以青岛市济南路片区历史文化街区城市更新项目为例，项目总投资 11.61 亿元，其中资本金 3.11 亿元，占总投资的 26.78%。拟申请政府专项债券资金 8.5 亿元，占总投资的 73.21%。项目收入主要有商业出租收入、客房出租收入，债券存续期内收入合计约 24 亿元，能够覆盖专项债还本付息要求。

目前，政策上已经明确，专项债不得用于土地储备和房地产开发、置换债务以及可完全商业化运作的产业项目。这意味着，在城市更新项目中，专项债既不得用于土地一级整理，也基本不可能介入商业性较强、涉及二级地产开发的项目。因此，采用地方政府专项债的城市更新项目，应多为具有公益性但又具备一定经营性收益的城镇老旧小区改造、城市建成区内的旧城镇、旧村庄、旧厂房改造等项目，也可能用于棚改类项目。

10.7.4　PPP 模式

PPP 模式已经成为目前主流的投融资模式之一，其运作模式发展至今比较成熟，以 PPP 模式运作的城市更新项目需遵循 PPP 项目的基本要求，如进行物有所值评价和财政承受能力论证，对于项目所在地政府财承余力要求较高。尽管在当前各地财政压力加大、财承余力吃紧的背景下，以 PPP 模式推进的城市更新项目数量可能不会很多，但是，基于 PPP 模式的合规性，在禁止新增地方政府隐性债务的政策导向下，笔者认为 PPP 模式是城市更新项目实操中值得推荐的模式，这也符合国办发〔2020〕23 号文的要求。

同时，笔者认为，未来以 PPP 模式推进的城市更新项目回报机制应多为可行性缺口补助，纯政府付费类项目可能相对较少。如：重庆市九龙坡区 2020 年城市有机更新老旧小区改造项目，总投资为 3.718 亿元，合作期限 11 年，回报机制为可行性缺口补助，涉及九龙坡区六个老旧小区（农贸市场周边老旧小区、杨家坪兴胜路片区、兰花小区、劳动三村、红育坡小区、埝山苑片区）的更新改造，改造小区总建筑面积约 102 万 m^2，改造栋数 366 栋、改造户数 14336 户，主要改造内容包括基础设施改造、完善工程建设和提升工程建设。

10.7.5　"带方案"土地出让模式

10.7.5.1　政策支持

（1）土地出让收入返还：浙政发〔2019〕8 号文规定，"改造更新类试点项目对应土地出让收益，剔除上缴国家部分，其余全部用于支持试点项目建设"，为未来社区项目土地出让收入反哺项目建设提供了政策支持。

（2）土地"带方案"出让：浙政办发〔2019〕60 号文规定，"在建筑设计、建设运营方案确定后，可以'带方案'进行土地公开出让"，为未来社区项目土地带方案出让提供了政策支持。

10.7.5.2　运作模式设计

根据浙江省未来社区项目的实践情况，笔者认为，在满足上述政策条件的前提下，"带方案"土地出让模式是一种可操作的城市更新运作模式，具体运作结构设计参考如图 10-1 所示。

（1）项目初步设计：由平台公司通过公开招标方式选择具有相应资质的设计单位，负责项目建议书和可行性研究报告的编制、方案设计和初步设计。

（2）招标合作开发单位：由平台公司通过公开招标方式选择社会资本方或其联合体（以下简称"社会资本方"）作为项目合作开发单位。

（3）组建项目公司：中标社会资本方与平台公司或（和）平台公司指定子公司（其他公司）出资成立项目公司，项目公司负责项目实施范围内土地整理，基础设施及配

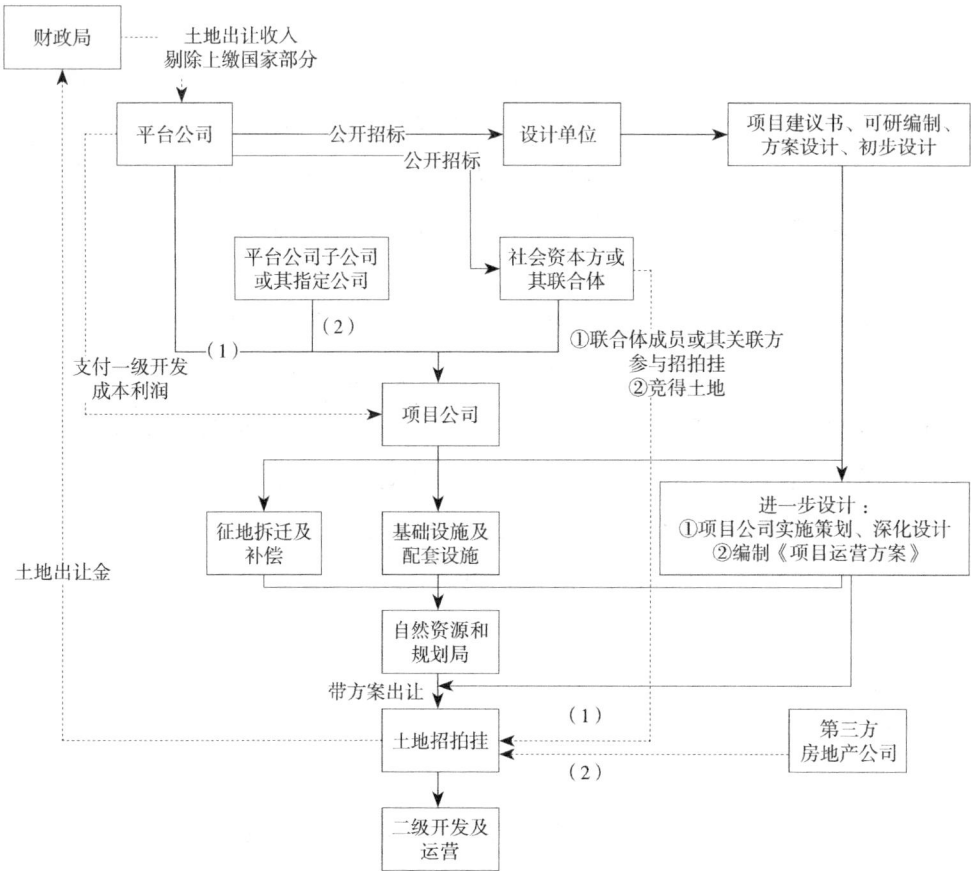

图 10-1 "带方案"出让土地模式

套设施的深化设计、投融资、建设和运营管理。项目资本金、债务资金比例按照国家有关规定执行，除项目资本金以外的所有资金，由项目公司负责筹集。平台公司与社会资本方按股权比例参与项目公司利润分配。

（4）滚动开发：平台公司和社会资本方根据市场需求情况，结合项目地块特点和功能，合理确定征地拆迁计划和经营性用地出让计划，实行分期、分块滚动开发，围绕资金运转制定出地规模，要确保土地出让收入剔除上缴国家部分后可覆盖项目建设成本及投资收益。滚动开发流程具体如下。

1）土地整理

项目公司根据征地拆迁计划，支付该项目征地拆迁及相关补偿，并对项目范围内土地进行必要的场地平整以达到土地熟化，如平台公司或其指定单位主营范围含旧城改造等业务，可由平台公司或其指定单位负责房屋征收的组织和实施工作。

2）"带方案"进行土地出让

在设计单位初步设计的基础上，由项目公司结合项目实际运行情况进行深化设计与策划、项目运营方案编制等工作。根据前期制定的经营性用地出让计划，由自然资源和规划局带项目公司深化设计后的策划方案和运营方案进行土地公开出让。

根据拍地结果分为：

①社会资本方或其关联房地产公司未竞得土地：第三方房地产公司竞得土地，在《国有建设用地使用权出让合同》签订后一定期限内提供设计、运营优化方案并完成相关的报批审查等手续，由竞得土地的房地产公司缴纳土地出让金后进行二级开发以及运营工作。

②社会资本方或其关联房地产公司竞得土地：首先，若二级开发收益预期较高，社会资本方具有较强拿地意愿。社会资本方或其关联房地产公司竞得土地后，在《国有建设用地使用权出让合同》签订后一定期限内提供设计优化方案并完成相关的报批审查等手续，由竞得土地的社会资本方或其关联房地产公司进行二级开发以及委托项目公司进行运营工作。其次，若由于起拍价过高等原因导致土地存在流拍风险时，社会资本方或者可以证明合作关系的关联房地产公司须兜底拿地，拿地后运作路径和社会资本方拿地基本一致。

3）土地出让收入返还：土地出让金剔除上缴国家部分后（金额须大致平衡当期项目建设成本和投资收益），由财政局返还至平台公司，平台公司每年支付土地一级开发和配套设施建设的投资回报给项目公司，投资回报＝投资成本＋投资收益＋财务成本＋延期利息（若有），若当期土地出让收入（剔除上缴国家部分）＜应付项目公司的投资回报，不足部分计入下期应付项目公司投资回报，不足部分按合同约定利率复利计息，累计缺口达到一定额度社会资本方有权解除合同并由平台公司承担违约责任，项目公司损失部分由信用评级 AA+ 及以上的平台公司或第三方公司差额补足。

（5）项目平衡：项目运营分为两部分，一是划拨土地范围内基础设施和配套设施的运营，该部分运营工作由项目公司负责，项目公司享有获得物业费、广告费、停车费等运营收入的权利，以实现项目资金平衡；二是经营性土地范围内的项目运营，由经营性土地的竞得主体进行运营。为保障划拨与出让地块设计、建设和运营的协调统一，鼓励社会资本方参与竞拍经营性土地，并负责运营工作。

10.7.5.3　土地出让收入支付方式

（1）确定应付金额：平台公司与社会资本方指定专员建立联合办事机构，每月负责统计在合作区域内的土地使用权出让收入和应付项目公司的投资回报。

（2）支付时点：平台公司应在每年的 12 月前完成向项目公司支付投资回报的核算工作，并于每年 12 月 31 日前完成向项目公司支付。

（3）平台公司的责任：

1）差额补足：因平台公司违约给项目公司造成损失，由信用评级 AA+ 及以上的平台公司或第三方公司差额补足；在项目竣工当年年末，若项目范围内所有经营性土地已按计划如期出让完成，但仍存在支付项目公司投资成本及收益的资金缺口，建议该部分资金缺口由平台公司以其自有资金或其他筹资方式补足。

2）协调自然资源与国土规划局制定经营性用地出让计划，确保土地及时供应，土地出让收入留存部分不足，土地供应不足所带来的风险建议由政府承担。

10.7.6 老旧小区改造资金平衡模式

《山东省深入推进城镇老旧小区改造实施方案》（鲁政办字〔2020〕28 号）提出了四种老旧小区改造资金平衡模式，即大片区统筹平衡模式、跨片区组合平衡模式、小区内自求平衡模式、政府引导的多元化投入改造模式具体如下。

（1）大片区统筹平衡模式是指，把一个或多个老旧小区与相邻的旧城区、棚户区、旧厂区、城中村、危旧房改造、既有建筑功能转换等项目捆绑统筹，生成老旧片区改造项目，做到项目内部统筹搭配，实现项目财务自平衡，可能成为未来实践中主要采用的模式。

（2）跨片区组合平衡模式是指，将拟改造的老旧小区与其不相邻的城市建设或改造项目组合，以项目收益弥补老旧小区改造支出，实现资金平衡。

（3）小区内自求平衡模式是指，在有条件的老旧小区内新建、改扩建用于公共服务的经营性设施，以未来产生的收益平衡老旧小区改造支出。

（4）政府引导的多元化投入改造模式是指，对于市、县（市、区）有能力保障的老旧小区改造项目，可由政府引导，通过居民出资、政府补助、各类涉及小区资金整合、专营单位和原产权单位出资等渠道，统筹政策资源，筹集改造资金。

总的来说，上述除小区内自求平衡模式和政府引导的多元化投入改造模式涉及单个老旧小区的改造，资金来源与前述小区居民直接出资模式较为相似外（政府引导的多元化投入改造模式可能会有部分政府补助），从政策内容上看，大片区统筹平衡模式和跨片区组合平衡模式本质上是以片区综合开发的思路在做老旧小区改造的城市更新项目。从资金平衡的角度，为实现片区内外城市更新项目的总体平衡，笔者认为以下几种途径可交叉运用。

（1）依靠政府财政补助。上述政府引导的多元化投入改造模式下，政府引导筹集改造资金，必然涉及财政支出的问题。项目支出应纳入地方政府财政预算，政府补助按时足额到位，则资金缺口可以被有效地填补，才能实现片区内城市更新项目的总体平衡。

（2）依靠使用者付费收入。为实现城镇老旧小区改造的资金平衡，无论是把一个或多个老旧小区与相邻的旧城区、棚户区、旧厂区、城中村、危旧房改造、既有建筑功能转换等项目捆绑统筹，还是将拟改造的老旧小区与其不相邻的城市建设或改造项目组合起来，都需要在具体的城市更新项目中培育稳定现金流的收入，如通过停车场收入、附属商业设施租金收入等增加项目的使用者付费。

（3）依靠土地留存资金。如前文"带方案"出让土地模式所述，在类似广东省、浙江省等土地出让收入返还政策的支持下，城市更新项目可以依靠当地的土地留存资金来实现项目资金平衡，但相关操作必须满足国家相关政策法规要求，各地需要明确土地留存资金用于城市更新项目的条件、流程和具体支付路径，出台类似广东省、浙江省等地的政策文件，确保土地留存资金专款专用于城市更新项目。

（4）依靠二级开发收益。在城市更新中，除仅涉及"微改造"、没有征拆内容的城市更新项目，大多数项目因涉及对城市建成区的拆旧建新，可能会包含相当规模的二级开发内容。如前所述，对于社会资本而言，介入类似广东省"三旧"改造项目的诉求是为了参与后续二级开发，以二级开发收入反哺一级开发的资金投入。所以需要地方政府予以政策支持，出台类似浙江省"带方案"土地出让等政策实现项目资金平衡。

此外，正如"片区综合开发模式"所述，目前我国片区开发的模式主要为合作开发，包括 ABO 模式、PPP 模式、投资人+EPC 模式、F+EPC 模式、片区特许（经营）开发模式、园区委托运营商模式等。根据山东省的政策内容，无论是把区域内的多个城市更新项目捆绑统筹为一个大的老旧片区改造项目，还是将拟改造的老旧小区与其不相邻的城市建设或改造项目组合起来，都是旨在以收益性较好的外部项目反哺收益性不佳的老旧小区改造项目，实现正外部性内部化，在片区内实现总的资金平衡。

综上所述，笔者认为，以片区综合开发的思路来做城市更新项目，有赖于项目所在地政府予以明确的政策支持，以确保社会资本可以在片区内实现资金投入统筹平衡。否则，相关项目可能面临投资回收以及合规性风险。

10.8 研究结论及操作建议

笔者认为，在城市更新项目上，应重视以下问题。

（1）项目实施的模式

以 PPP 模式实施的城市更新项目在规范性、合法性、投资风险管控、回款保障等方面对社会资本皆具有较强的吸引力，应重点关注。同时，对于政府直接出资的 EPC 衍生模式项目，无论是采用 EPC+F 或 EPC+O，在满足不新增地方政府隐性债务、项目合法合规、过程支付比例不低于国家要求的最低标准、项目具备经济性、回款有保障等前提下，依然是值得关注。此外，在地方政府有政策支持的前提下，如能将二级开发和土地一级联动开展城市更新项目，确保土地留存资金专款专用和二级开发收入实现项目的资金平衡，投资风险和合规风险可控的情况下，项目也值得关注。

（2）谨慎参与土地一级整理项目

如前论述，社会资本方直接投资土地一级整理合规性存疑。若建筑企业与平台公司联合成立合资公司参与土地一级开发整理，如何划分施工份额以及融资责任将考验社会资本方的谈判议价能力，建议谨慎参与投资土地一级开发整理项目。

（3）关注一二线城市区位

无论是金融机构，或是社会资本方，若城市更新项目涉及二级开发，开发后稳定可靠的现金流均属于最重要的收益来源，因此土地区位尤为重要。建筑企业应优先选择拓展一二线城市项目，并着重关注土地周边情况。在项目推进前期，需及时调研项目周边土地价格及升值情况，结合第三方咨询机构详细测算项目经济指标，确保后期收益覆盖建设成本和投资回报。

10.9 浙江省某市未来社区项目案例分析

10.9.1 项目基本情况

10.9.1.1 招标人（项目实施主体）

某市城市建设投资有限责任公司。

10.9.1.2 招标代理机构

北京大岳咨询有限责任公司。

10.9.1.3 设计单位

本项目初步设计由某市城市建设投资有限责任公司招标，中标单位为浙江绿城建筑设计有限公司，中标范围为社区实施单元内新建、改建、扩建项目的项目建议书编制、可行性研究报告编制、方案设计和初步设计，包括但不限于实施单元内相关建筑物、构筑物的有关建筑、结构、给水排水、暖通空调、建筑电气、人防、消防、总图专业、室外工程、装饰工程（幕墙、精装修等）、三化九场景设计等所有内容。设计深度符合《建筑工程设计文件编制深度规定（2016）》，并符合《省发展改革委关于印发〈浙江省未来社区试点建设管理办法（试行）〉的通知》（浙发改基综〔2020〕195号）等文件规定。

10.9.1.4 项目合作范围

本项目位于某市城区的核心区域，用地面积约544亩。

10.9.1.5 项目合作内容

（1）土地整理投融资

按照投资计划要求，制定合理的征地拆迁计划，投资本项目合作范围内的征地拆迁及相关补偿。

（2）基础设施及配套设施投资建设运营

项目划拨用地范围内基础设施（包括道路、绿地、空中连廊、河道等）及其配套设施（包括安置房、幼儿园、邻里街坊及其他九大场景等）的设计、投融资、建设和运营管理。

10.9.1.6 项目总投资

本项目总投资预计108.37亿元，其中工程费用为27.44亿元，工程建设其他费75.77亿元（包括征地拆迁成本58.03亿元、土地费用15.86亿元等），预备费用5.16亿元。本项目建设期为4年，各项资金按建设时序逐期投入。

10.9.1.7 中标情况

定标日期：2020年9月30日

中标人：中铁建城市开发有限公司、中铁十一局集团有限公司、中铁建投资基金管理有限公司联合体

10.9.2 交易结构

本项目合作期共14年，建设期4年，运营期10年。具体交易结构如图10-2所示。

（1）由某市城市建设投资有限责任公司（以下简称"某市建投"）公开招标浙江绿城建筑设计有限公司作为灯塔社区设计单位，负责项目建议书、可研编制、方案设计、初步设计（包含九大场景设计等）。

（2）某市建投招标中铁建城市开发有限公司、中铁十一局集团有限公司、中铁建投资基金管理有限公司组成的联合体（以下简称"中铁建联合体"）作为项目合作开发单位。

（3）由某市建投指定其全资子公司某市旧城改造有限公司与中铁建城市开发有限公司、中铁十一局集团有限公司、中铁建投资基金管理有限公司按照10∶35∶15∶40的比例出资组成项目公司某开发建设有限公司，注册资本1亿元。由项目公司负责项目实施范围内土地整理，基础设施及配套设施（包含九大场景等）的设计、投融资、建设和运营管理。

（4）项目建设期4年，分两期实施。项目前期双方制定土地征拆计划和经营性用地出让计划。经营性用地出让在建设期4年内分块分批次完成，每年须出让预计当年需支付项目公司投资成本和投资收益对应价值的地块，使项目建设进度和土地出让时序相匹配，保证项目资金流转。

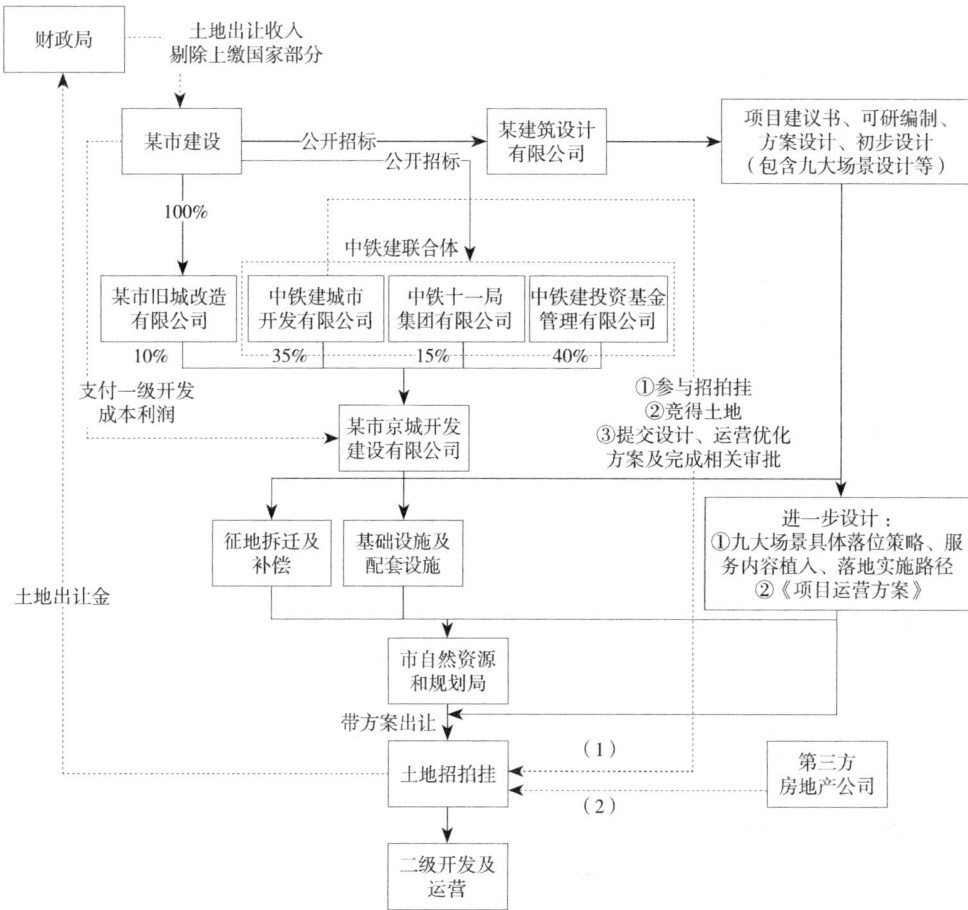

图 10-2 某市未来社区项目交易结构

第一期：建设期第 1 年，项目公司根据征地拆迁计划，投资该项目征地拆迁及相关补偿，并对项目范围内土地（包含经营性用地）进行必要的场地平整、市政基础设施建设达到土地熟化；某市旧城改造有限公司负责房屋征收的组织和实施工作。

与此同时，由项目公司完成本项目进一步设计工作，包括《九大场景实施方案》，九大场景具体落位策略、服务内容植入、落地实施路径，以及《项目运营方案》，项目运营期安排及财务测算。

（5）第一期完成后土地入市，由某市自然资源和规划局根据经营性用地出让计划中第 1 年的土地出让安排，带《九大场景实施方案》《项目运营方案》出让土地，土地出让金剔除上缴国家部分后（金额须大致平衡项目土地一级整理成本和收益），由财政局返还至某市建投，某市建投每年支付土地一级开发和配套设施建设的投资回报给项目公司，投资回报＝投资成本＋投资收益＋财务成本＋延期利息（若有），若当期土地出让收入（剔除上缴国家部分）＜应付项目公司的投资回报，不足部分计入下期应付项目公司投资回报，不足部分按约定利率计息，累计缺口达到一定额度社会资本有权解除合同并由平台公司承担违约责任，项目公司损失部分由平台公司补差。

拍地结果分为：

1）社会资本方或其关联房地产公司未竞得土地

第三方房地产公司竞得土地，在《国有建设用地使用权出让合同》签订后30日内提供设计、运营优化方案并完成相关的报批审查等手续，由竞得土地的房地产公司按照《九大场景实施方案》《项目运营方案》进行二级开发以及运营工作。

2）社会资本方或其关联房地产公司竞得土地

①社会资本方拿地意愿强烈

本项目位于某市城区中心区，二级开发收益预期较高，社会资本方可能具有较强的拿地意愿。社会资本方或其关联房地产公司竞得土地后，在《国有建设用地使用权出让合同》签订后30日内提供设计、运营优化方案并完成相关的报批审查等手续，由竞得土地的社会资本方或其关联房地产公司按照实施方案进行二级开发以及委托项目公司进行运营工作。

②社会资本方拿地意愿不强但须兜底拿地

由于起拍价过高等原因导致土地存在流拍风险时，社会资本方或者可以证明合作关系的关联房地产公司须兜底拿地，这种情况下，土地一级开发资金可以平衡，但二级开发由于拿地成本较高，其收益可能会受到一定程度的影响。

（6）第二期：建设期第2~4年，项目公司完成项目划拨用地范围内基础设施（包括道路、绿地、空中连廊、河道等）及其配套设施（包括安置房、幼儿园、邻里街坊及其他九大场景等）的投融资和建设。

由某市自然资源和规划局根据经营性用地出让计划中第2~4年土地出让安排出让土地，土地出让金剔除上缴国家部分后返还至某市建投，某市建投向项目公司支付第二期工程投资回报和投资收益。

（7）项目进入运营期。由项目公司根据《项目运营方案》进行项目九大场景等的社区运营。项目公司运营部分同样享有获得物业费、广告费、停车费等运营收入的权利，以实现本项目资金平衡。

10.9.3 案例解析

（1）为保障划拨与出让地块设计、建设和运营的协调统一，拿地方面，合作各方希望由社会资本方或其关联房地产公司拿地完成该项目，但在招拍挂时，可能面临土地溢价率过高的风险，土地出让收入上缴国家部分较大，因此，需要考虑土地出让数量、计划能否充分覆盖社会资本投入成本和回报的风险。

（2）带方案土地出让，对政府来说，可以确保未来社区的设计建设运营可以按照实施方案来运行。对社会资本方来说，由于建设要求相比以往的地块要复杂，而项目公司对于实施方案、运营方案更加熟悉，可以在土地招拍挂环节更具信息优势，尽可能压缩拿地成本。

（3）该模式旨在将土地二级开发纳入区域整体开发，充分利用浙江省土地出让收入剔除上缴国家部分后全部用于支持试点项目的政策，实现项目建设成本及投资收益通过土地价值进行抵扣的闭环。

10.10　福建省某城市更新项目案例分析

10.10.1　项目基本情况

本项目全称为"某市城厢区龙德井片区危旧房改造、沟头片区城市更新投资及工程管理设计采购施工一体化项目"[1]，由某市城厢区发展和改革委员会批准建设。

10.10.1.1　招标人（项目实施主体）

某市城厢区城乡建设投资有限公司（以下简称"城厢建投"）。

10.10.1.2　招标代理机构

福建顺恒工程项目管理有限公司。

10.10.1.3　项目招标范围

（1）项目投资及工程管理部分：包括项目的部分前期工作资金及工程建安费的筹措及对工程质量、进度、安全控制及合同、信息、风险管理、竣工验收备案等全过程管理服务工作。

（2）设计部分：包含龙德井片区及沟头片区红线内的建筑（含配套）和市政基础设施配套工程的施工图设计及后期服务、协调配合工作、施工现场服务等后续服务工作。

（3）施工部分：包含龙德井片区及沟头片区红线内的建筑（含配套）和市政基础设施配套工程施工准备阶段、施工阶段、交工验收阶段至保修责任期阶段等全部过程；项目建设范围包括但不限于项目红线范围内的土建工程、装饰（含精装修）工程、安装工程、消防工程、暖通工程、设备安装及采购、弱电工程、配套工程、市政道路及园林绿化工程等。

---

[1] 本案例相关信息主要来源为某市公共资源交易中心。涉及资料为《某市城厢区龙德井片区危旧房改造、沟头片区城市更新投资及工程管理设计采购施工一体化项目招标文件》《某市城厢区龙德井片区危旧房改造、沟头片区城市更新投资及工程管理设计采购施工一体化项目答疑纪要》和《某市城厢区龙德井片区危旧房改造、沟头片区城市更新投资及工程管理设计采购施工一体化项目中标公示》。

10.10.1.4 项目总投资

根据项目招标文件，项目总投资约 97.17 亿元，建安费总计约 58.55 亿元（据中标公示，根据工程预算价 58.55 亿元下浮后的实际发包价约为 57.09 亿元）。其中，龙德井片区总投资约 48.55 亿元，建安费约为 27.46 亿元；沟头片区总投资 48.62 亿元，建安费约为 31.09 亿元。

10.10.1.5 项目合作期限

共约 5 年，其中建设期约 2.5 年（920 个日历天），回购期约 2.5 年（工程竣工验收后每半年分 5 次等比例支付剩余应付工程款）。

10.10.1.6 工程建设地点

福建省某市城厢区。

10.10.1.7 工程建设规模

龙德井片区：该项目安置地块总建筑面积 683700m²，其中，地上建筑面积 496300m²，地下建筑面积 187400m²，规划空中连廊 26500m²，学校社区、邻里中心共 26400m²，变电站 10000m²。配套建设绿化、护岸、市政广场、道路、管网、地面停车场、给水排水系统、供电系统、消防系统及人防地下室工程等基础设施。

沟头片区：该项目安置地块总建筑面积 729300m²，其中，地上建筑面积 529800m²，地下建筑面积 199500m²，规划空中连廊 17900m²，学校社区、邻里中心共 41500m²。配套建设绿化、护岸、市政广场、道路、管网、地面停车场、给水排水系统、供电系统、消防系统及人防地下室工程等基础设施。

10.10.1.8 工期要求

根据招标文件，本项目工期要求如下：龙德井片区应在招标人提供工程规划许可之日起 60 日历天内完成施工图设计；沟头片区承包人应在招标人提供工程规划许可之日起 60 日历天内完成施工图设计；龙德井片区施工工期为 920 日历天；沟头片区施工工期为 920 日历天，具体各单项工程实际开工日期以监理单位签发的开工令为准。

10.10.1.9 中标情况

本项目已于 2020 年 8 月 20 日开标，2020 年 8 月 20 日评标完成，确定中建国际投资集团有限公司为中标人（据公开信息，中建方参与该项目的单位包括中建国际投资集团有限公司、中建国际工程有限公司、中建五局、中国建筑西南设计研究院有限公司）。其中标报价如下。

（1）项目管理费：按照不超过财政部《基本建设项目建设成本管理规定》（财建〔2016〕504 号）计算标准进行总额控制，低于计算标准则据实列支。最终项目管理费按项目工程建安费结算价计取（该费用包含了城厢建投的管理费，每年240万，按5年计，共计1200万元，结算并支付时相应扣除该费用）；

（2）设计费：施工图设计阶段收费金额为2007万元包干（其中龙德井片区设计费为859万元，沟头片区设计费为1148万元）；

（3）工程建安费折扣率：建筑安装工程费用下浮率为3%；

（4）资金投入费及资金投入回报费按招标文件约定的方式计取如下。

1）资金投入费包含前期资金投入费及建设期资金投入费。前期资金投入费按建安费15%投入，中标单位必须在与发包人签订合同后30日历天内支付50%，剩余50%在合同签订后一个季度内支付完成（若安置房地块红线范围内未全部拆除完成，在不影响安置房建设的情况下，以各项目各安置房地块所占用的比例支付剩余的前期资金）。所有到位资金均按要求转入发包人指定账户。前期资金投入包含但不限于拆迁补偿款、工程咨询、监理、方案设计费用等项目前期投资。建设期资金投入费是指在项目开工至竣工验收合格后项目投资管理公司（以下简称"项目公司"）所投入的建安费。各单项工程建安费以区财政审核的预算价为准。

2）资金投入回报费包含前期投入资金回报费及建设期投入资金回报费。前期投入资金回报费计取方式：前期投入资金回报费率为年利率6.5%。建设期投入资金回报费计取方式：建设期投入资金回报费率为年利率8%，最终以区财政审后预算作为计算依据按年利率8%计取。上述费率皆为要约费率，投标报价时应响应此费率，未响应的作废标处理。

10.10.1.10 支付方式

中标后中标单位须在城厢区区域内成立项目公司。经查，中标人中建国际投资集团有限公司已于2020年9月21日在某市城厢区市场监督管理局登记成立海恒建设有限公司，作为本项目的项目公司。本项目费用的支付方式如下。

（1）项目管理费支付方式：项目管理费（扣除城厢建投的管理费1200万元后）由发包人直接支付给项目公司据实列支。整体项目总工程量完成至50%时，支付管理服务费的50%，工程竣工验收合格并完成备案且经相关部门审核工程结算后，支付剩余管理服务费（不计息）。

（2）设计费支付方式：施工图设计阶段收费金额为2007万元包干（其中龙德井片区设计费为859万元，沟头片区设计费为1148万元），设计费由发包人支付给项目公司。桩基础施工图完成并取得图纸审查意见后完成提交发包人，支付至各片区设计费的20%，施工图全部完成并审查合格支付至各片区的80%，竣工验收合格后无息支付剩余设计费。

（3）工程建安费支付方式：项目实施主体月度按 60% 支付至项目公司，项目公司按 80% 比例支付给施工方。

（4）资金投入费及资金投入回报费支付方式：

1）前期资金投入费及回报：

前期资金投入费由中标人支付给发包人，按中标单位每笔资金到位满一年后 20 工作日内支付本金及投资利润（按 6.5%/ 年计取投资利润）。

2）建设期资金投入费及回报：

建设期建安费按月进度计量工程价款，支付比例按不低于核定完成工程量的 60%，剩余应付工程价款（核定完成工程量的 100%- 已支付的工程进度款）于工程竣工验收后分 5 次等比例（每次按核定完成工程量总额的 8%）支付，每半年支付一次，质保期内支付比例不超过 97%，工程审核预算价未出的按初步设计批复概算金额作为拨付依据，多还少补。若工程结算审核报告未在竣工验收后一年半内（即第三次支付剩余工程价款时）完成，则拨付至工程价款的 80%，剩余部分暂缓拨付，直至结算审核报告完成后按原合同约定拨付剩余应付工程价款。

建设期投资利润以业主核定完成工程量的 80% 为基数，扣除已支付的工程价款后，剩余部分按 8%/ 年计算投资利润，于建设期内每半年支付一次；支付期内在工程价款未拨付至总价款的 80% 前，按未拨付资金（工程价款 80%- 已拨付工程价款）占用时间以投资利润率 8%/ 年计算投资利润，于支付期内每半年支付一次。

10.10.2　交易结构

由图 10-3 可知，本项目是一个以"F+EPC"模式推进的城市更新项目。项目合作期共约 5 年，其中建设期约 2.5 年（920 个日历天），回购期约 2.5 年（工程竣工验收后每半年分 5 次等比例支付剩余应付工程款）。具体而言：

（1）城厢区住建局授权城厢建投为本项目实施主体。城厢建投通过自筹资金和从城厢区财政局获得区财政补助，落实本项目资金。

（2）在城厢区住建局监督下，城厢建投作为项目实施主体组织招标，一次性确定城市更新投资及工程管理设计采购施工中标人为中建国际投资集团有限公司。

（3）中标人中建国际投资集团有限公司按约定在城厢区 100% 控股成立海恒建设有限公司作为项目公司。

（4）项目公司统筹负责本项目投资、工程管理、设计和施工，选择中建西南院、中建国际工程有限公司、中建五局等单位开展设计、施工等工作，按约定支付设计等费用，施工层面要求项目公司月度付款比例不低于 80%。

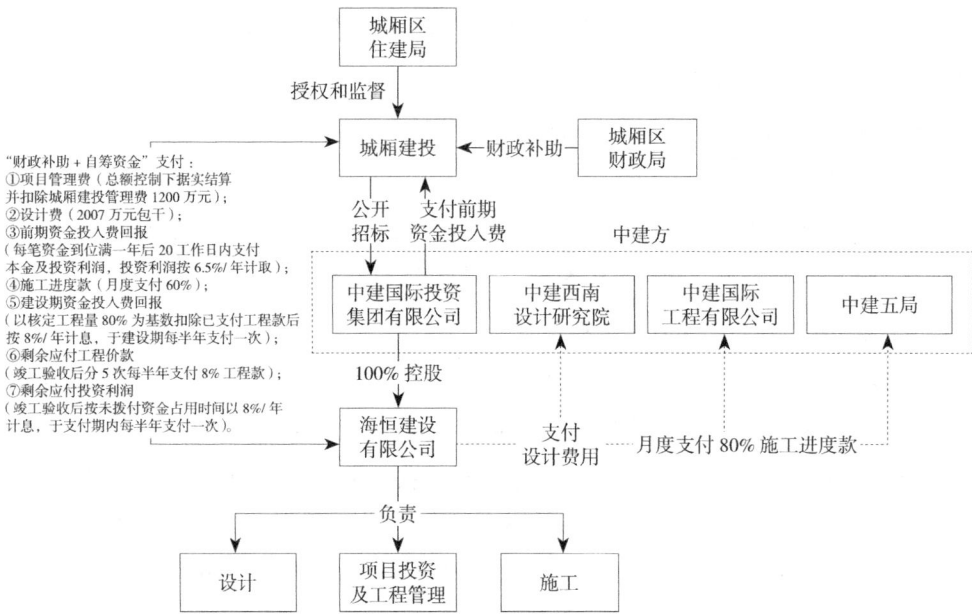

图 10-3　某市城厢区项目交易结构

（5）项目竣工验收前，城厢建投按前文"支付方式"一项所述的时点和周期向项目公司支付。

（6）项目竣工验收后，城厢建投按前文"支付方式"一项所述的时点和周期向项目公司支付。

10.10.3　案例解析

如前所述，本项目实施主体城厢建投的资金来源为"财政补助 + 自筹资金"。无论此二者比例如何，只要涉及财政支出，未纳入财政预算都面临新增地方政府隐性债务的风险。在本项目答疑纪要文件中，面对潜在投标人提出的"本项目是政府投资项目而由施工单位垫资建设，违背《政府投资条例》"的质疑，城厢区方面回应"该项目由业主单位通过公开渠道选择合适社会投资管理单位自筹资金，项目自主平衡，不违背《政府投资条例》；且本项目采用 ABO+ 投融资建造的模式，是创新城市更新项目投融资模式的有效举措"。尽管本项目存在一定的嫌疑，但相较于目前市面上推出的大多数以"F+EPC"模式开展的项目来说，项目业主在建设期按 60% 施工进度款支付已经比较友好，这意味着，中标社会资本在本项目中可能只需筹措 20% 的资金缺口。同时，项目业主还按前期投入资金回报率 6.5% 和建设期投入资金回报费率 8% 支付资金占用费。

综上所述，本项目的合规性问题可能需进一步论证，但商务条件相较于市场中绝大多数项目较为友好。对于社会资本方而言，在拓展项目时，需确保资金来源切实可靠（涉及政府财政支出应纳入财政预算）、合规风险相对较小（不涉及耕增地方政府隐性债务）等。

10.11 四川省某市成华区猛追湾城市更新项目案例分析 [1]

10.11.1 项目基本情况

10.11.1.1 项目背景

四川省成都市成华区猛追湾曾是成都 20 世纪 50、60 年代盛极一时的工业区，20 世纪 80 年代建立的游乐园和游泳池更是许多成都人的童年回忆，但近些年，随着国家经济结构调整，作为老工业区的猛追湾稍显没落。衰败老旧、失去活力、年轻人口流失逐渐成为猛追湾街区面临的困境。2017 年，在成都"中优"战略的支撑下，天府锦城项目规划重磅出炉，猛追湾迎来发展转机，作为"八街九坊十景"中的"九坊"之一，猛追湾成为成华区重点旧改项目。政府推出了四川省成都市成华区猛追湾片区城市更新项目一期工程项目（以下简称"本项目"），本项目创新性地采用 EPC+O 模式（设计、施工和运营一体化）实施城市更新，强调与具有丰富城市更新经验的运营单位进行合作。建成运营后的猛追湾与周边的老社区融为一体，也让区域的发展潜力进一步被激活，如今已形成了"一坊一里两街三巷"的景象，即望平坊、祥和里、望平街和滨河商业街，香香巷一巷、二巷、三巷。

10.11.1.2 项目概况

本项目位于四川省成都市成华区猛追湾片区规划范围内，整体范围 1.68km²，项目于 2018 年 12 月启动，2019 年 9 月 30 日整体开业，建设开发用时 272 天。一期开发投资规模约为 3 亿元，建设内容主要包括：①改造提升望平街、天祥街、祥和里、香香巷特色步行街区，新建人行桥，立面整治建筑物约 74 栋等；②改造望平滨河路、天祥滨河路、猛追湾滨河路沿线滨河景观品质提升等相关配套设施工程（不含锦江绿道实施内容）。运营内容为猛追湾市民休闲区内可供经营的资产约 10072.08m²（最终以招标人提供的运营资产清单为准）。

10.11.1.3 运作模式

（1）本项目招标人及项目业主（或称发包人）为成都锦城华创置业有限责任公司，建设资金来源于政府投资，政府项目出资比例为 100%。

（2）项目采用 EPC+O 模式，通过公开招标方式选定万科中西部城镇建设发展有

---

[1] 本案例资料主要来源为成都市公共资源交易服务中心，具体文件为《猛追湾片区城市更新项目一期工程项目设计－施工－运营总承包/标段招标文件》和《（猛追湾片区城市更新项目一期工程项目设计－施工－运营总承包/标段）评标结果公示》。

限公司（牵头方）、成都基准方中建筑设计有限公司和中天建设集团有限公司组成的联合体作为城市更新主体，由中标联合体承包本项目设计、采购、施工总承包直至竣工验收合格、综合验收、项目资产交付、运营管理及项目资产移交，缺陷责任期内的缺陷修复，保修工作。

（3）万科中西部城镇建设发展有限公司全资成立了四川万创文华商业运营管理有限公司，注册资本金为 1000 万元，并由该公司对发包人提供项目资产的业态规划、开业前的前期咨询顾问服务、招商营运筹备、租赁、管理、物业维护等服务。

10.11.1.4　回报机制

本项目由政府出资建设，前期由政府对片区内的资产进行收储（通过征收和租用的方式收储面积为 3.4 万 m^2），根据招标文件，招标人提供的可供经营资产约 10072.08m^2，该资产低价租给承包人（据了解，租赁期约为 10 年，租赁单价通过公开招标确定），在租赁期内承包人定期向政府支付租金，由承包人负责商业运营、物业管理和招商策划等工作，承包人按照市场价格向租户收取租金赚取收益。

10.11.1.5　招标范围、内容及计价规则

1. 设计部分

设计工作范围：设计工作包含本次招标范围内的所有设计（完成竣工验收所必需的所有设计），包括但不限于建筑、结构、给水排水、市政、强弱电、立面装饰装修、景观绿化等专业设计所有设计内容和红线范围外电力设计（配合发包人完成电业局图审工作），所有专项工程的初步设计和施工图设计都要取得政府相关部门的批准，施工全过程现场相关技术服务、各阶段相对应的 BIM 技术服务（如有）及设计阶段的测定设定、概算编制工作及相关后续工作、施工图交底，配合项目初设及施工图评审、配合变更评审，现场指导配合施工验收等相关后续服务工作。同时为发包人建立本项目的设计标准。

设计费计价规则：设计费 = Σ [（专业工程建设费 / 立项段工程建设费总额）× 按立项段工程建设费总额计算的设计费收费基价 × 工程复杂程度调整系数 × 专业调整系数 × 附加调整系数]× 取费比例 × 工作量比例。

暂定收费基价：以项目总投资中的工程建设费计算。

附加调整系数为 1.2；专业调整系数为 1；工程复杂程度系数为 1。

工作量比例：本项目设计费包含前期概念方案设计费（30% 为前期概念方案设计费），签订合同后该项费用由招标人在第一次支付设计费时扣除；本项目设计费包含 BIM 技术服务费，不单独支付。若设计单位不能完成相应设计工作，发包方则按总设计费的相应工作比例扣除相应费用，对取费比例进行投标报价。

2. 施工部分

施工工作范围：本项目所有工程的施工，包括但不限于为完成本项目建设的所有工程内容（除发包人另行委托的工作外）。

施工工作内容：为满足工程施工所需完成的场地准备、临时设施设备等相关工作，包括但不限于临时道路工程、临时用水、临时用电、临时排水排污等工作，以及为确保安全文明施工的各项保障措施、工作等。招标范围内的所有工程，包括但不限于建筑、结构、给水排水、市政、强弱电、立面装饰装修、景观绿化等。

工程费计价规则：工程建设费合同价执行根据承包人中标取费比例形成的《修正价清单》金额。工程建设费最终结算金额以国家审计机关审定金额为准。

3. 运营部分

运营工作范围：猛追湾市民休闲区，其中发包人提供的可供经营的资产约10072.08m²。

运营工作内容：对发包人提供项目资产的业态规划、开业前的前期咨询顾问服务、招商营运筹备、租赁、管理、物业维护等服务。

运营费计价规则：运营期租金签约合同价为承包人中标金额。计算公式为式（10-1）。

运营期租金 = $\sum$ [运营期租金中标单价 ×（1+ 租金增长率）^{N} × 发包人交付承包人运营的对应类型项目资产面积 × 相应租金增长率对应运营期限]　　　　（10-1）

N 为运营期年份，项目资产计租面积以运营资产清单中载明的数据为准。

10.11.1.6　招标限价及中标商务条件

1. 招标限价

设计费招标控制价为：结合《关于进一步放开建设项目专业服务价格的通知》（发改价格〔2015〕299号）文件要求，填报设计费取费比例，且填报的设计费取费比例不得超过80%，否则其投标报价无效作否决投标处理。

工程建设费招标控制价为100%，高于100%的投标报价作否决投标处理。

运营期月缴纳租金招标控制价为：①临河底层商铺不低于64元/m²；②临河二层以上商铺不低于32元/m²；③非临河底层商铺不低于59元/m²；④非临河二层以上商铺不低于24元/m²；⑤办公写字楼不低于20元/m²，填报金额低于招标控制价作否决投标处理。运营期租金年增长率控制价为：2%，填报增长率低于招标控制价作否决投标处理。

2. 中标商务条件

根据招标结果显示，设计费取费比例为79%；

工程建设费取费比例为 94.98%；

运营期承包人定期向政府缴纳租金，缴纳租金的报价为①临河底层商铺 72 元 /m²；②临河二层以上商铺 33 元 /m²；③非临河底层商铺 67 元 /m²；④非临河二层以上商铺 28 元 /m²；⑤办公写字楼 22 元 /m²。运营期租金年增长 2.5%。

10.11.2 案例解析

（1）猛追湾片区城市更新项目的资金由成华区政府筹集，无需投资人出资，城市更新项目成功的关键在于社会资本方的招商运营能力。本项目由万科中西部城镇建设发展有限公司牵头组建的联合体中标，承包人中万科中西部城镇建设发展有限公司主要承担项目招商运营工作，成都基准方中建筑设计有限公司承担设计工作，中天建设集团有限公司承担建设工作，这种职责分工下，各中标主体权责利明晰，互不干涉。政府对片区内的资产进行收储后再出租给承包人，以进行建筑改造、招商及运营。承包人在本项目充分发挥"策划、规划、设计、建设、运营"一体化实施方式的优势，重点突出呈现"文创体验""夜经济""市井休闲"等特色。依托强大的运营和招商引资能力，引进了多家文创品牌，以多元、时尚、品质的生活美学体验和丰富的消费场景，吸引着年轻人流聚集于此。

（2）区别于其他城市更新项目所关注的房地产开发销售能力，猛追湾片区城市更新项目更考验的是承包人的运营能力，承包人需要按照投标文件所拟定的运营报价，定期支付给政府方租金，而承包人是通过收取租金赚取差价的方式获取运营收益。

（3）猛追湾片区城市更新项目并非将片区内建筑推倒重建，而是试图对猛追湾老工业区进行翻新改造，对老街进行微更新，改善原有居民消费环境，重新梳理猛追湾文化内核，使得土地使用效能得以快速提升。相较推倒重建的模式，翻新改造的投资规模显著下降，资金筹措和实施难度有所下降。

（4）项目的分工明确，政府负责项目建设资金的筹措，承包人无需出资。在筹备阶段，政府相关部门和区属国有公司对优质资源进行收储。在设计规划阶段，承包人充分考虑新旧融合、传承记忆、以人为本的理念，对空间的挖掘和特色街区的打造进行了合理规划。在建设阶段，承包人同步设计规划在多个街区同步建设，高品质完成建设内容。在运营阶段，承包人成立了片区运营公司提供项目资产的业态规划、开业前的前期咨询顾问服务、招商营运筹备、租赁、管理、物业维护等服务。

（5）在运营阶段，运营方引入城市文化运营品牌资源，举办多次城市级活动、暖场氛围活动，使得猛追湾片区成为成都市独特的街巷文化艺术和城市地标标签。

第 11 章 土地出让 + 公共配套设施配建模式

近年来，财政部陆续发文对地方政府投融资行为进行规范，部分地方政府 PPP 项目即将达到 10% 的红线，但又想发展基础设施建设，因此各地政府开始积极探索创新型的投融资模式，土地出让 + 公共配套设施配建模式（以下简称"土地出让 + 配建模式"）随之进入公众视野。

11.1 产生背景

11.1.1 土地配建政策是土地调控的需求

近年来国家多次完善调控措施，促进土地市场健康发展。2010 年 12 月出台的《国土资源部关于严格落实房地产用地调控政策促进土地市场健康发展有关问题的通知》（国土资发〔2010〕204 号）指出："对招拍挂出让中溢价率超过 50%、成交总价或单价创历史新高的地块，市、县国土资源主管部门要在成交确认书签订（中标通知书发出）后 2 个工作日内，通过国土资源部门户网站的中国土地市场网页下载并填写《房地产用地交易异常情况一览表》，分别上报国土资源部和省（区、市）国土资源主管部门"。但实际上一、二线城市的土地依然火爆异常，竞争激烈。为了顺应政策，各地纷纷采用更为灵活的竞价方式，2010 年 12 月北京首次明确"限地价、竞配建"模式，此后广州、杭州等多地市纷纷尝试这一出让规则。其中，北京、天津、江苏等地的效果较好，直接带来了住宅用地出让价格的大幅降低，在一定程度上防止了"地王"干扰市场预期的现象。

11.1.2 土地配建是解决政府投融资渠道的模式探索

近年来财政部连续发文，坚持"开前门、堵后门"，严控地方政府融资，严控地方政府隐性债务，使得地方政府融资渠道受到一定影响，众多基建项目因无法解决融资问题被搁置。在土地配建模式下，一些公益性项目如公共绿地广场、居住区配套道路等无收益项目与商住用房等有收入的项目进行捆绑，也解决了银行还款来源的问题。这种模式下地方财政无需承担建设投入，既能吸引社会资本参与建设，减轻政府财政压力，又能促进社区融合和多元化，因此受到政府的欢迎。

11.1.3 土地配建是实现政府责任的有效路径

一些地区采用配建政策更大程度上是受到住房建设"任务"的推动，地方政府需要在一定时间内完成对中央政府和社会公众的住房建设承诺。在市场经济下，利用规划手段要求商品住宅用地开发配建政策性住房，是短时间完成"任务"的有效途径。因此，在当前大背景下，全国各地陆续开展对商品住宅用地配建政策性住房的实践，政府部门提供税率优惠、金融支持、供地优先等政策，引导市场主体参与政策性住房配建。

11.2　政策梳理及基本概念

11.2.1　政策梳理

国家层面出台的土地出让＋配建模式相关政策法规较少，但地方层面，如北京、上海、广州、深圳等出台了大量相关政策，部分配建政策梳理如表 11-1 所示。

土地配建政策文件梳理　　　　　　　　　　　　表 11-1

主体	政策名称	年份	配建	重点内容
住房和城乡建设部等	《住房和城乡建设部发展改革委 财政部关于印发〈2009-2011 年廉租住房保障规划〉的通知》（建保〔2009〕91 号）	2009	廉租房	新建廉租房以配建方式为主，配建廉租房作为土地划拨或出让的前置条件
北京	《北京市人民政府关于加强本市公共租赁住房建设和管理的通知》	2011	公共租赁住房	采取集中建设和配建相结合建设公共租赁住房，土地采取协议租赁（出让）方式供应
上海	《上海市经济适用住房管理试行办法》（沪府发〔2009〕29 号）	2010	经济适用房	在普通商品住宅建设项目中配建经济适用住房
	《上海市人民政府办公厅转发市住房保障房屋管理局等五部门〈关于本市保障性住房配建实施意见〉的通知》（沪府办发〔2012〕61 号）	2012	保障性住房等	凡新出让土地、用于开发建设商品住房的建设项目（租赁住房建设项目除外），均应按照一定比例配建保障性住房及相应产权车位
	《上海市人民政府办公厅转发市住房城乡建设管理委等七部门〈关于本市保障性住房配建的实施意见〉的通知》（沪府办〔2018〕72 号）	2018	保障性住房等	凡新出让土地、用于开发建设商品住房的建设项目（租赁住房建设项目除外），均应按照不低于该建设项目住房建筑总面积 5% 的比例，配建保障性住房及相应产权车位；鼓励保障对象较多的区域进一步提高建设项目的配建比例。配建的保障性住房应无偿移交区政府指定机构用于住房保障，并在建设用地使用权出让条件中予以明确
	《上海市共有产权保障住房管理办法》上海市人民政府令（2019 年）第 26 号	2019	市政公共设施	在商品住宅建设项目中配建的，应当按照规定在国有土地使用权出让文件中，明确配建比例和建设要求，并与商品住宅同步建设和交付。建成后，配建的共有产权保障住房应当按照土地出让合同约定，无偿移交给区住房保障实施机构

续表

主体	政策名称	年份	配建	重点内容
广州	《印发〈广州市房地产开发项目配套公共服务设施建设移交管理规定〉的通知》（穗府办〔2010〕15号）	2010	公共设施	教育、医疗卫生、行政管理、邮政、市政公用设施
	《关于贯彻国务院办公厅关于进一步做好房地产市场调控工作有关问题的通知的实施意见》（穗府办〔2011〕3号）	2011	保障性住房	部分出让的商品住宅用地和"三旧"改造用地中配建一定比例保障性住房
	《广州市人民政府办公厅关于加强土地管理的实施意见》（穗府办规〔2018〕7号）	2018	公共设施	商品住宅用地、商业服务业用地可采取"限地价、竞配建公共设施"出让
深圳	《深圳市规划和国土资源委员会关于印发〈深圳市城市更新项目保障性住房配建规定〉的通知》（深规土〔2016〕11号）	2016	保障性住房	城市更新项目配建一定比例的保障性住房
	《中共深圳市委 深圳市人民政府印发〈关于完善人才住房制度的若干措施〉的通知》（深发〔2016〕13号）	2016	人才住房	可利用公共设施周边用地、房地产开发项目、城市更新项目、棚户区改造项目、产业园区项目配建人才住房
	《深圳市住房和建设局关于印发〈深圳市人才住房和保障性住房配建管理办法〉的通知》（深建规〔2017〕7号）	2017	保障性住房	城市更新项目优先配建保障性住房；招拍挂项目配建人才住房和保障性住房
成都	《成都市人民政府办公厅关于加强居住区公共配套设施建设管理的意见》（成办函〔2016〕117号）	2016	公共配套设施	由市、区级财政或市、区级全资国有平台公司投资建设的农贸市场、社区综合体等公共配套设施用地，可采取行政划拨或协议出让方式供地，协议方式供地的出让金按所在区域商业用地基准价的20%收取。五城区政府或市级全资国有平台公司按规划条件投资建设社区综合体，市级财政按公共配套设施建安成本的50%给予补贴，公共配套设施以外的建筑面积可整体转让或整体自持（配置便民商业服务设施）
	《成都市金牛区人民政府办公室关于印发〈金牛区上市宗地配建公共配套设施项目管理实施细则（试行）〉的通知》（金牛府办发〔2018〕6号）	2018	公共配套设施	土地竞得方配建的公共配套设施项目包括行政管理类、社区服务类、教育类、文化体育类和其他类五类

续表

主体	政策名称	年份	配建	重点内容
成都	《成都市武侯区人民政府办公室关于印发〈武侯区居住区公共配套设施建设管理办法〉的通知》(成武府办发〔2020〕31号)	2020	公共配套设施	因土地权属单位原因需要对控制性详细规划进行修改,涉及调增居住人口规模或增加非居住类建设规模的,规划部门将其中不少于20%土地调整为公共配套设施用地;对不具备条件调整不少于20%土地为公共配套设施用地的项目,由土地权属单位按规划要求在宗地内配建相应规模公共配套设施
长春	《长春市人民政府办公厅关于加强出让土地市政公用基础设施配套管理的通知》(长府办发〔2012〕12号)	2012	市政公用配套设施	与住宅小区、工业园区规模相对应的配套建设的道路、给水排水、供电、供气、供热、通信等各项设施
安阳	《安阳市人民政府办公室关于印发〈安阳市城区公共配套服务设施建设管理细则〉的通知》(安政办〔2010〕223号)	2010	市政公用设施	社区用房、警务室、社区级文化活动服务中心、社区级体育设施、垃圾中转站、市政公厕等

从政策上看,大多数省市出台的配建政策实质上是将土地使用权转让与保障性住房、人才住房、经济适用房或公共服务配套设施进行捆绑建设。

11.2.2　基本概念

根据《中华人民共和国城镇国有土地使用权出让和转让暂行条例》,土地使用权出让是指国家以土地所有者的身份将土地使用权在一定年限内让与土地使用者,并由土地使用者向国家支付土地使用权出让金的行为。土地出让行为目前包括以下几种:招标出让、拍卖出让、挂牌出让、协议出让。

我国推行"招拍挂"制度可追溯至1990年5月19日中华人民共和国国务院令第55号发布的《城镇国有土地使用权出让和转让暂行条例》,但直至1999年"招拍挂"出让土地的占比依然很小,各地主要依靠协议出让。因此1999年1月《关于进一步推行招标拍卖出让国有土地使用权的通知》(国土资发〔1999〕30号)发布,通知明确规定符合条件的商业、旅游、娱乐和豪华住宅等经营性用地必须招标、拍卖出让国有土地使用权。2002年《招标拍卖挂牌出让国有土地使用权规定》(国土资源部令第11号)出台后,更加严格地规定了商业、旅游、娱乐和商品住宅等各类经营性用地,必须以招标、拍卖或者挂牌方式出让。

在《保障房建设的配建模式研究》中提到"配建模式主要指地方政府运用规划手

段，对城区新增商品房项目以配建一定数量的保障房为前置条件出让国有土地使用权，或者对不适宜配建的商品房项目向开发商征收一定数量的异地建设费，开发商将建成的保障房移交给地方政府的保障房建设模式"。

因此，笔者认为，土地出让 + 配建模式是指政府方通过挂牌等方式公开出让住宅土地或商服土地的土地使用权，并在土地出让方案或土地出让合同中明确中标方获得土地使用权的同时，根据规划设计文件为政府免费修建配套道路、公园、幼儿园、美术馆、绿地广场、艺术中心、路桥等公共配套设施，并将之无偿移交给政府的建设模式。

11.3　运作模式

11.3.1　配建内容

土地出让 + 配建模式是采用"土地 + 任务"的方式，其重点在于土地出让。在此模式下，政府通过土地合理出让价款与出让底价之间的差额配建公共配套设施，中标单位负责对配建任务进行建设投入，政府方不直接承担建设投资责任。从配建的内容上来看，以成都市政策为例，可配建的公共配套设施种类涵盖街道办事处、派出所等管理用房，社区服务中心、养老设施等社区服务设施，中小学、幼儿园、文化活动中心、综合健身馆、居民健身设施等教育文体类设施、公共绿地广场、居住区配套道路等市政公用类设施。对于政策要求无偿移交的配建设施，应该根据规定移交相关主管部门。

11.3.2　运作模式

大多数情况下土地出让 + 配建模式与一般拍地的操作无异，只是在拍地条件中，政府会要求土地竞得者严格按招拍挂条件、土地出让合同等建设公共配套设施。开发企业应该按照配建设施的技术标准与商住项目同步建设、移交公共配套设施。含有须移交属地政府或政府指定单位公共配套设施的建设项目，建设单位应在项目竣工备案后及时移交。在没有特别约定的情况下，社会资本投资建设营利性的公共停车场、机构养老服务设施、医院等公共配套设施的产权归属投资方。

以昆明盘龙区、茂名茂南区、云浮市新兴县几个案例为例见表 11-2，政府方通过挂牌方式公开出让住宅用地或商服用地的土地使用权，并与卫生站、幼儿园、公园绿地、文化馆、路桥等基础设施建设任务进行捆绑。中标方获得土地使用权的同时，需根据规划设计文件完成对应的配建内容。

土地出让+配建模式案例 表11-2

地块名称	昆明盘龙区 KCPL2020-1-A1、A4、A5、A8 号地块	茂名市站南片区吉祥小区 WG2020-49 号地块	云浮市新兴县 – 云新出挂〔2019〕001 号地块
用地面积	86667m²	33868m²	114129m²
出让形式	挂牌	挂牌	挂牌
成交价	127100 万元	26417 万元	5480 万元
成交日期	2020/8/7	2020/12/31	2019/2/22
出让年限	商服用地 40 年 住宅用地 70 年	商服用地 40 年 住宅用地 70 年	商服用地 40 年 住宅用地 70 年
位置	昆明盘龙区北京路沿线金星立交桥附近	茂名市站南片区吉祥小区 JIXIANG-16（茂南大道、南吉祥路北）	广东省云浮市新兴县鼎盛大道太平镇上沙村段东面
竞得方	云南璟睿同顺置业有限公司	茂名市水东湾碧桂园房地产有限公司	新兴县广域投资管理有限公司
配建内容	1.A1 地块需配建一所 12 班幼儿园；2.A4 地块需配建不小于 150m² 的卫生站；3.A5 地块需配建 12 班幼儿园、超 1500m² 的社区卫生服务中心、超 1200m² 的老年人服务站点、大于 2000m² 的肉菜市场、大于 800m² 社区服务中心，以及大于 600m² 的文化馆	竞得人须在地块南侧配建 28937.31m² 公园绿地及建筑面积 2000m² 文化馆，总投资额不少于 1500 万元。配建完成后无偿移交给茂南区政府。建设费用以审计结果为准，且全部由竞得人承担；若配建费用低于该投资额，竞得人须向茂南区政府补足差额，若配建费用高于该投资额，由竞得人自行承担	1. 宗地范围内：（1）配建公共垃圾中转站不小于 150m²；（2）按《云府办〔2018〕9 号》要求配建幼儿园；（3）要实施雨污分流，并自行配套区内污水处理设施；（4）配建演艺培训中心，建筑面积不小于 8000m² 2. 宗地范围外：（1）在宗地范围外南侧的山体建设市民公园，用地约 424 亩，投资不低于 1.5 亿元；（2）在集成河上配建宽 9m 长 45m 的行车桥一座

11.3.3 可融资性分析

11.3.3.1 拍地款多为自有资金

《国土资源部 住房城乡建设部关于进一步严格房地产用地管理巩固房地产市场调控成果的紧急通知》（国土资电发〔2012〕87 号）规定："严格实施竞买人资格审查，落实不得使用银行贷款缴交土地出让价款的规定"。《中国银保监会关于开展"巩固治乱象成果 促进合规建设"工作的通知》（银保监发〔2019〕23 号）限制表内外资金直接或变相用于土地出让金融资。因此，银行资金已经明确不能用于缴纳土地出让价款。

除此之外，上海、南京、黑龙江等地也出台监管政策，规定房企拍地前需承诺土地购置资金是合规自有资金，不属于金融贷款、信托资金、保险资金、资本市场融资等。

11.3.3.2　开发贷受政策严控

由于国家对于房地产一直处于严控态势，银行对房地产项目的融资要求一般较高。国家对房地产贷款调控政策梳理如表11-3所示。

我国房地产贷款调控政策梳理　　　　　　　　　　　　　　　　表11-3

时间	融资渠道	文件名称	主要内容
2003.06	银行贷款	《中国人民银行关于进一步加强房地产信贷业务管理的通知》（银发〔2003〕121号）	商业银行对未取得四证的房地产项目，不得发放任何形式的贷款；房地产开发企业申请银行贷款，其自有资金应不低于项目总投资的30%
2005.09	信托	《中国银行业监督管理委员会办公厅关于加强信托投资公司部分业务风险提示的通知》（银监办发〔2005〕212号）	信托公司对未取得四证的房地产项目不得发放贷款；申请贷款的房地产开发企业资质不低于二级房地产开发资质；开发项目资本金不低于35%
2008.10	信托	《中国银监会办公厅关于加强信托公司房地产、证券业务监管有关问题的通知》（银监办发〔2008〕265号）	严禁向未取得四证的房地产项目发放贷款；严禁以投资附加回购承诺、商品房预售回购等方式间接发放房地产贷款；不得向房地产开发企业发放用于缴交土地出让价款的贷款
2009.01	信托	《中国银监会关于当前调整部分信贷监管政策促进经济稳健发展的通知》（银监发〔2009〕3号）	对符合一定监管评级要求、经营稳健、风险管理水平较高的信托公司适当放宽对开发商资质、资本金比例等的要求
2009.03	信托	《中国银监会关于支持信托公司创新发展有关问题的通知》（银监发〔2009〕25号）	信托公司最近一年监管评级为2C级（含以上）、经营稳健、风险管理水平良好的可向已取得三证的房地产开发项目发放贷款；房企资质应不低于二级资质，但放贷的信托公司最近一年监管评级为2C级（含以上）、经营稳健、风险管理水平良好的除外；项目资本金比例不低于35%（经济适用房除外）
2010.02	信托	《中国银监会办公厅关于加强信托公司房地产业务监管有关问题的通知》（银监办发〔2009〕54号）	取消银监会25号文中的例外条例，四证齐全再次成为房企获得信托贷款的"铁门槛"
2016.02	银行贷款	《关于规范土地储备和资金管理等相关问题的通知》（财综〔2016〕4号）	自2016年1月1日起，各地不得再向银行业金融结构借土地储备贷款
2019.05	银行贷款、信托	《关于开展"巩固治乱象成果促进合规建设"工作的通知》（银保监发〔2019〕23号）	引导信托融资回归四证齐全、项目资本金达30%以上、开发商具有二级资质的"432"条件；明确限制明股实债融资等。加强对房地产融资端的监管力度，涉及银行、资管、信托、金融租赁等领域

续表

时间	融资渠道	文件名称	主要内容
2020.08	银行贷款	重点房地产企业座谈会	明确重点房地产企业资金监测和融资管理规则，确定"三条红线"。即：房企剔除预收款后的资产负债率不得大于70%；房企的净负债率不得大于100%；房企的"现金短债比"小于1
2020.12	银行贷款	《关于建立银行业金融机构房地产贷款集中度管理制度的通知》（银发〔2020〕322号）	对7家中资大型银行、17家中资中型银行、中资小型银行和非县域农合机构、县域农合机构、村镇银行，共5档机构分类分档设置房地产贷款占比上限、个人住房贷款占比上限

以成都市某银行为例，住房开发贷款要求借款人：实收资本5000万元（含）以上；项目位于一类、二类城市市区范围内，企业或其控股股东具有二级（含）以上开发资质，或为总行级房地产客户；项目具备《国有土地使用权证》《建设用地规划许可证》《建设工程规划许可证》《建筑工程施工许可证》；项目资本金比例不低于30%；以本项目土地及在建工程抵押，抵押不足的须提供其他足额有效的贷款担保等。商业用房开发贷款要求借款人实收资本1亿元（含）以上；项目位于一类城市的，应为总行级房地产客户或当地优质大型集团客户实施客户名单制管理；项目位于一类、二类城市中心商务区范围内；具备《国有土地使用权证》《建设用地规划许可证》《建设工程规划许可证》《建筑工程施工许可证》；一类城市项目资本金比例不低于25%，二类城市项目资本金比例不低于40%；商用房开发贷款以本项目土地及在建工程抵押，抵押不足的须提供其他足额有效的贷款担保。

由于开发贷的主体审核严、资本金比例高、期限短（一般3~5年）、利率较高，且经常受政策调控导致规模紧张。因此，部分银行建议优化项目，将项目与城市更新、产业园区等靠拢，进而适用如产城融合贷、园区贷的贷款条件，更能优化企业融资结构。

11.3.4 配建模式与其他模式的联系

虽各地政策多未限定配建模式对土地性质的要求，但并不妨碍在其他投资模式中找到土地配建模式的身影，尤其是在商住用途土地的出让中。

11.3.4.1 城市更新模式

目前广东深圳市、广州市等城市的城市更新已走在前列。杭州等地也在积极探索本土化的城市更新模式，从各地出台的政策和实践看，不管是拆旧建新还是老区改造，都需要实现完善公共服务配套设施、增加公共开发空间、改善生态环境等目标。因此，在一些城市更新项目中，不难看到有基础设施配建、商业自持、安置房移交等内容，这与土地配建政策的精髓十分契合。

11.3.4.2　铁路及 TOD 项目

国办发〔2014〕37 号文明确新建铁路项目未确定投资主体的，可在项目招标时，将土地综合开发权一并招标，新建铁路项目中标人同时取得土地综合开发权。而 TOD 是以公共交通为导向建立集工作、商业、文化、教育、居住等为一身的城市中心发展模式，以成都市的 TOD 项目为例，成都市轨交集团通过设置轨道运营业绩作为站点周边土地获取的前提条件，以土地开发收益平衡基础设施建设和配套设施建设成本。这两种模式都可以看作是"交通－土地利用－基建和配套"相互关系的土地开发模式，拍地是基础设施收益补足的一种方式。

11.3.4.3　产业园区开发

《自然资源部办公厅关于印发〈产业用地政策实施工作指引（2019 年版）〉的通知》第十二条 配套设施建设纳入土地供应条件的情形，明确提出"对新能源汽车充电设施、无线通信基站、分布式光伏发电设施、社区居家养老（医疗、体育、文化）服务设施、电影院（影厅）、旅游厕所等布点分散、单体规模小、对其他建筑物构筑物有密切依附关系的产业配套设施，允许在新供其他建设项目用地时，将其建设要求纳入供地条件。市、县自然资源主管部门……可依法先将配建要求纳入规划条件后，再行纳入供地条件"。可见土地出让＋配建模式也可以在产业用地中适用，只是现实中政府更愿意将投资强度、招商引资、产业导入、税收贡献等作为最重要的产业用地拿地条件。相比传统开发商，政府更希望把土地直接出让给产业龙头企业，后来便衍生出了"产业运营商＋地产开发商"模式。这些项目往往包装成为园区开发、产城融合模式，实质也体现了土地＋产业，甚至土地＋产业＋基建的配建模式。

11.4　研究结论及操作建议

土地出让＋配建模式除了与房地产开发相结合外，还可以与片区开发、TOD、城市更新等模式相结合，笔者认为需注意以下几点。

（1）模式侧重土地出让，土地出让价款一般涉及市、区财政分成，在实施过程中需和上级、本级财政提早沟通，确保模式的可行性。

（2）社会资本通过"住宅销售收入＋商业收入（或有）＋使用者付费（或有）－社会资本拿地成本－公共配套设施建设成本－房屋建筑成本－公共配套设施运营成本

（或有）"配建公共配套设施，并获得合理回报。

（3）社会资本须谨慎估计土地价值，土地价值预估的准确性直接影响配建任务投资额。

（4）政府方不承担财政支出责任。

（5）可能会存在公共配建设施的运营同时由中标的社会资本负责。

（6）土地出让＋公共配套设施配建模式与国家土地管理、城乡规划等方面政策无较大冲突，但各地由于缺乏指引，在具体操作方式可能有所不同。该模式具有其特殊性，不能替代PPP模式。但在国家暂未出台新的政策前，该模式可作为短期内地方政府探索的方向，承担小部分的基础设施任务建设。

第 12 章　资源补偿项目（RCP）模式

12.1　资源补偿模式产生背景

RCP 模式在国内应用最早起源于 2008 年，我国西部地区某县政府为了修建一条通往南天湖的旅游公路，以便于对南天湖旅游资源进行开发使用，但是旅游公路项目收益不满足投资者要求，政府也无足够资金启动项目投资建设。同时，由于道路不通，也没有社会投资方愿意投资南天湖旅游项目进行开发建设，逐渐形成了一个恶性循环。当地政府为了尽快启动旅游资源开发，解决恶性循环问题，找到某公路投资公司，与之签订了如下协议：该投资公司投资 5.27 亿元修建通往南天湖的旅游公路，为补偿公路建设的投资亏损，当地政府无偿将南天湖的整体开发经营权（期限 50 年）交给该公司。这是国内首次提出以 RCP 模式应用于项目实践。

在这之后，随着国家对于土地、旅游、矿产等各类资源法律法规的完善，并且资源补偿项目对于投资方的专业能力要求较高，严格意义上的 RCP 模式项目较少，但是类 RCP 模式的项目比较多，例如政府为了推动市政道路、公立学校、博物馆、公租房等无现金流或项目现金流较弱的项目时，直接将项目与政府的土地拍卖挂钩，要求房地产开发商在获取土地的同时，承诺未来须建设政府指定的道路、学校、公租房等项目，并将相应配套项目按期完成作为房地产开发商取得商品房的预售许可证或其他营业证件的前提条件。

12.2　基本概念

RCP 即 Resource-Compensate-Project（资源 – 补偿 – 项目）的英文缩写，全名资源补偿项目模式。本质上是项目业主为实施一个财务上不完全可行的项目（以下简称"项目 A"），而用另一个容易变现的资源项目（以下简称"项目 B"）对合作方进行补偿的模式。

笔者认为，资源补偿项目模式的基本原则是政府采取授予特许经营权的方式，将某个或者某几个具有强现金流的项目收益去反哺现金流不足以覆盖项目投融资建设、运营维护和合理利润的另一个项目，这与目前政府推行的生态环境导向开发（EOD）模式是相同的理念，EOD 模式是 RCP 模式在生态环境方面的应用。

政府通过公开招标方式选择社会资本方，社会资本方组建项目公司实施，项目公司向使用者收取适当的费用（如有收费机制）以收回项目部分投资，不足部分政府方采取一定的资源补偿手段进行补偿，保证项目公司最终实现盈利，在特许经营期满后无偿将项目移交给政府。

12.3 运作模式

12.3.1 适用范围

12.3.1.1 主体范围

资源补偿模式的适用主体范围包括政府方和投资方，对于政府方，一般应选择财政实力和综合实力较强的政府；对于投资方，一般应选择投融资实力强、在某项资源开发上具有较强财务测算和实际操盘能力的企业。

12.3.1.2 项目范围

资源补偿项目模式主要适用于非经营性或准经营性的基础设施项目，这类项目本身在经济上不能覆盖投资，带有一定的公益性质。而对于补偿性的资源，理论上讲，可以很多，最常见的就是土地资源、旅游资源和矿产资源，还有变现难度较大的如医疗资源、林业资源、农业资源等。

12.3.2 交易结构

资源补偿项目（RCP）模式交易结构如图 12-1 所示。

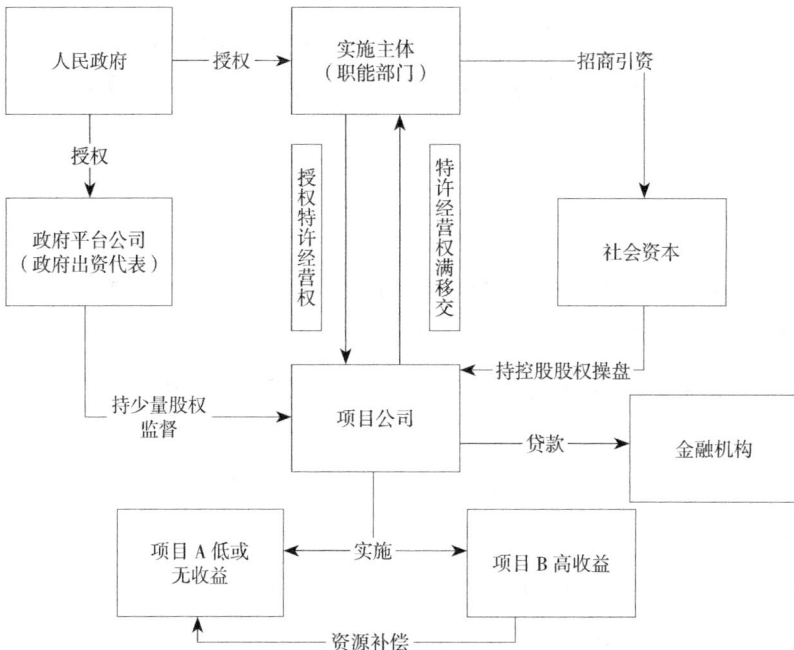

图 12-1 资源补偿项目交易结构图

（1）地方政府授权职能部门作为项目实施机构，负责建设项目 A 和资源补偿项目 B 的确定。

（2）地方政府确定政府平台公司作为项目的出资方代表（如成立项目公司）。

（3）政府职能部门通过公开招标方式确定社会资本方。

（4）政府平台公司和社会资本方合资成立项目公司，项目公司由社会资本方主导，政府职能部门通过授权等方式将项目包的特许经营权授予给项目公司，由项目公司负责项目包的投融资、建设、运营等工作，在项目实施过程中，政府职能部门将项目 B 资源补偿给项目 A，使其获得合理回报。

（5）项目公司负责通过收益权质押等各种途径向金融机构获取贷款，引进建设资金。

（6）项目公司在特许经营期满后将项目 A 和项目 B 的经营权移交给政府职能部门。

12.3.3 合作期限

由于资源补偿项目模式的本质是用一个项目资源去补偿另外一个项目，而且项目并非在短期内容易变现，需要社会资本方利用专业能力在一定期限内进行变现，因此资源补偿模式的合作周期一般较长。

12.3.4 回报机制

严格意义的资源补偿模式回报机制为项目包的自平衡，即用收益较好的资源项目 B 反哺效益差或者无效益的项目 A，实现项目包的平衡，由政府职能部门以招标或其他方式确定项目的特许经营期限，以保证社会资本取得预期的回报。如果在合作期限内，仅靠项目 B 的补偿仍不能完全满足项目包的需求，政府方可以可行性缺口补助方式对社会资本进行补偿。对于不同类型资源的具体回报机制，以下分别进行分析。

12.3.4.1 土地资源补偿

土地资源补偿模式顾名思义为用土地资源作为补偿项目的经济来源。根据资源补偿项目模式的定义，需要直接将土地资源反哺至社会资本方或者双方控制的项目公司，但是由于目前《中华人民共和国土地管理法》及《中华人民共和国土地管理法实施条例》等法律法规的限制，商业用地、住宅用地等必须通过招拍挂的形式进行交易，也就基本禁止了严格意义上的以土地资源＋项目直接打包给社会资本的方式。但是，政府在实际操作时采取了逆向思维，在土地进行出让时，将基础设施项目或公共服务配套项目作为社会资本方获取土地的附加条件，政府方以此方式完成相应基础设施等项目的建设，见土地出让＋公共配套设施配建模式章节。

这种模式比较典型的案例是在 2018 年 10 月份，某公司大手笔在某市皇冠湖片区以低溢价率获取的三宗土地总计 532 亩，拿地成交总价 32 亿元，但是需要配建 27.42 亿元的基础设施及公共配套项目，三宗地中宗地一为住宅兼商业用地，宗地二和宗地三为纯住宅用地，起始楼面价格仅分别为 3890 元 /m²、4680 元 /m²、4080 元 /m²。根据拍卖文件，三宗地对于配建项目工程建设费用分别不低于 12.77 亿元，7.78 亿元、6.87 亿元，三宗地在将配建项目费用分摊到实际土地成本后实际楼面价格均在 7920 元 /m² 左右，土地总价 32 亿元，配建费用 27.42 亿元，共计 59.42 亿元，共 532 亩土地，土地价格仍具有较高性价比。配建的基础设施及公共服务配套项目包括体育中心以及学校、道路、绿化景观等，同时在配建场馆及附属设施建成并竣工验收合格后，竞得者还须与区政府或指定部门签订代运营协议，负责"代运营代管理"，期限为 30 年。此种模式对于参与者有两项过硬指标的要求，第一、土地费用及配建费用较高，对竞得者的资金实力提出了要求；第二、包括大型场馆及其他配套的建设及运营管理，同时具备相应的实际经验，对竞得者的建设及运营管理能力提出了较高的要求。

12.3.4.2 旅游资源补偿

相比土地资源，旅游资源的定价和变现难度较大，价值难以评估，受各类自然因素和人为因素影响的概率较大，比如 2017 年 8 月九寨沟的地震，使九寨沟从 2016 年接待人数 518 万人次变成 2017 年的 250 万人次，2018 年的 23 万人次，2019 年的 48 万人次，严重影响九寨沟资源的价值。再者 2020 年的新冠肺炎疫情使全球经济遭受严重冲击，对于旅游业而言打击较大。因此如何合理评判旅游资源价值就成为旅游资源补偿模式的核心问题，客户群体定位及变现难易度是旅游资源核心价值的体现。

一般而言，最主要的旅游资源分为三类：第一是历史文化类，典型的如紫禁城、秦始皇兵马俑；第二是自然风景类，如九寨沟、张家界等；第三是娱乐休闲类，如迪士尼乐园、华侨城欢乐谷等。对于第一类，绝大多数情况当地政府会指定自己的平台公司进行修缮或开发，社会资本方参与难度较大；对于第二类，若是非常优质的资源，当地政府会选择其下平台公司操盘开发，若是次优资源，会选择与社会资本方合作；对于第三类，一般是由政府招商引资，引进具有极强旅游运营能力的单位进行建设，促进当地经济，政府一般会以税收优惠、土地资源作为补偿进行合作，类似于旅游产业园模式进行开发。

社会资本方在拿到旅游资源时，首先应该判断资源是否属于已开发完毕的资源，若是，那么该资源能否带来稳定的现金流，若能，能否完全反哺原项目；若资源不属于开发完毕的资源，那么社会资本方自行开发具有较大的不确定性，仍需判断自行开发后的资源能否形成真正的资源，自行开发如果不能带来稳定可覆盖现金流的资源，则对于社会资本方来说并不是好的资源。因此在旅游资源项目补偿模式探讨时，社会资本方需综合判断旅游资源的价值。

12.3.4.3 其他资源补偿模式

除了土地、旅游资源这 2 类相对容易变现的资源外，其他的如医药资源、林业资源、农业资源、矿产资源等，都可以参照类似模式实施，关键在于国家法律法规对各类资源流通性的限制和社会资本方就专业资源变现能力及风险的评估。

具体案例方面，2016 年某省医科大学第一附属医院呈贡医院（一期工程）PPP 项目采用了 RCP 模式，医附一院以"药品集中配送权"作为对价（资源），由社会资本通过对药品供应链进行整合，规模化经营产生的大部分利润（补偿）用以代偿医院建设产生的银行贷款，达到化解银行债务的目的，合同期 12 年届满后药品集中配送权自动终止。

12.4 合法合规性分析

依据《国家发展改革委关于开展政府和社会资本合作的指导意见》（发改投资〔2014〕2724 号）中"六、强化政府和社会资本合作的政策保障"第一款"（一）完善投资回报机制。深化价格管理体制改革，对于涉及中央定价的 PPP 项目，可适当向地方下放价格管理权限。依法依规为准经营性、非经营性项目配置土地、物业、广告等经营资源，为稳定投资回报、吸引社会投资创造条件"之规定，在政府负有提供责任又适宜市场化运作的公共服务、基础设施类项目采用政府和社会资本合作模式实施的，可依法依规为准经营性、非经营性项目配置土地、物业、广告等经营资源。因此，资源补偿项目（RCP）模式具备一定的合法性、合规性基础。

依据《关于运用政府和社会资本合作模式支持养老服务业发展的实施意见》（财金〔2017〕86 号）中"（九）多渠道构建项目回报机制。根据项目特点，建立政府付费、使用者付费和开发性资源补偿相结合的项目回报机制，鼓励政府统筹运用授权经营、资本金注入、土地入股、运营补贴、投资补助等方式，支持养老项目建设。允许社会资本配套建设符合规定的医院、康养中心、疗养院及附属设施等经营性项目，提高项目综合盈利能力。鼓励社会资本通过'互联网＋'等创新运营模式，降低项目成本，提高项目运营效率和投资回报水平"之规定，PPP 养老项目允许土地入股、配套建设医院、康养中心、疗养院及附属设施等经营项目。

依据《文化和旅游部 财政部关于在旅游领域推广政府和社会资本合作模式的指导意见》（文旅产业发〔2018〕96 号）"通过在旅游领域推广政府和社会资本合作模式，

推动项目实施机构对政府承担的资源保护、环境整治、生态建设、文化传承、咨询服务、公共设施建设等旅游公共服务事项与相邻相近相关的酒店、景区、商铺、停车场、物业、广告、加油加气站等经营性资源进行统筹规划、融合发展、综合提升，不断优化旅游公益性服务和公共产品供给，促进旅游资源保护和合理利用，完善旅游资源资产价值评估，更好地满足人民群众对旅游公共服务的需要，大力推动旅游业提质增效和转型升级""（九）健康旅游等新业态。鼓励政府和社会资本方将旅游资源的经营性开发项目与养老、体育、健康、研学等领域公共服务供给相衔接"之规定，文旅项目可以与相邻相近相关的酒店、景区、商铺、停车场、物业、广告、加油加气站等经营性资源进行统筹规划、融合发展。

2020 年和 2021 年，生态环境部办公厅、发展改革委办公厅、国家开发银行办公室先后印发了《关于推荐生态环境导向的开发模式试点项目的通知》（环办科财函〔2020〕489 号）和《关于同意开展生态环境导向的开发（EOD）模式试点的通知》（环办科财函〔2021〕201 号），这都是对资源补偿项目的政策支持。

12.5　可融资性分析

涉及资源补偿项目的融资，金融机构往往关注以下几点：一是资源补偿项目与项目本身的关系，如果资源补偿项目与拟建项目属同一项目或打包立项，如自然风景区基础设施与该风景区门票相结合，通过门票收入来增加项目经营性现金流；二是项目是否具备合规的授权文件和明确的项目开发计划，在土地资源补偿中，金融机构更加关注土地供给计划、土地规划以及社会资本方是否合规锁定该地块等；三是资源补偿的类型，一般金融机构更加认可如采矿权、采砂权等具有高度垄断、标准模式的资源补偿方式，而旅游资源、土地资源等由于不同项目差异性大、需要更加专业的价值判断，若难以预测项目未来的现金流，则金融机构的接受度不会很高。

12.6　资源补偿模式的优缺点

12.6.1　优点

12.6.1.1　减轻财政支付压力

采用 RCP 模式实施的项目，项目建设所需资金靠社会资本方自行筹集，一般而言政府无需承担建设资金，如果在成立项目公司的模式下，建设项目属于涉及公共利益和公共安全的基建项目，为了实现政府的监督权，会要求国资平台持有 10% 左右的股权，但不参与项目实际管理和承担任何风险。因此该模式能有效减轻财政负担。

12.6.1.2　减少政府工作量，提升管控效率

对于政府而言，只需要完成项目前期立项、可研等工作，后续项目规划设计、投融资、施工、运营等都可以通过项目公司来推动，政府方只需要作为审核方参与即可，减少了政府的工作量，可以提升其工作效率。

12.6.1.3　提升项目整体运作效率

项目整体由社会资本方操盘，社会资本为获取合理收益，会以市场化的方式进行项目运作，加快资源的开发速度，同时能将基建项目和资源开发项目同步推进，最大程度地优化项目各方面条件及进度，并且能更好以市场认可的角度来进行项目建设和开发，贴近消费者，服务消费者，最大可能地实现社会资本效益。

12.6.2　缺点

12.6.2.1　项目前期流程长，政府掌控能力低

在政府前期招商引资的过程中，社会资本将对项目进行充分的调研考察，与政府也将经历较长时间磋商谈判，合作双方耗费在项目前期的时间和费用可能比一般项目更大。同时，由于项目整体给社会资本方控制，政府对项目的控制能力相对较弱。

12.6.2.2　对社会资本方专业能力要求高，风险较高

在 RCP 模式下，项目的成败风险基本全部由社会资本方承担，包括效益较好的资源项目 B 的效益实现风险，以及效益差或无效益的建设项目 A 的成本风险。因此，笔者认为，该模式对社会资本的专业能力和风险评估能力要求较高，需要承担的风险也较高，如果评判不准或项目管控不好，将导致社会资本面临亏损，这也是 RCP 模式的在市场中未广泛应用的原因。

12.7　研究结论及操作建议

RCP 模式在特定的条件下，具有积极作用。从 2008 年提出来，一直被广泛关注，但是实际采用标准 RCP 模式的项目较少，笔者认为有以下几方面原因：第一、国家政策对于优质资源的流通有相应的法律限制，例如土地必须走招拍挂程序；第二、政府方客观上对易变现的优质资源，不愿意直接交给社会资本方，因为容易造成一定的法律风险，如国有资产流失等问题；第三、模式对于社会资本方的要求较高，既要在某个专业领域具有极强的操盘能力，又要熟练基建项目的投资建设运营，需要资源整合能力和操盘能力较强的公司才能实施。

对于社会资本方而言，要操作 RCP 模式，需要加强自身在特许领域的专业能力建设，获取专业资质，同时具备较强的专业分析测算团队、风险评估团队，方可在越来越复杂的项目运作中占据优势。

第 13 章 专项债模式

13.1 专项债产生的背景

  1994 年预算法规定除法律和国务院另有规定外,地方政府不得发行地方政府债券。2009 年 2 月 18 日,财政部《关于印发〈2009 年地方政府债券预算管理办法〉的通知》(财预〔2009〕21 号)规定,经国务院批准同意,以省、自治区、直辖市和计划单列市政府为发行和偿还主体,由财政部代理发行并代办还本付息和支付发行费的 2009 年地方政府债券,地方政府债券到期后,由中央财政统一代办偿还。2009~2011 年,全国人大批准的地方债发行额度每年均为 2000 亿元。2012 年、2013 年和 2014 年的发行额度分别达到每年 2500 亿元、3500 亿元和 4000 亿元,虽然发行额度逐年有所增加,但相较于地方政府的基建融资需求而言,2014 年前地方债额度仍显得较少。后来,地方政府通过多种非债券融资渠道进行融资,导致了隐性债务及非标债务超重。2014 年底审计认定的非债券形式存在的地方债规模达到 14.34 万亿元,国务院计划用 3 年左右的时间完成对这批地方债务的置换,让其以债券形式存在,因此 2015 年推出置换债券,逐步解决非标债务占比过高、集中到期、融资成本较高、久期较短等问题。从 2015 年后专项债得到了迅速发展,具体可以分为新增专项债及置换专项债,发行新增专项债的目的主要是指满足新增项目的资金需求,发行置换专项债的目的主要是用来置换截至 2014 年底确定的非地方政府债券形式的存量债务。2015~2016 年,新增专项债因未有实施细则跟进,新增专项债过半额度用于置换偿还政府到期债务。2017 年为更好地发挥专项债券促进重大项目建设落地,财政部开始在土地储备、政府收费公路 2 个领域试点发行项目收益与融资自求平衡的专项债券品种,当年 36.2% 的专项债额度投向了土储类项目。2018 年中央提出要严堵违规举债后门,利用专项债开前门,并新增棚改类专项债品种,当年 66.53% 的额度投向土储棚改类项目。2019 年允许专项债做资本金的范围扩大至十个领域,部分基础设施项目允许最低资本金比例再降低。2019 年 9 月国务院常务委员会要求,专项债资金不得用于土地储备和房地产相关领域、置换债务以及可完全商业化运作的产业项目,要求专项债聚焦地方政府补短板的基础设施项目,如交通、能源、农林牧渔等领域。2020 年专项债发行规模为 3.60 万亿,比上年增加 67.4%。专项债的此番变化,将能够更好地发挥杠杆效应稳增长,同时还将带来传统基建的轻资产模式。

13.2　基本概念

专项债有产业专项债和地方政府专项债，前者属于企业债的一种，2017 年《国家发展改革委办公厅关于印发〈社会领域产业专项债券发行指引〉的通知》（发改办财金规〔2017〕1341 号）鼓励市场化运营的公司法人主体发行社会领域产业专项债券，募集资金主要用于社会领域产业经营性项目建设，或者其他经营性领域配套社会领域产业相关设施建设，主要依据《公司法》《证券法》《企业债券管理条例》发行，主要推出健康产业、养老产业、教育培训产业、文化产业、体育产业、旅游产业等专项债券。这类专项债不作为本书讨论的内容，本书分析的是后者，根据《财政部关于印发〈地方政府专项债券发行管理暂行办法〉的通知》（财库〔2015〕83 号）规定："地方政府专项债券是指省、自治区、直辖市政府（含经省级政府批准自办债券发行的计划单列市政府）为有一定收益的公益性项目发行的、约定一定期限内以公益性项目对应的政府性基金或专项收入还本付息的政府债券"。

13.3　运作模式

13.3.1　适用范围

2019 年 9 月 4 日，在国务院常务会议中确定的专项债适用范围：重点用于铁路、轨道交通、城市停车场等交通基础设施，城乡电网、天然气管网和储气设施等能源项目，农林水利，城镇污水垃圾处理等生态环保项目，职业教育和托幼、医疗、养老等民生服务，冷链物流设施，水电气热等市政和产业园区基础设施。同时，会议指出，专项债资金不得用于土地储备和房地产相关领域、置换债务以及可完全商业化运作的产业项目。

13.3.2　运作模式

13.3.2.1　申请专项债额度

根据《关于试点发展项目收益与融资自求平衡的地方政府专项债券品种的通知》（财预〔2017〕89 号）规定："各地试点分类发行专项债券的规模，应当在国务院批准的本地区专项债务限额内统筹安排"，所以，地方政府想要发行专项债的基本条件是具备相应的专项债额度。

专项债额度秉承"自下而上申请，自上而下分配"的原则，即一般由各市县财政局根据项目融资需求向省级财政厅申请额度，省级财政厅汇总全省的情况后，向财政部申请全年的发债额度。财政部根据各省的项目情况、财政情况、经济情况等各项因素后，审批该省的全年发债额度。省级财政厅拿到全年额度后，再根据下辖各市县的财政情况及项目情况，向各市县分配额度。

专项债发行初期，各市县财政局只需要把项目和所需额度报送给财政厅即可，但随后财政厅发现全省额度不足以覆盖各市县所报额度，因此部分省份的财政厅要求各市县在申请额度的同时，报送融资项目的资金平衡方案。财政厅以此来判断项目的质量，把有限的额度分配到质量上佳的项目中去。

根据财预〔2017〕89号文要求："发行专项债券建设的项目，应当能够产生持续稳定地反映为政府性基金收入或专项收入的现金流收入，且现金流收入应当能够完全覆盖专项债券还本付息的规模"。因此，资金平衡方案里，测算出项目收益未来能够覆盖债券本息，就可以发行债券，但根据实践经验，一般要求覆盖倍数在1.1以上，有些项目甚至能达到2倍甚至3倍、4倍以上。

13.3.2.2 聘请中介机构开展工作

专项债额度下发后，需开始编制一套债券申报材料。从各省市的情况来看，由市县财政局牵头，相关职能部门配合。

申报材料包括信息披露文件、项目收益与融资资金平衡方案、财务评价报告、法律意见书、信用评级报告。

成功获批发行专项债，核心是编制一份优秀的项目收益与融资资金平衡方案。所谓项目收益与融资资金平衡，是指测算项目实施后，未来产生的收益能否覆盖实施项目投入的资金。

13.3.2.3 申报发行材料

根据发债时间进度安排编制好申报材料后，由牵头方或财政局自身进行材料的初步审核，再统一提交到省财政厅审查，各中介机构根据财政厅反馈意见再次修改申报材料。材料无误后，由省财政厅安排至交易所发行债券。

13.3.2.4 债券发行

省级财政部门应当不迟于发行前7个工作日，与发行场所协商地方债券（包括一般债券、专项债券）发行时间，发行场所原则上应当按照"先商先得"的方式给予确认。

地方政府债的发行市场包括银行间债券市场与交易所债券市场。其发行方式包括公开发行（公开招标和公开承销）和定向承销发行。

承销是指地方政府与主承销商商定债券承销利率（或利率区间），要求各承销商（包括主承销商）在规定时间报送债券承销额（或承销利率及承销额），按市场化原则确定债券发行利率及各承销商债券承销额的发债机制。

招标是指地方政府通过财政部国债发行招标投标系统或其他电子招标系统，要求各承销商在规定时间报送债券投标额及投标利率，按利率从低到高原则确定债券发行利率及各承销商债券中标额的发债机制。其中公开发行单一期次发行额在 5 亿元以上的须通过招标方式发行。

采用承销或招标方式的，发行利率应在承销或招标日前 1~5 个工作日相同待偿期记账式国债的平均收益率之上确定。

专项债券应当在中央国债登记结算有限责任公司办理总登记托管，在国家规定的证券登记结算机构办理分登记托管。专项债券发行结束后，符合条件的应按有关规定及时在全国银行间债券市场、证券交易所债券市场等上市交易。

13.3.2.5 信息披露

各地应当在专项债券发行定价结束后，通过中国债券信息网和本地区门户网站等媒体，及时公布债券发行结果。

根据《关于印发〈地方政府债务信息公开办法（试行）〉的通知》（财预〔2018〕209 号）规定，省级财政部门应当在新增专项债券发行前，提前 5 个以上工作日公开以下信息：

（1）经济社会发展指标。包括本地区生产总值、居民人均可支配收入等；

（2）地方政府性基金预算情况。包括本地区、本级或使用专项债券资金的市县级政府地方政府性基金收支、拟发行专项债券对应的地方政府性基金预算收支情况；

（3）专项债务情况。包括本地区专项债务限额及余额、地区分布、期限结构等；

（4）拟发行专项债券信息。包括规模、期限及偿还方式等基本信息；

（5）拟发行专项债券对应项目信息。包括项目概况、分年度投资计划、项目资金来源、预期收益和融资平衡方案、潜在风险评估、主管部门责任等；

（6）第三方评估信息。包括财务评估报告（重点是项目预期收益和融资平衡情况评估）、法律意见书、信用评级报告等；

（7）其他按规定需要公开的信息。

省级财政部门应当及时在本单位门户网站、中国债券信息网等网站披露地方债券发行相关信息，不再向财政部备案需公开的信息披露文件。

《关于启用地方政府新增专项债券项目信息披露模板的通知》（财办库〔2019〕364 号）要求各地自 2020 年 4 月 1 日起，发行新增专项债券时披露该模板，并在债券存续期内，按照模板格式每年披露项目实际收益、项目最新预期收益等信息，如新披露的信息与上一次披露的信息差异较大，应进行必要说明。

13.3.3 合作期限

专项债期限一般为 1 年、2 年、3 年、5 年、7 年、10 年、15 年、20 年和 30 年。

13.3.4　回报机制

从公开信息来看，呼和浩特新机场项目和内蒙古自治区乌兰察布市新建集宁至大同至原平铁路（内蒙古段）项目均使用了专项债来充当项目的资本金。从两个项目偿债来源看，除项目运营实现项目本身的经营收入外，因项目建设带动的相关土地开发也是偿债来源之一。呼和浩特新机场项目偿债有部分来源于旧机场腾退后土地出让收益及处置旧机场所产生的收益；集宁至大同至原平铁路项目可通过对高铁站沿线进行土地综合开发实现部分收益。由此可见，专项债的还款来源主要是政府性基金收入和专项收入。根据《关于进一步做好地方政府债券发行工作的意见》（财库〔2020〕36号），允许地方结合实际情况，采取到期还本、提前还本、分年还本等不同还本方式。

13.4　重难点问题讨论

13.4.1　专项债资金支持项目的路径问题

根据梳理政策规定，一般对没有收益的重大公益性项目，地方政府通过安排财政预算资金和发行一般债券予以支持。对有一定收益且收益全部属于政府性基金收入的重大项目，地方政府发行专项债券进行融资；针对收益兼有政府性基金收入和其他经营性专项收入，且偿还专项债券本息后仍有剩余专项收入的重大项目，可以由有关企业法人项目单位根据剩余专项收入情况向金融机构市场化融资。笔者认为，从理论与实践的结合角度看，政府作为基础设施项目的投资人和促进者，支持项目的路径主要有三个。

一是专项债用作政府投资项目的直投资金。主要是针对没有其他经济主体参股的政府直接投资项目，在专项债发行成功后，政府以直接投资的方式投入到具体项目，项目建设资金全部由政府直接投入，不需要融资。项目收益实现后纳入政府性基金或经营性专项收入，归还专项债本息。

二是专项债提供债权资金。政府方及其平台公司以股东借款或委托贷款的方式借给项目公司或项目实施主体（不成立项目公司的情况），项目公司或项目实施主体用项目收益归还政府方股东借款或委托贷款，政府方将收到的还款本息计入项目对应的政府性基金收入或专项收入，用以归还专项债本息。

三是专项债提供股权资金（资本金）。根据前文提及的厅字〔2019〕33号文，允许将专项债券作为符合条件的重大项目资本金。据21世纪经济报道称：以省为单位，2020年专项债资金用于项目资本金的规模占该省份专项债规模的比例提升至25%。随后财预函〔2020〕124号文对专项债券作为PPP项目资本金的问题给予了回复。虽然存在争议，但实践项目中已有专项债作为项目资本金，加上文提到呼和浩特新机场项目，资本金筹集申请专项债资金，该项目总投资 238.49 亿元，其中机场工程投资 210.5 亿元，发行 10 年期专项债 5 亿元充当项目建设资本金。

13.4.2　项目的收益性问题

专项债的风险主要来源于项目的收益性问题。根据规定，专项债券须用于有一定收益的公益性项目。然而，基础设施和公用事业等项目往往因其建设成本较高，而又因其公益属性导致收入较低，许多项目难以实现自平衡。但为达到专项债的发行要求，部分政府通过与附近地块捆绑打包形成项目，以附近地块的土地开发收益作为还款来源；或可能虚增项目运营收入等方式实现项目"自平衡"。

笔者认为，若通过捆绑地块，以土地开发收益作为还款来源的做法看似还款来源得到保障。但在经济下行压力及现行房地产调控政策下，除了铁路、公路等对附近地块有明显增幅作用的项目以外，三四线等城市土地开发速度已明显下降，以附近地块的土地开发收益作为项目还款来源的稳定性与增长性已大不如前。从宏观层面来看，土地出让收入作为地方政府收入的重要组成部分，若依赖土地相关收入还本付息的项目较多，未来可能对地方政府的财政收支造成较大压力。另外，通过虚增项目运营收入的方式包装项目之所以不可行，主要在于影响项目运营收入的因素较多，未来不确定性且虚增收入的隐蔽性将大大增加项目筛选、审核的难度，增加专项债风险。

由此可见，专项债对项目收益性的要求决定了符合要求的储备项目并不多，因此项目需具备强收益性，让项目本身具备发专项债的特性。2021 年 2 月 1 日，《财政部办公厅 国家发展改革委办公厅关于梳理 2021 年新增专项债券项目资金需求的通知》（财办预〔2021〕29 号）明确提出了项目应当具备的条件，必须符合专项债券风险管理要求和发行条件，必须是经济社会效益比较明显、群众期盼、早晚要干的政府投资项目，必须是有一定收益的基础设施和公共服务项目；优先安排在建项目，优先安排纳入相关规划的国家重大战略任务项目。通知明确重点应用于交通基础设施、能源项目、农林水利、生态环保项目、民生服务、冷链物流设施、市政和产业园区基础设施、国家重大战略项目和保障性安居工程等九大领域。与 2020 年专项债重点投向领域相比，主要新增保障性安居工程领域，其中，棚户区改造主要支持在建收尾项目，适度支持新开工项目，并强调"不安排用于租赁住房建设以外的土地储备项目，不安排一般房地产项目，不安排产业项目"。

13.4.3　专项债项目收益受偿顺序问题

针对专项债支持债权资金和股权资金（资本金），需探讨专项债资金与金融机构债权资金之间的受偿顺序问题。

（1）专项债提供债务性资金

从风险和收益相匹配的原则出发，高风险高收益，低风险低收益。由于有政府的信用做支撑，专项债的成本肯定低于金融机构债权融资成本，所以对于政府专项债提供债权资金的项目，因其成本最低，可能最先受偿。

从项目推动的角度来说，由于专项债利率低，金融机构债权融资利率高，项目单位出于节约利息成本的需求，也存在先还高成本的市场化融资，再还专项债的需求，在这种情况下，实际是先偿付金融机构债权融资。

从项目的收入归集和分配角度出发，根据规定，针对收益兼有政府性基金收入和其他经营性专项收入，且偿还专项债券本息后仍有剩余专项收入的重大项目，可以由有关企业法人项目单位根据剩余专项收入情况向金融机构市场化融资。那么项目在获取收入后，首先政府性基金收入及部分专项收入偿还专项债本息，金融机构是基于对剩余专项收入进行测算，然后计算贷款规模，自主做出融资决策。因此，可以划分为两个部分的收入，并在项目实施方案中加以说明，届时项目实现收入后，在偿还专项债券本息后的专项收入再对应偿还金融机构债权资金。

（2）专项债提供股权资金（资本金）

根据规定，投资项目资本金作为项目总投资中由投资者出资的额度，对投资项目来说必须是非债务性资金，项目法人不承担这部分资金的任何债务和利息，专项债虽然是债务性资金，但根据《国务院关于加强固定资产投资项目资本金管理的通知》（国发〔2019〕26号）的规定"地方各级政府及其有关部门可统筹使用本级预算资金、上级补助资金等各类财政资金筹集项目资本金，可按有关规定将政府专项债券作为符合条件的重大项目资本金"，根据上述规定，笔者认为尽管专项债对政府来说是债，但对项目公司来说是资本金。通常在财务会计上，权益资金的受偿顺序应该是要劣后于债权资金的，若先偿还金融机构本息，也会增加金融机构的信心。

13.5 川南铁路项目案例分析

13.5.1 案例简介

根据中国债券信息网的债券信息披露，选取2020年四川省城乡基础设施建设专项债券（十五期）发行所涉及的川南城际铁路泸州段项目（以下简称"本项目"）作为案例进行阐述。

13.5.1.1 项目背景

根据《四川省国民经济和社会发展第十三个五年规划纲要》《四川省推进运输结构调整三年行动计划专项实施方案》和《泸州市国民经济和社会发展第十三个五年规

划纲要》，加快建设川南城际铁路泸州段，通过城际铁路深度融入川南经济区，高效连接成渝经济区。本项目是有一定收益的公益性基础设施项目，符合专项债要求。

项目实施机构为四川省泸州市交通局，项目业主为泸州市交通投资集团有限公司。

13.5.1.2 建设内容及规模

川南城际铁路泸州段位于泸州市域内，泸州段正线全长41km，新建双线、客运专项，设计时速250km。泸州高铁枢纽站站场、站房"双高架"模式建设，先期实施北侧40000m² 站房与高架候车厅，预留南侧站房二期建设的条件。

高架站场下将设置社会车辆停车场40461m²，站房下方架空层面积9958m²，用于社会停车场及商业开发，将在社会停车场配建部分充电桩。

本项目总投资为278446万元。其中建设投资262028万元，占总投资比例94.10%；建设期债券利息16236万元，占总投资比例为5.83%；发行费用为182万元，占总投资比例为0.07%。投资估算详见表13-1。

建设期投资估算表（单位：万元） 表13-1

序号	项目	总计	比例	2019年	2020年	2021年	2022年
1	建设投资总计	262028	94.10%	79028	107372	55928	19700
1.1	泸州站房及相关工程	100628	36.14%	0	45000	35928	19700
1.2	川南铁路泸州段	161400	57.96%	79028	62372	20000	0
2	建设期利息	16236	5.83%	0	2407.5	6070.5	7758
3	债券发行费用	182	0.07%	0	107	55.8	19.2
4	总投资	278446	100.00%	79028	109887	62054	27477

13.5.1.3 资金筹措方案

本项目总投资为278446万元。其中：地方自筹96446万元，占比34.64%。地方自筹资金来源于财政预算资金。计划发行专项债券融资182000万元（发行利率按4.50%计算，最终以实际发行为准），占项目资金筹措总额的65.36%。根据资金使用计划，拟分三年发行，其中2020年拟发行30年期债券107000万元，2021年拟发行30年期债券55800万元，2022年拟发行30年期债券19200万元。

13.5.1.4 项目预期收入、成本、税费及损益

本项目收入来源于商业租赁与销售收入、停车位收入、充电桩收入以及泸州市川南城际铁路建设专项资金（拟按照泸州市每年以招标、拍卖、挂牌方式出让商业、旅游、娱乐、商品住宅等经营性建设用地使用权出让金额的1%筹集，专项用于川南城际铁路泸州段项目还本付息）。本项目运营期内，预计总收入472167.01万元（不含税，

下同），其中：商业销售收入 19916 万元，占总收入的 4.22%；车位租赁及充电桩收入 126352 万元，占总收入的 26.76%；商业租赁收入 25899.01 万元，占总收入的 5.49%；专项资金收入 300000 万元，占总收入的 63.54%。

本项目预测总成本 245063.84 万元，其中经营期财务费用 131184 万元（建设期利息费用 16236 万元计入总投资），项目经营成本 10672.64 万元，计提折旧费用 103207.2 万元。经营成本其中管理人员费用 2860.8 万元，日常养护及修费用 4567.61 万元，销售费用 199.16 万元，其他管理费用 3045.07 万元。

本项目预测运营期相关税费为 26693.14 万元，其中增值税 15495.09 万元，所得税 4997 万元，相关税金及附加 6201.05 万元。

计算期内，本项目预估总收入为 472167.01 万元，预计可实现净利润 215905.12 万元。

13.5.1.5 现金流覆盖融资本息测算

本项目需要偿还债券融资本息 329420 万元，包括建设期及运营期偿还利息合计 147420 万元，偿还本金 182000 万元。可用于资金平衡的项目收益为 450296.32 万元，包括净利润 215905.12 万元，计提折旧费用 103207.2 万元，经营期财务费用 131184 万元。可用于资金平衡的项目收益（经营活动产生的现金净流量）对债券融资本息的覆盖倍数为 1.37 倍，项目收入为 472167.01 万元，项目收入对债券本息覆盖倍数为 1.43 倍。因此能够合理保障偿还债券本金及利息，实现项目收益和融资的自平衡。

13.5.2 案例解析

13.5.2.1 集合发债，成本优势明显

根据《财政部关于做好 2018 年地方政府债券发行工作的意见》（财库〔2018〕61 号），首次提出"合理搭配项目集合发债，适当加大集合发行力度"后，地方政府一般采用集合发债模式，提高单笔债券发行规模的同时增加单笔债券对应项目个数，且集合项目往往覆盖多领域、多地区、多层级。2020 年，四川省城乡基础设施建设专项债券（十五期）发行规模共计 46.46 亿元，发行主体为四川省政府，实际发行利率仅为 3.69%，发行期限达 30 年，成本优势十分明显。而本项目属于泸州市级项目，采用的是泸州市申请发债，省级政府统一发行的模式，项目收益专项债已成为市、区县级公益类项目的重要资金渠道。

13.5.2.2 关注专项债投资领域

本项目是有一定收益的公益性基础设施项目，政府负有提供义务，符合公益性事业发展规划，符合专项债投资领域。此外，还要关注到本项目是不属于可以完全商业化运作的产业项目。

13.5.2.3 关注项目收益与融资自平衡

本项目可用于资金平衡的项目收益（经营活动产生的现金净流量）对债券融资本息的覆盖倍数为 1.37 倍，项目收入对债券本息覆盖倍数为 1.43 倍。上述指标是评判项目本身能否实现项目收益和融资的自求平衡的量化指标。各地区并未公布覆盖倍数应满足的最低要求，通过公开数据可得，覆盖倍数越高，代表收益预测更好，效益情况越好，项目自平衡的方案通过专家评审的可能性更高。

13.5.2.4 关注专项债资金以外的资金筹措

本项目实施方案中明确资本金由地方自筹 96446 万元，来源于财政预算资金。对于财政资金的补贴，应该经过严格的财政承受能力论证，并且有效落实资金筹集来源。

13.5.2.5 关注第三方机构的参与

项目平衡实施方案、审计报告和法律意见书由独立第三方机构参与编制，从而提高政府公信力，避免"自说自话"。

第 14 章　基础设施领域不动产投资信托基金
（REITs）

2020 年 4 月 24 日，《中国证监会 国家发展改革委关于推进基础设施领域不动产投资信托基金（REITs）试点相关工作的通知》（证监发〔2020〕40 号）发布。2020年 4 月 30 日证监会就《公开募集基础设施证券投资基金指引（试行）》（征求意见稿）公开征求意见，同年 8 月 6 日发布了《公开募集基础设施证券投资基金指引（试行）》（中国证券监督管理委员会公告〔2020〕54 号）（以下简称"《指引》"）。本书尝试就 REITs 发展历程、基本结构、操作难点、实施意义等进行简要分析。

14.1　REITs 基本情况介绍

14.1.1　REITs 诞生和发展历程

REITs 发源于 20 世纪 60 年代的美国，美国联邦政府先后颁布了《房地产投资信托法》（Real Estate Investment Trust Act of 1960）和《国内税收法》（Internal Revenue Code of 1960）。上述相关法律法规制定了明确的标准，也豁免了 REITs 主体分红涉及的部分所得税，从而为 REITs 的良好发展奠定了基础。

《税收改革法》（The Tax Reform of 1986）的发布，宣布了美国公司型 REITs 的合法化。此后，内部管理人可进行主动投资决策，REITs 从只能被动持有不动产的阶段，发展到了主动管理的阶段。根据 NAREIT 的数据，权益型 REITs 的比例由1986 年的 44% 一路增长至 2000 年的 97%，成为美国 REITs 市场的主流产品。

14.1.2　REITs 基本概念

不动产投资信托（REITs，Real Estate Investment Trusts）是通过发行收益凭证等方式向投资者募集资金，由专业的资产管理机构进行管理，并将募集资金投入到不动产并长期经营运营从而获得租金收入和不动产增值收益，再按比例分配给投资者的一种信托基金。从组织形式来看，REITs 分为公司型和契约型两种；从投资形式来看，REITs 分为权益型、抵押型和混合型；从运作方式来看，REITs 分为封闭式和开放式；从基金募集方式来看，REITs 又被分为公募型和私募型。证监发〔2020〕40 号文和《指引》主要指的是封闭式、权益型的公募 REITs。本质上来看，REITs 是将不动产产生的稳定现金流在资本市场证券化，连接资金供给方和需求方，从而实现资源整合与跨期配置的重要手段。

14.1.3　传统 REITs 主要特点

1. 成熟不动产为底层资产

REITs 自 20 世纪 60 年代在美国推出以来，已有 40 多个国家（地区）发行了该类产品，虽然各国操作模式不尽相同，但是其底层资产通常是能产生稳定现金流的成熟不动产（如商业地产、工业地产、写字楼、酒店仓储、长租公寓、收费公路等基础设施）为主，或者是房地产抵押贷款及相关资产支持证券。

2. 运营收入为主要收入来源

为避免 REITs 变相成为房地产融资工具，引导社会资本投资存量不动产，各国通常对以 REITs 进行的房地产开发、短期交易、持有其他公司股票等加以限制，确保 REITs 的收入来源以稳定的运营收入为主。

3. 强制分红比例较高

包括美国、新加坡、日本等国家及地区均明确要求一般性收入的分红比例不得低于 90%，其他部分地区则要求对不分红的收益部分按照最高税率进行征税，以鼓励 REITs 向投资者进行高比例分红。

14.2　我国基础设施 REITs 发展历程

14.2.1　我国 REITs 相关政策出台情况

国务院于 2008 年 12 月发布了《关于当前金融促进经济发展的若干意见》，文中提出鼓励开展房地产信托投资，拓宽房地产企业融资渠道。发挥债券市场避险功能，稳步推进债券市场交易工具和相关金融产品创新等内容。

2020 年 4 月 30 日，中国证监会、国家发展改革委联合印发了证监发〔2020〕40 号文，标志着国内公募 REITs 试点正式破冰。我国 REITs 相关政策如表 14-1 所示。

我国REITs相关政策内容　　　　　　　　　　表14-1

时间	文号	政策出处	相关内容
2008.12	国办发〔2008〕126 号	《国务院办公厅关于当前金融促进经济发展的若干意见》	创新融资方式，拓宽企业融资渠道：开展房地产信托投资基金试点，拓宽房地产企业融资渠道
2009.03	银发〔2009〕92 号	《中国人民银行 中国银行业监督管理委员会关于进一步加强信贷结构调整促进国民经济平稳较快发展的指导意见》	落实好房地产信贷政策，支持房地产市场平稳健康发展：支持资信条件较好的房地产企业发行企业债券和开展房地产投资信托基金试点

时间	文号	政策出处	相关内容
2010.06	建保〔2010〕87号	《关于加快发展公共租赁住房的指导意见》	鼓励金融机构探索运用保险、信托资金和房地产信托投资基金拓展公共租赁住房融资渠道
2014.09	—	《中国人民银行 中国银行业监督管理委员会关于进一步做好住房金融服务工作的通知》	扩大市场化融资渠道，支持符合条件的房地产企业在银行间债券市场发行债务融资工具。积极稳妥开展房地产投资信托基金（REITs）试点
2015.01	建房〔2015〕4号	《住房城乡建设部关于加快培育和发展住房租赁市场的指导意见》	积极推进房地产投资信托基金（REITs）试点
2016.06	国办发〔2016〕39号	《国务院办公厅关于加快培育和发展住租赁市场的若干意见》	鼓励金融机构按照依法合规、风险可控、商业可持续的原则，向住房租赁企业提供金融支持。支持符合条件的住房租赁企业发行债券、不动产证券化产品。稳步推进房地产投资信托基金（REITs）试点
2018.04	证监发〔2018〕30号	《中国证监会 住房城乡建设部关于推进住房租赁资产券化相关工作的通知》	重点支持住房租赁企业发行以其持有不动产物业作为底层资产的权益类资产证券化产品，积极推动多类型具有债权性质的资产证券化产品，试点发行房地产投资信托基金（REITs）
2019.01	—	上交所2019年新年致辞	进一步深化债券产品创新，推动公募REITs试点，加快发展住房租赁REITs，积极引入债券国际投资者
2020.01	—	证监会2020年系统工作会议	以新发展理念为指引，稳妥推动基础设施REITs试点
2020.04	证监发〔2020〕40号	《中国证监会 国家发展改革委关于推进基础设施领域不动产投资信托基金（REITs）试点相关工作的通知》	中国证监会与国家发展改革委联合发布了《关于推进基础设施领域不动产投资信托基金（REITs）试点相关工作的通知》，标志着境内基础设施领域公募REITs试点正式起步

14.2.2 国内类 REITs 发展历程

如前文所述，虽然 2008 年国务院发布了相关指导文件，但由于经济金融体系尚不十分完善，加之此前受限于相关政策，我国 REITs 市场发展相对较晚。相关金融机构在境外市场尝试发行以国内资产为投资标的 REITs 产品，同时也在国内现有监管法律框架下推出在功能上与成熟市场公募 REITs 具有一定相似性的类 REITs 产品。但受限于各类法规政策，内地第一单类 REITs 产品"中信启航专项资产管理计划"直到 2014 年才于深交所发行。

相比于债券融资加杠杆，类 REITs 本质是原始权益人出售不动产实现轻资产运营。从会计角度，类 REITs 融资后原始权益人实现了资产出表并确认收益，在降低杠杆的同时也实现了资金回流。原始权益人可通过回购协议最终重新取得所有权，在此安排下则实际上并没有真正出售资产。类REITs产品在组织形式、收益分配、资金募集等多方面与海外标准化REITs有显著差异，因此为非标准化REITs。

伴随市场发展趋于成熟，近年来类REITs产品发行规模逐年上升。由于存在流动性溢价，类REITs利率均高于同期3年期AAA级公司债收益率。基于底层物业的质量，不同产品之间发行利率差异较大。

14.2.3　基础设施类REITs发行现状

据不完全统计，2019年相关主体发行了3单基础设施类REITs产品，分别为"上海广朔实业有限公司2019年第一期光证资产支持票据""中联基金－浙商资管－沪杭甬徽杭高速资产支持专项计划"以及"华泰－四川高速隆纳高速公路资产支持专项计划"，上述产品的底层资产均为付费高速公路。截至2021年5月17日，上交所、深交所分别公布了首批基础设施公募REITs项目获中国证监会准予注册，共涉及9单基础设施公募REITs，即将进入基金公开发售阶段。因此，我国公募性质的基础设施REITs已开始登上历史舞台，相信随着我国相关政策的不断完善，我国REITs市场将开启新的篇章。

14.3　基础设施REITs政策内容

14.3.1　政策出台背景

1. 刺激国内经济增长

受到新冠肺炎疫情等因素影响，国内经济增长面临不少压力和挑战。同时，在维持地方隐性债务不增加、杠杆率不明显提升，地方税收和土地出让收入面临越来越大压力的情况下，国家出台了公募REITs相关政策，有利于引导民间资本参与新旧基础设施建设、降低债务风险，为我国经济稳增长、补短板提供了有效的政策工具。

2. 提高直接融资占比

截至2020年上半年，我国直接融资占比为36%，总体占比仍然不高。基础设施公募REITs作为一种重要的直接融资工具，有利于缓解我国直接融资占比过低的问题，降低实体经济杠杆水平。

3. 引导民间资本投资

基础设施REITs的推出有利于吸引更为广泛的社会资金参与基础设施建设，也为社保基金等机构提供了相对低风险稳收益的投资标的，对于社会资本参与基础设施建设有良好的促进作用。

14.3.2 当前政策对基础设施 REITs 的基本要求

1.重点投资区域要求

根据证监发〔2020〕40号文指导意见，基础设施REITs试点项目要求聚焦重点区域，主要为国家重点发展的京津冀、长江经济带、雄安新区、粤港澳大湾区、海南、长江三角洲等区域，尤其是国家级新区或有条件的国家经济技术开发区。这些重点区域经济基础较好、管理水平较高，加之基础设施建设相对更为完善，适合作为REITs的试点区域。同时，这些区域社会资本投资基础设施的意愿也相对较强，公募REITs的推出可以更好地吸引民间资本投资国家重大基础设施工程，加快构建现代化基础设施体系。

2.重点投资行业要求

根据证监发〔2020〕40号文指导意见，基础设施REITs试点项目要求聚焦重点行业，优先支持基础设施补短板行业，包括仓储物流、收费公路等交通设施，水电气热等市政工程，城镇污水垃圾处理、固废危废处理等污染治理项目；鼓励信息网络等新型基础设施，以及国家战略性新兴产业集群、高科技产业园区、特色产业园区等开展试点。

3.重点投资项目要求

基础设施REITs聚焦的项目应符合以下条件：

（1）项目权属清晰，已按规定履行项目投资管理，以及规划、环评和用地等相关手续，已通过竣工验收。PPP项目应依法依规履行政府和社会资本管理相关规定，收入来源以使用者付费为主，未出现重大问题和合同纠纷；

（2）具有成熟的经营模式及市场化运营能力，已产生持续、稳定的收益及现金流，投资回报良好，并具有持续经营能力、较好的增长潜力；

（3）发起人（原始权益人）及基础设施运营企业信用稳健、内部控制制度健全，具有持续经营能力，最近3年无重大违法违规行为。基础设施运营企业还应当具有丰富的运营管理能力。

4.基金产品基本要求

根据《指引》，公开募集基础设施证券投资基金（以下简称"基础设施基金"），采用"公募基金＋基础设施资产支持证券"的产品结构，需同时满足以下要求：

（1）80%以上基金资产投资于基础设施资产支持证券，并持有其全部份额；基金通过基础设施资产支持证券持有基础设施项目公司全部股权；

（2）基金通过资产支持证券和项目公司等载体取得基础设施项目完全所有权或经营权利；

（3）基金管理人主动运营管理基础设施项目，以获取基础设施项目租金、收费等稳定现金流为主要目的；

（4）采取封闭式运作，收益分配比例不低于合并后基金年度可供分配金额的90%。

5. 基金管理人基本要求

根据《指引》第五条，申请募集基础设施基金，拟任基金管理人应当符合《证券投资基金法》《公开募集证券投资基金运作管理办法》（证监会令第104号）规定的相关条件，并满足下列要求：

（1）公司成立满3年，资产管理经验丰富，公司治理健全，内控制度完善；

（2）设置独立的基础设施基金投资管理部门，配备不少于3名具有5年以上基础设施项目运营或基础设施项目投资管理经验的主要负责人员，其中至少2名具备5年以上基础设施项目运营经验；

（3）财务状况良好，能满足公司持续运营、业务发展和风险防范的需要；

（4）具有良好的社会声誉，在金融监管、工商、税务等方面不存在重大不良记录；

（5）具备健全有效的基础设施基金投资管理、项目运营、内部控制与风险管理制度和流程；

（6）中国证监会规定的其他要求。

拟任基金管理人或其同一控制下的关联方应当具有不动产研究经验，配备充足的专业研究人员；具有同类产品或业务投资管理或运营专业经验，且同类产品或业务不存在重大未决风险事项。

按照相关要求，基金管理人应当对拟持有的基础设施项目进行独立、全面的尽职调查，聘请符合规定的专业机构提供估值、审计等专业服务。基金管理人需制定完善的尽职调查内部管理制定，建立健全业务流程。

由于基金管理人是面对投资者的主要负责人，为保护投资者利益，要求其自身拥有较强的专业能力；完善的尽职调查和项目执行能力也是降低投资风险的重要工作内容，故《指引》文件中对该部分内容提出了明确要求。

6. 对基础设施项目的基本要求

根据《指引》第八条，基础设施基金拟持有的基础设施项目应当符合下列要求：

（1）原始权益人享有完全所有权或经营权利，不存在重大经济或法律纠纷，且不存在他项权利设定，基础设施基金成立后能够解除他项权利的除外；

（2）主要原始权益人企业信用稳健、内部控制健全，最近3年无重大违法违规行为；

（3）原则上运营 3 年以上，已产生持续、稳定的现金流，投资回报良好，并具有持续经营能力、较好增长潜力；

（4）现金流来源合理分散，且主要由市场化运营产生，不依赖第三方补贴等非经常性收入；

（5）中国证监会规定的其他要求。

指引所称的原始权益人，是指基础设施基金持有的基础设施项目的原所有人。此外，根据《指引》第十八条，基础设施项目原始权益人或其同一控制下的关联方参与基础设施基金份额战略配售的比例合计不得低于本次基金份额发售数量的 20%，其中基金份额发售总量的 20% 持有期自上市之日起不少于 60 个月，超过 20% 部分持有期自上市之日起不少于 36 个月，基金份额持有期间不允许质押。

14.3.3 分析结论

笔者对证监发〔2020〕40 号文和《指引》的相关内容进行分析。

1. 稳定运营是必要条件

鉴于证监发〔2020〕40 号文和《指引》对于基础设施资产运营管理的重视，要求原则上项目经营 3 年以上，已产生持续、稳定的现金流，投资回报良好，并具有持续经营能力、较好增长潜力，因此纯政府付费的 PPP 等项目和处于建设期的 PPP、BOT 等项目政策上将难以作为公募 REITs 的标的。但是，具有较高使用者付费比例、可行性缺口补助占比比较小的项目不排除仍可被纳入公募 REITs 的范围。

2. REITs 基金回报不存在兜底

根据目前判断，公募 REITs 的各个层级均是平层设置，不设置优先级/劣后级的结构，而类 REITs 偏债性，结构设计中资产支持计划一般要设置优先级/劣后级结构，绝大多数存在增信行为，且设置的很多条款不适用于公募 REITs，最终可能还是由原始权益人回购资产。但 REITs 偏股性，基金的最终回报来源还是具体项目的稳定运营收入，投资风险与项目运营管理水平等密切挂钩。因此，REITs 基金主要依靠底层资产的主体信用，原则上基金回报不存在兜底。

3. REITs 基金规模不会高于项目资本金的 1.25 倍

理论上，在"公募基金 + 资产支持专项计划 + 私募基金 + 项目公司"的架构下假定私募基金持有项目公司全部股权，即：资产支持专项计划份额等于私募基金所筹资金，私募基金所筹资金等于项目公司资本金，考虑到公募基础设施 REITs 要求 80% 以上基金资产持有基础设施资产支持证券全部份额，所以公募基础设施 REITs 的基金规模不会高于其持有的项目资本金的 1.25 倍。

4. 公募 REITs 要求基金管理人具有较高的运营管理能力

根据《指引》可知，基金管理人需具备较强的运营管理能力，积极运营管理基础设施项目，以获取基础设施项目租金、收费等稳定现金流。而我国目前真正具备较强项目运营管理能力的基金管理人数量较少，相关市场有待进一步培育。当然，基金管理人也可以设立专门的子公司或委托第三方管理机构负责基础设施日常运营维护等，但基金管理人应当依法承担的责任不因委托而免除。

综上，当前公募 REITs 无论是在资产选择、负债限制、收入来源还是分红等方面都有较为严格的规定，究其原因可能是我国公募 REITs 尚处于起步试点阶段，金融市场仍处在不断完善的过程中，严格要求有利于市场的规范发展。

14.4　基础设施 REITs 交易结构

14.4.1　基础设施 REITs 底层资产

在行业方面，基础设施 REITs 试点项目优先支持仓储物流、收费公路等交通设施，水电气热等市政工程，城镇污水垃圾处理、固废危废处理等污染治理项目；鼓励信息网络等新型基础设施，以及国家战略性新兴产业集群、高科技产业园区、特色产业园区等类型。上述基础设施均具有现金流收入稳定、运营模式清晰、资产权属清晰的特点，符合资产证券化对于底层资产的要求。

14.4.2　基础设施 REITs 产品结构

根据证监发〔2020〕40 号文及《指引》，公募 REITs 试点将采用"公募基金 + 基础设施资产支持证券"的产品结构，并可以申请在证券交易所上市交易。结合此前类REITS 产品发行模式，未来我国 REITs 的产品结构或以公募基金 + 资产支持专项计划为主，并同时发展升级原有的类 REITs 产品，实现相关产品的标准化及规范化。

1. 公司型 REITs 模式

在海外市场中，公司型基金模式是主流。但在中国实践过程中，公司型基金存在"双重征税"、发行上市严格受限、投资路径不符合我国现行法律法规等多个难题，故现阶段暂不对公司型 REITs 模式进行讨论。

2. "公募基金 + 资产支持专项计划 + 项目公司"模式

该模式以公募基金作为 REITs 的主要载体，允许公募基金投资满足底层资产、收入来源和分红比例要求的资产支持证券，同时给予税收支持。

不同于一般公募基金产品分散化配置，当前政策要求公募基础设施证券投资基金80% 以上基金资产需持有基础设施资产支持证券全部份额，基础设施资产支持证券持有基础设施项目公司全部股权。该基金采取封闭式运作，收益分配比例不低于基金年度可供分配利润的 90%。基金还要求原始权益人必须参与战略配售，比例不少于基金份额发售总量的 20%，且持有期不少于 5 年。

试点初期，由公募基金设立并公开募集投资于基础设施证券的投资基金，通过购买同一实际控制人所属管理人设立发行的基础设施资产支持证券，完成对标的基础设施的收购。通过将公募基金与资产支持专项计划嫁接，便可形成"公募基金 – 专项计划 – 项目公司"的交易结构。

由于该交易结构中存在公募基金以及资产支持证券之间管理界限难以界定、责任较难划分的问题，因此，当前政策夯实了基础设施证券投资基金管理人的核心管理责任，要求其购买资产支持证券的管理人需由同一实际控制人所属。这需要基金管理人有较强的运营管理能力，积极运营管理基础设施项目。该模式的交易结构如图 14-1 所示。

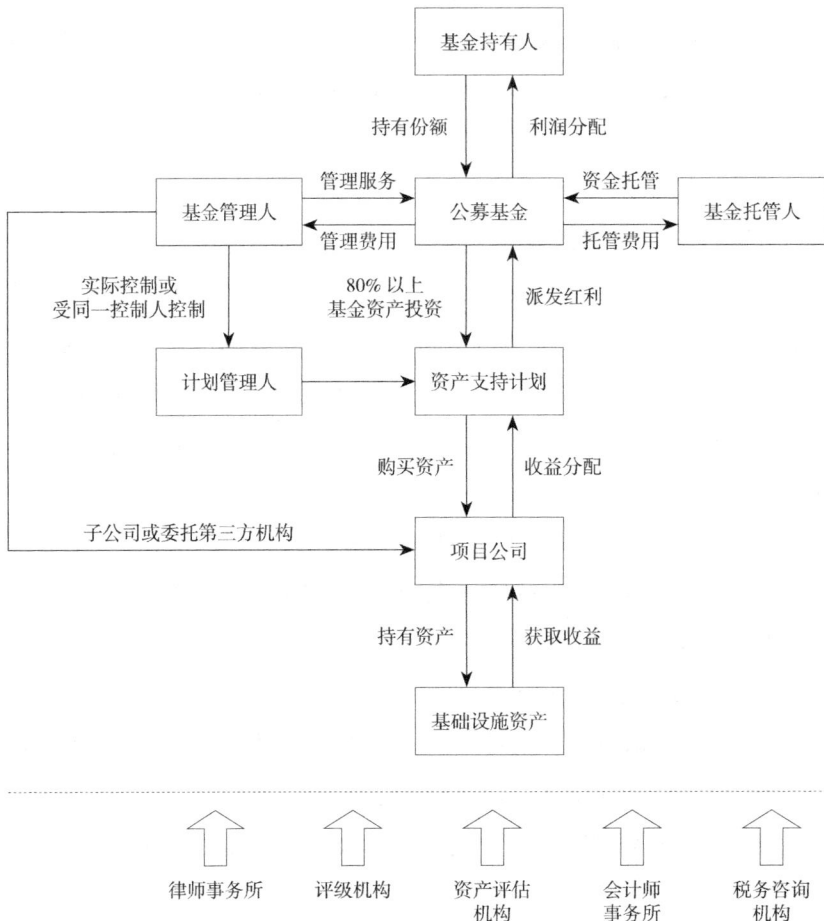

图 14-1 "公募基金 + 资产支持专项计划 + 项目公司"交易结构

3. "公募基金＋资产支持专项计划＋私募基金＋项目公司" 模式

相比于上述模式，此前类 REITs 的项目中多采用以私募基金为通道的结构，即采用在资产支持计划与项目公司之间增设一层私募基金的模式进行运作。

该结构一方面可以通过 "股＋债" 降低部分税负，另一方面也可以解决实践中由于契约型基金和资产支持证券为独立实体导致的地方管理部门为管理人进行股权登记的困难。笔者理解，目前《征求意见稿》并不禁止在资产支持计划下通过私募基金投资项目公司股权的结构设计，但需要符合前述 "完全" 拥有资产所有权或特许经营权的要求。在资产支持证券与项目公司之间加设私募基金通道，无法通过该通道再引入其他股权类投资者。该模式的交易结构如图 14-2 所示。

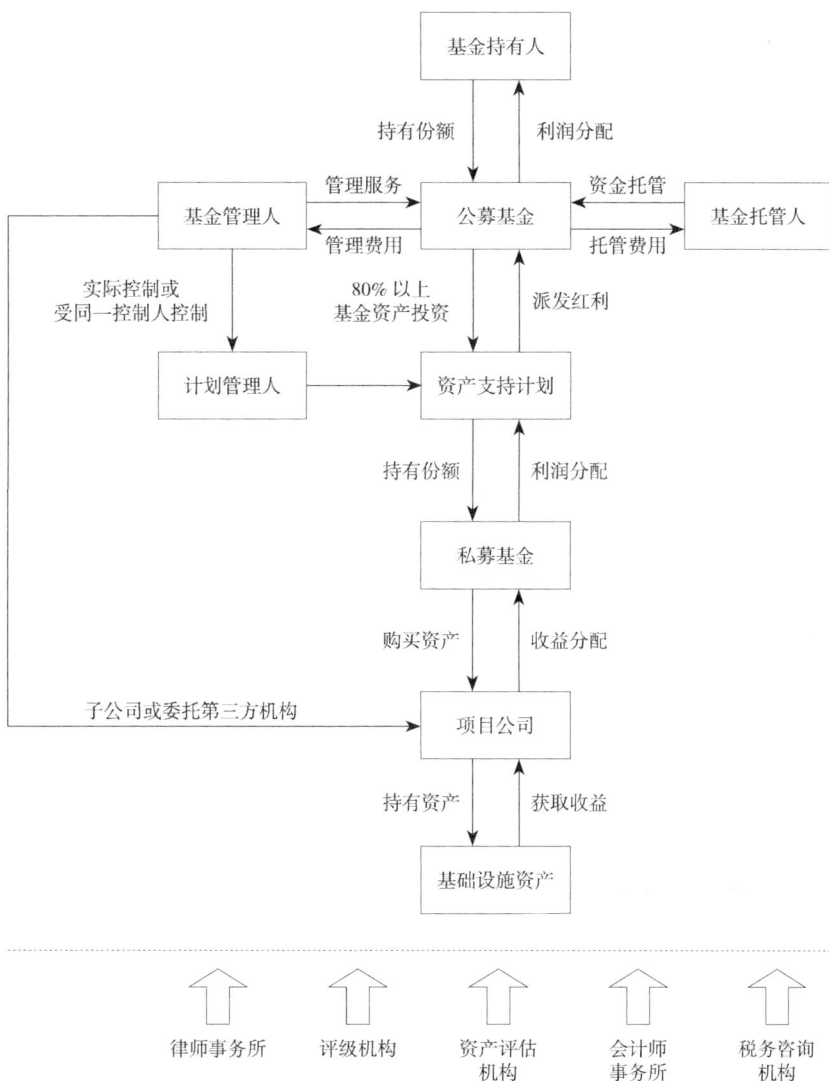

图 14-2 "公募基金＋资产支持专项计划＋私募基金＋项目公司" 交易结构

14.5 基础设施 REITs 实操问题分析

14.5.1 PPP 项目要想发行 REITs 的核心条件

以 PPP 项目为例：根据《指引》第八条，基础设施基金拟持有的基础设施项目应当满足"原则上运营 3 年以上，已产生持续、稳定的现金流，投资回报良好，并具有持续经营能力、较好增长潜力；现金流来源合理分散，且主要由市场化运营产生，不依赖第三方补贴等非经常性收入"等条件。因此对于 PPP 项目而言，REITs 的主要的功能是为 PPP 项目在运营期股权再融资和投资人退出提供了更多的机会。

（1）从项目阶段来看，必须是建成并经过不少于 3 年稳定运营的项目，而建设期并不能通过 REITs 为 PPP 项目提供新的融资路径。

（2）从回报机制来看，当前政策导向上基础设施 REITs 应当投向类似于收费公路、城镇污水垃圾处理、固废危废处理等以使用者付费为主要回报来源的项目，这就导致纯政府付费类项目以及可行性缺口补助占比较高的项目并非 REITs 政策鼓励的方向。可行性缺口补助占比较低、回报来源主要是使用者付费的项目仍有可能纳入 REITs 实施范围。使用者付费占比应达多少才能满足发行公募 REITs 的要求，有待政策和实践中予以明确。

14.5.2 基础设施 REITs 能否总投资全覆盖和战略配售问题

根据《国务院关于调整和完善固定资产投资项目资本金制度的通知》（国发〔2015〕51 号）的要求，项目一般采用"项目资本金 + 债务性融资"的结构。《指引》第二条规定，80% 以上基金资产投资于基础设施资产支持证券全部份额，基础设施资产支持证券持有基础设施项目公司全部股权，所以如前文分析，项目运营初期，其覆盖范围最多为项目资本金的 1.25 倍，REITs 资金可覆盖项目资本金，但能否置换全部债务性资金视项目具体情况而定，笔者认为，若能以较低融资成本的 REITs 资金全部覆盖项目债务性资金将是一种不错的选择。

除此之外，根据《指引》第十八条规定和上文所述，某社会资本方在基金中的出资额可能超过原来在项目公司出资额度，导致社会资本方无法实现真正退出，从而影响社会资本盘活存量资产的积极性。

14.5.3 PPP 项目股权变更问题

由于基础设施 REITs 需通过资产支持证券持有项目公司全部股权，必然需要项目公司原股东对原始股权进行转让。但对于以 PPP 模式实施的投资项目而言，项目通常都会设置股权锁定期来限制社会资本方提前转让项目公司股权，一般股权锁定期为 2~5 年，特殊情况也有 8 年，这与发行 REITs 必须要经营 3 年以上存在一定的矛盾。

除此之外，大多数情况下社会资本方为国有企业，其持有的项目公司股权属于国有产权，需按照国有产权交易的相关规定进行评估和进场交易，若评估价格不能实现保值增值，可能涉嫌国有资产流失的问题；若评估价格大于投资者可接受价格，可能导致产品发行失败。同样，政府方出资代表也面临将其持有的股权悉数转让给资产支持证券的问题，这也涉及上述国有产权转让的相关问题，还涉及政府方出资代表股权转让后能否继续实现监督、管理、绩效考核、涉及公共利益和公共安全的"一票否决权"等权利。

14.5.4 发行 REITs 后项目运营问题

按照《指引》文件要求，基金管理人成为项目公司治理和项目运营管理的主要负责人，同时《指引》文件也指出基金管理人可以设立专门的子公司或委托第三方管理机构负责基础设施日常运营维护等，基金管理人依法应当承担的责任不因委托而免除。

按照该规定，可以理解为基金管理人可以组建专业化运营团队（或子公司）并逐步培养和提高其运营管理能力，也可以对专业性较强、管理难度较大的项目采取第三方专业机构运营管理的方式。不管以何种方式进行运营管理，对基金管理人的运营能力都将是重大考验。

同时，运营管理最终责任人的变化，将可能与原有的 PPP 项目不得改变运营主体的政策法规相冲突。如何平衡社会资本方和基金管理人的运营责任，协调双方加强运营管理合作，确保积极运营管理以获取基础设施项目租金、收费等稳定现金流存在一定的难度。运营责任主体该如何明确和规范，有待政策进一步明确。

14.5.5 REITs 与 PPP 项目期限匹配问题

PPP 项目通常运营期长达 10 年以上，大部分高速公路项目甚至达到 30 年，并且《指引》中要求基金采取封闭式运营，在基金存续期内不得申请赎回，因此在发售时需要与 PPP 项目合作期限保持一致。但 REITs 作为权益性产品，是否可以与如此长期限的 PPP 项目匹配存在一定的不确定性。并且投资人是否会对如此长期的项目感兴趣，都是实践中需要解决的问题。

14.5.6 税收负担问题

当前国内 REITs 市场发展受税收政策影响，项目参与方在各环节被重复征税，成本过高使得企业发行 REITs 动力不足。为保障基础设施 REITs 市场的活跃性，建议出台针对性的税收优惠政策。

14.5.7 流动性问题

基础设施 REITs 封闭式运营，不存在售回、收购甚至到期，投资者只能通过交易退出，如果没有活跃的二级市场，投资者退出困难将影响其参与公募 REITs 的积极性，而拥有活跃二级市场的前提是具备较大的市场规模和大量的积极投资者，如何调动公众投资者参与公募 REITs 是亟待解决的问题。

14.6 研究结论

总的来看，基础设施公募 REITs 对我国经济长期健康发展具有战略意义，而对于参与基础设施投资建设的社会资本方而言，公募 REITs 的推出可带来的利好包括以下几点。

14.6.1 有助于实现股权再融资、盘活存量资产

如前所述，公募 REITs 并不能为 PPP 项目建设提供新的融资路径，其主要的功能是为 PPP 项目在运营期的股权再融资和投资人的部分退出提供更多的选择空间。对于社会资本而言，公募 REITs 有助于盘活存量资产，实现项目资本金的部分退出，提高自有资金的使用效率。

14.6.2 运营主体将更加市场化

如前所述，公募 REITs 的收入来源以稳定的运营收入为主。其要求基金管理人积极运营管理基础设施项目，以获取基础设施项目租金、收费等稳定现金流为主要目的，将有助于基础设施项目运营主体更加市场化，将助力信用稳健、内部控制制度健全，具有持续运营能力的运营主体介入具体项目运营，提升项目运营质量。

14.6.3 为社会资本方的退出提供了更多可能

如前所述，尽管目前政策上要求原始权益人必须参与战略配售，比例不少于基金份额发售总量的 20%，且持有期最长不少于 60 个月，这使得社会资本方难以通过 REITs 实现资本金的提前退出。但公募 REITs 的推出无疑为社会资本方的股权退出提供了更多可能，不排除将来政策上会更加宽松，允许社会资本方通过某种路径实现资本金的全部回收。

综上所述，公募 REITs 可有效盘活存量资产，形成良性投资循环，企业不仅获得了更多的融资机会还能有效降低杠杆率；同时，公募 REITs 给予中小投资者参与不动产投资的机会，丰富了资本市场投资品种。而从基础设施项目社会资本方的角度，公募 REITs 的推出也带来了上述利好，但也存在一系列亟需解决的问题，对于公募 REITs 的进一步发展，笔者持积极乐观态度。

第 15 章 资产证券化模式

15.1 资产证券化的概念及分类

我国资产证券化一般根据监管机构的不同分为信贷资产证券化（以下简称"信贷 ABS"）、企业资产证券化（以下简称"企业 ABS"）及资产支持票据（以下简称"ABN"）。尽管各监管机构对各类资产证券化的定义略有差异[1]，但本质上资产证券化可以概括为以基础资产的现金流为还款来源发行结构化融资工具的过程，发行的产品叫资产支持证券。实践中各类资产证券化的主要基础资产类别如表 15-1 所示。

三种资产证券化产品的主要品种及其基础资产　　　　表15-1

	具体品种	基础资产
信贷 ABS	住房抵押贷款支持证券	住房抵押贷款
	汽车抵押贷款支持证券	汽车抵押贷款
	信用卡贷款 ABS	信用卡贷款
	企业贷款资产支持证券	企业贷款
	消费性贷款 ABS	消费贷款
	不良贷款 ABS	不良贷款
	租赁贷款 ABS	租赁贷款
企业 ABS/ABN	应收账款 ABS/ABN	企业应收账款
	企业债券 ABS/ABN	企业债权
	租赁租金 ABS/ABN	企业租赁租金
	信托收益权 ABS/ABN	信托计划收益权
	保理融资债权 ABS/ABN	保理融资债权
	商业地产抵押贷款支持证券 /ABN	商业地产抵押贷款
	基础设施收费 ABS/ABN	基础设施收费权
	类 REITs 支持证券 /ABN	类 REITs
	融资融券债权 ABS/ABN	融资融券债权

---

[1]　根据《信贷资产证券化试点管理办法》（人行、银监公告〔2005〕第 7 号）信贷 ABS 主要指银行业金融机构作为发起机构，将信贷资产信托给受托机构，由受托机构以资产支持证券的形式向投资机构发行受益证券，以该财产所产生的现金支付资产支持证券收益的结构性融资活动。
　　　根据《证券公司资产证券化业务管理规定》（证监会公告〔2013〕16 号）资产证券化业务是指以特定基础资产或资产组合所产生的现金流为偿付支持，通过结构化方式进行信用增级，在此基础上发行资产支持证券的业务活动。
　　　根据《非金融企业资产支持票据指引》，ABN 是指非金融企业为实现融资目的，采用结构化方式，通过发行载体发行的由基础资产所产生的现金流作为收益支持的，按约定以还本付息等方式支付收益的证券化融资工具。

15.2 我国资产证券化发展历程

资产证券化起源于 20 世纪 70 年代的美国，现已成为全球主要经济体和新兴市场中重要的金融工具。根据证监会发布的《资产证券化业务知识问答》，国内资产证券化业务发展至今可以分为试点阶段、常态化发展阶段、备案制快速发展阶段。

2005~2008 年，是资产证券化业务试点阶段，主要围绕业务实践中遇到的各种问题完善政策、培育市场。这一时期的资产证券化业务主要是以中国建设银行和国家开发银行为试点单位开展信贷资产证券化。据统计，2005~2006 年和 2007~2008 年，我国共进行两批资产证券化业务试点，分别发行资产证券化产品 14 只和 12 只，规模达425.75 亿元和 480.1 亿元。受 2008 年美国次贷危机和金融危机的影响，监管层暂停发行资产支持证券，2008~2010 年中国的资产证券化业务陷入停滞状态。

2011~2014 年，是资产证券化业务常态化发展阶段。2011 年"远东二期专项资产管理计划"的成功发行标志着资产证券化业务重启；2012 年资产支持票据（ABN）正式推出，标志着我国三类资产证券化产品全部推出；2013 年企业 ABS、信贷 ABS 业务由试点转为常规业务，国家开发银行、中国工商银行等机构开启第三轮试点工作，额度达到 4000 亿元。

2014 年底，资产证券化业务的发行由审批制改为备案制[1]，2015 年银监会批准 27家商业银行开办信贷资产证券化产品的业务资格，标志着信贷资产证券化业务备案制的实质性启动，我国资产证券化业务进入快速发展阶段。在此阶段个人住房贷款证券化、不良资产证券化、绿色资产证券化、住房租赁资产证券化、PPP 资产证券化等领域实现重要突破。

我国资产证券化发展阶段及各阶段出台的主要政策、主要标志性产品及 PPP 项目资产证券化专项政策梳理如表 15-2 和表 15-3 所示。

各阶段主要政策梳理 表15-2

阶段	日期	政策文件	主要内容	发文部门
试点阶段（2005~2008 年）	2005.04	《信贷资产证券化试点管理办法》（人民银行、银监会公告〔2005〕7 号）	我国首个资产证券化管理办法，标志资产证券化试点正式开始	中国人民银行中国银行监督管理委员会
	2005.11	《金融机构信贷资产证券化监督管理办法》（银监会令 2005 年第 3 号）	全面整体立法和监督管理	银监会

---

[1] 即发行机构只要获得了业务审批资格即可发行资产支持证券，监管机构只审核合规性，不审查具体发行方案。

阶段	日期	政策文件	主要内容	发文部门
常态化发展阶段（2011~2014年）	2012.05	《中国人民银行中国银行业监督管理委员会关于进一步扩大信贷资产证券化试点有关事项的通知》（银发〔2012〕127号）	鼓励选择符合条件的多元化信贷资产作为基础资产。第二轮资产证券化试点业务正式开启	中国人民银行中国银行监督管理委员会财政部
	2012.08	《银行间债券市场非金融企业资产支持票据指引》（中国银行间市场交易商协会〔2012〕14号）	规范资产支持票据发行主体、基础资产、还款来源、信息披露和信用评级，标志资产支持票据正式推出	中国银行间市场交易商协会
备案制后快速发展阶段（2014年至今）	2014.11	《证券公司及基金管理公司子公司资产证券化业务管理规定》（证监会公告〔2014〕49号）	全面梳理企业资产证券化监管，成为企业资产证券化业务开展总指引	中国证监会
	2014.11	《关于信贷资产证券化备案登记工作流程的通知》（银监办便函〔2014〕1092号）	信贷资产证券化业务由审批制改为业务备案制，不再针对证券化产品逐步审批	中国银行监督管理委员会
	2014.12	《关于发布〈资产支持专项计划备案管理办法〉及配套规则的通知》（中基协〔2014〕459号）	对基础资产实行负面清单管理	中国证券投资基金业协会
	2015.01	《中国银监会关于中信银行等27家银行开办信贷资产证券化业务资格的批复》	标志着信贷资产证券化业务备案制的实质性启动	中国银行监督管理委员会
	2015.03	《关于信贷资产支持证券试行注册制的公告》（中国人民银行公告〔2015〕第7号）	信贷资产支持证券试行注册制	中国人民银行
	2016.12	《关于推进传统基础设施领域政府和社会资本合作（PPP）项目资产证券化相关工作的通知》发改投资〔2016〕2698号	明确推动资产证券化的PPP项目范围	国家发展改革委员会中国证监会
	2017.06	《关于发布〈上海证券交易所资产支持证券挂牌条件确认业务指引〉的通知》上证发〔2017〕28号	明确了挂牌条件，对挂牌条件确认流程作出详细规定	上海证券交易所
	2017.06	《财政部、中国人民银行、中国证监督管理委员会关于规范开展政府和社会资本合作项目资产证券化有关事宜的通知》（财金〔2017〕55号）	对PPP项目资产证券化的发行主体、发行要求、发行程序等作出具体规定	中国财政部中国人民银行中国证监会
	2017.10	《政府和社会资本合作（PPP）项目资产支持证券挂牌条件确认指南》	对PPP项目收益权、PPP项目资产、PPP项目公司股权等三类基础资产的合格标准、发行环节信息披露要求、存续期间信息披露要求等作出详细规定	上海证券交易所深圳证券交易所

续表

阶段	日期	政策文件	主要内容	发文部门
备案制后快速 发展阶段 （2014 年至今）	2018.06	《基础设施类资产支持证券挂牌 条件确认指南》	明确基础设施类资产支持证券的范围；细化各类资产的入池标准条件；明确对专项计划增信措施的要求	上海证券交易所 深圳证券交易所
	2019.04	《资产证券化监管问答（三）》	明确了未来经营收入类资产证券化有关事项	中国证监会
	2019.06	《政府和社会资本合作（PPP）项目资产证券化业务尽职调查工作细则》	进一步细化 PPP 资产证券化的每一项要求	中国证券投资基金业协会
	2019.06	《中国银保监会办公厅资产支持计划注册有关事项的通知》 （银保监办发〔2019〕143 号）	对保险资产管理机构首单资产支持计划之后发行的支持计划实行注册制管理，即实行"初次申报核准、后续产品注册"制度	中国银保监会

各阶段标志性产品梳理　　　　　　　表15-3

阶段	设立日期	产品名	发行人	基础资产	意义
试点阶段 （2005~ 2008 年）	2005.12.12	2005 年第一期开元信贷资产 支持证券	国开行	工商业 贷款	首单资产证券化产品
	2005.12.15	建元 2005-1 个人住房抵押贷款 证券化信托	建设银行	个人住房 抵押贷款	首单住房抵押贷款证券产品
	2005.08.26	中国联通 CMDA 网络租赁费 收益计划	中金公司	租赁费 收费权	首单企业资产证券化产品
常态化发展 阶段（2011~ 2014 年）	2012.08.07	浦路桥 ABN001C	浦东路桥	高速公路 建设应收 账款	首批资产支持票据产品之一
	2014.04.25	中信启航专项资产管理计划	中信证券	私募基金 份额	首单股权类 REITs 产品
备案制后快 速发展阶段 （2014 年 至今）	2015.05.20	摩山保理一期资产支持专项计划	恒泰证券	保理融资 债权	首单保理融资证券化产品
	2016.03.28	太平人寿保单质押贷款债权支持 1 号专项计划	华泰证券	保单质押 贷款	首单保险资产证券化产品
	2016.06.21	远东租赁 2016 年第一期信托资产 支持票据	远东租赁	融资租赁 债权	首单信托型资产支持票据

续表

阶段	设立日期	产品名	发行人	基础资产	意义
备案制后快速发展阶段（2014年至今）	2017.03.13	中信建投-网新建投庆春路隧道PPP资产支持专项计划	中信建投	PPP项目专营补贴	首批PPP资产证券化产品之一（同批4个）
	2019.10.30	海垦控股集团土地承包金资产支持专项计划	工银瑞信	土地承包金收益权	首单土地承包金收益权证券化产品

15.3　三类资产证券化产品要素比较

为准确理解信贷ABS、企业ABS、ABN的产品特点和差异，现将三类资产证券化产品的要素对比分析如表15-4所示。

三类资产证券化产品要素对比分析　　　　　　　　表15-4

	信贷ABS	企业ABS	ABN
监管部门	人民银行银监会	证监会交易所	交易商协会
审批方式	备案制（人行注册、银监会备案）	备案制（交易所出无异议函、基金业协会备案）	注册制（交易商协会注册）
发起机构	金融企业	企业	非金融企业
主承销商	银行和券商	券商、基金子公司	银行和券商
登记机构	中央国债登记结算有限责任公司	中国证券登记结算有限责任公司或中证机构间报价系统股份有限公司	银行间市场清算股份有限公司
交易场所	银行间	交易所、报价系统证券公司柜台	银行间
发行载体	特定目的信托	券商及基金子公司的专项资管计划和证监会认可的其他特殊目的载体	特定目的载体，可以为特定目的信托、特定目的的公司或交易所协会认可的其他形式，也可以为发起机构
风险隔离	相对较高	相对较高	相对较低
发行方式	公开或定向发行	向合格投资者发行	公开或定向发行
发起模式	以信托计划为SPV的表外模式，表现为信托关系	以券商资管计划为SPV的表外模式，表现为委托关系	表内模式或表外模式
基础资产	信贷资产：包括企业贷款、个人消费贷款、信用卡分期、汽车抵押贷款、住房抵押贷款、金融租赁等	收费收益权、应收账款、租赁债权、信托受益权、保理融资、融资融券、PPP、委托贷款、融资租赁、股票质押回购等（有负面清单管理）	收费收益权、应收账款、PPP、委托贷款、信托受益权、票据收益权、融资租赁等

续表

	信贷ABS	企业ABS	ABN
还款来源	由基础资产产生的现金流	由基础资产产生的现金流	基础资产产生的现金流，若有不足由发起人以经营收入补充
信用评级	需要双评级且鼓励采取多元化信用评级	资信评级机构对专项计划收益评级进行初始评级和跟踪评级	公开发行需要双评级；定向发行由发行人与定向投资人协商确定
风险自留	至少保留基础资产风险的5%，目前多数自持各档证券的5%	多数自留次级档	无风险自留，但需要履行与投资者保护相关的承诺

15.4 基础设施资产证券化操作要点

目前我国关于基础设施资产证券化的相关政策文件主要有：《关于推进传统基础设施领域政府和社会资本合作（PPP）项目资产证券化相关工作的通知》（发改投资〔2698〕号）、《关于规范开展政府和社会资本合作项目资产证券化有关事宜的通知》（财金〔2017〕55号）、沪深交易所及报价系统各自发布的政府和社会资本合作（PPP）项目、基础设施类资产支持证券挂牌条件确认指南及《资产证券化监管问答》等，主要操作要点如下。

15.4.1 基础资产来源

基础设施资产的现金流应当来源于特定原始权益人基于政府和社会资本合作项目、国家政策鼓励的行业及领域的基础设施运营维护，或者来自从事具备特许经营或排他性质的燃气、供电、供水、供热、污水及垃圾处理等市政设施，公路、铁路、机场等交通设施，教育、健康养老等公共服务所形成的债权或者其他权利。特别是PPP项目以能够给项目带来现金流的收益权作为基础资产；污水处理、垃圾处理、政府还贷高速公路等，实行"收支两条线"管理并明确了费用返还安排的，可以作为基础资产；对包含中央补贴的绿色节能建筑、新能源汽车及配套设施建设等，来自按照国家统一标准发放的中央财政补贴部分，可纳入基础资产。对于纳入基金业协会发布的《资产证券化业务基础资产负面清单指引》的诸如地方融资平台债务、政府债务、矿产资源开采收益、土地出让收益等不得作为基础资产。此外，交易所《基础设施类资产支持证券挂牌条件确认指南》[1]要求基础资产及底层资产的现金流来源应当具备一定的分散度。

---

[1] 《基础设施类资产支持证券挂牌条件确认指南》的要求不适用PPP项目。

15.4.2　资产证券化主体

财金〔2017〕55 号文首次对 PPP 项目证券化主体进行系统阐述，鼓励项目公司以未来现金流的收益权、合同债权作为基础资产；探索项目公司股东以能够带来现金流的股权作为基础资产，其中控股股东发行规模不得超过股权带来现金流现值的50%，其他股东发行规模不得超过股权带来现金流现值的 70%；支持项目公司其他相关主体，包括为项目公司提供融资支持的各类债权人，以及为项目公司提供建设支持的承包商等企业作为发起人（原始权益人）等，以合同债权、收益权等作为基础资产。

15.4.3　资产证券化产品发行阶段

一般资产证券化产品应该在基础资产或底层资产运营阶段发行。《基础设施挂牌指南》要求基础资产或底层资产相关业务正式运营满 2 年；发改投资〔2016〕2698 号文要求 PPP 项目已建成并正常运营 2 年以上，已建立合理的投资回报机制，并已产生持续、稳定的现金流；财金〔2017〕55 号文及交易所《PPP 资产支持证券挂牌条件确认指南》要求 PPP 项目要建成并开始运营，但对 PPP 项目公司依据项目合同约定在项目建设期即开始获得相关付费的，可探索在项目建设期以未来收益作为基础资产发行资产证券化产品。

15.4.4　产品增信要求

增信是资产证券化的重要环节，内部增信措施一般包括优先 / 次级分层、超额利差、超额覆盖、储备金等，外部增信措施一般包括担保、差额支付承诺、回售和赎回等。《基础设施挂牌指南》要求专项计划应设置担保、差额支付等有效增信措施，原始权益人及其关联方应当保留一定比例的基础资产信用风险，持有最低档次资产支持证券，且持有比例不得低于所有档次资产支持证券发行规模的 5%，持有期限不低于资产支持证券存续期限。为保障增信的有效性，原始权益人或增信机构的主体评级应为 AA 级及以上。财金〔2017〕55 号文明确 PPP 项目公司及其股东可综合采取担保、持有次级等多种方式进行增信，但也要求坚持真实出售、破产隔离原则，在基础资产与发起人（原始权益人）资产之间做好风险隔离，并不得通过资产证券化改变控股股东对 PPP 项目公司的实际控制权和项目运营责任，实现变相"退出"，影响公共服务供给的持续性和稳定性。

15.4.5　产品结构

资产证券化最常见的交易结构为单 SPV 结构，对于公共事业收费收益权这一类原始权益人在一定区域内垄断经营、能够产生稳定、可持续未来现金流的基础资产，通常采用单 SPV 结构；而对于有些基础资产，往往存在难以特定化、现金流回款时间与资产支持证券还本付息时间不匹配或其他瑕疵，这种情况下通常采用双 SPV 结构，

SPV1 在实践中通常为信托，SPV2 为资产支持专项计划，这种交易结构下基础资产为信托受益权，穿透到底层之后，再根据实际的还款来源进行分析。同时要求原始权益人将未来应收账款质押给信托受托人，对其还款义务进行质押担保。

15.5 研究结论及操作建议

由于资产证券化对企业盘活存量资产、拓宽融资渠道大有裨益。笔者认为可以从以下几个方面做好业务准备。

15.5.1 做好项目储备

资产证券化产品对基础资产或底层资产的要求较高。在项目质量方面，应该在政府偿付能力较好、信用水平较高的地区拓展和储备运作规范、权属清晰、市场化程度较高、公共服务需求稳定、现金流可预测性较强的项目；在项目类型方面，积极拓展政策鼓励的基础设施业务；在项目多样性方面，若开展以应收账款、非 PPP 类基础设施为底层资产的资产证券化，还应从地区、区域经济、行业政策、供需变化等因素充分考虑储备项目的分散度；在合同安排方面，除了获取项目必要的审批、核准、备案、登记、纳入预算等手续，还应在项目合同和融资文件中消除对于后期资产证券化产品包装的限制。

15.5.2 提升自身信用评级

资产证券化政策对原始权益人资格有所限制，如发行以非 PPP 类基础设施为基础资产的资产证券化，原始权益主体或其他增信机构评级需 AA 级及以上。PPP 项目虽无评级限制，但也要求原始权益人具有持续经营能力，最近三年未发生重大违约或虚假信息披露，无不良信用记录。实践中发行的资产证券化产品仍以高信用产品为主，这与高信用原始权益人的支持密不可分。

15.5.3 密切关注会计师事务所对于出表的认定

在资产证券化项目中，若项目不能出表，则只能认定为一种融资方式；若能够出表，则可认定为改善企业资产负债结构，提升企业整体信用等级和偿债能力。实务中会计师事务所需要通过分析交易结构并综合增信手段来判断风险和报酬的转移程度，比如最常用的证券分级增信，发起人持有次级收益权比例是出表的重要基础。从目前境内会计事务所等相关机构的普遍操作来看，10% 自持次级收益权比例是一条分界线，10% 以上的次级自持比例，不能出表；10% 以下的次级收益权自持比例，也不能直接认定可以出表，还需关注该资产证券化产品中风险在各层级的分布情况，以及超额利差、储备账户、外部流动性支持和资产赎回设置等因素。由于资产证券化政策和会计准则的要求在不断完善，在产品发行前需要多咨询会计师事务所的意见，达到发行产品的最终目的。

15.6 杭州市庆春路过江隧道PPP项目案例分析 [1]

15.6.1 项目基本情况

本项目位于浙江省杭州市，东距彭埠大桥（钱江二桥）2.6km，西距西兴大桥（钱江三桥）2.5km，是杭州市第一条过江隧道。庆春路隧道于 2006 年 6 月 28 日正式开工建设，于 2010 年 12 月 28 日正式开通，全长 4180m，其中水下长度 1241m，最深处在江面下 36m，设计时速为 60km/h，被誉为"钱江第一隧"，见表 15-5。

杭州市庆春路过江隧道PPP项目基本概况   表15-5

项目名称	杭州市庆春路过江隧道 PPP 项目
所在区域	浙江省杭州市
运作模式	BOT
项目总投资	14.32 亿元
合作期限	建设期 3 年 + 运营期 20 年
投资回报机制	政府付费和资源配置产生收益
特许经营期起止	2010 年 12 月 28 日—2030 年 12 月 27 日

2007 年 6 月 8 日，杭州市人民政府授权杭州市钱江新城建设管委会（以下简称"钱江新城管委会"）与浙江浙大网新集团有限公司（以下简称"网新集团"）签订杭州市庆春路过江隧道 BOT 招商主体合同，由网新集团作为社会资本主体对该项目进行投资、建设、运营，并成立浙大网新建设投资集团有限公司（以下简称"网新建投"）来实施，见图 15-1。

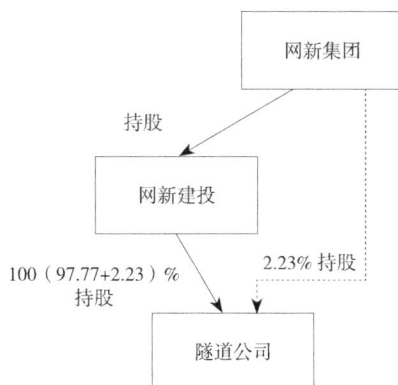

图 15-1 网新集团、网新建投、隧道公司关系示意图

---

[1] 案例来源：《资产证券化风云录：影响资产证券化进程的 27 个标志性项目》

网新建投和网新集团出资成立项目公司杭州市庆春路过江隧道有限公司（以下简称"隧道公司"），隧道公司注册资本 35800 万元，其中网新集团出资 3580 万元、网新建投出资 32220 万元，由隧道公司负责该项目的投资、建设、运营，隧道公司以庆春路隧道的专营补贴权作抵押向国开行申请贷款。

在合作期限内，隧道公司负责隧道运营，并享有庆春路隧道冠名权、电力电线管线经营权、项目建设用地范围内的广告经营权等特许经营权，此外在运营期间获得由杭州市人民政府授权钱江新城管委会每年支付 1.5 亿元的项目运营补贴。

15.6.2 中信建投 – 网新建投庆春路隧道 PPP 资产支持专项计划

2017 年 3 月 10 日，上海证券交易所发布了《关于对中信建投 – 网新建投庆春路隧道 PPP 项目资产支持证券挂牌转让无异议的函》，该产品顺利完成簿记发行，见表 15–6。

中信建投–网新建投庆春路隧道PPP项目资产支持专项计划产品方案　表15–6

产品要素	要素内容
产品名称	中信建投 – 网新建投庆春路隧道 PPP 资产支持专项计划
证券简称	PR 庆春 A、PR 庆春 B、17 庆春次
设立日期	2017 年 3 月 13 日
上市流通日期	2017 年 3 月 28 日
产品类型	PPP 企业资产证券化
原始权益人	杭州市庆春路过江隧道有限公司
计划管理人	中信建投证券股份有限公司（以下简称"中信建投"）
发行总额	11.58 亿元
产品基础资产	庆春路隧道特定期间内的所有专营补贴收入所对应的债权及其从权利
存续期限	14 年
信用评级	PR 庆春 A：AAA；PR 庆春 B：AAA；17 庆春次：无
增信措施	外部增信和内部增信
证券情况	PR 庆春 A：发行量为 7 亿元，占总发行量 60.45%，赎回或回购期为 2 年，按照固定利率 4.05% 计息，每半年付息还本；PR 庆春 B：发行量为 4 亿元，占总发行量 30.54%，赎回或回购期为 3 年，按照固定利率 4.15% 计息，每半年付息还本；17 庆春次：发行量 0.58 亿元，占总发行量 5.01%，由隧道公司和网新建投全额认购，到期一次还本付息

本计划由中信建投证券股份有限公司作为计划管理人，以杭州市庆春路隧道专营权合同收益作为基础资产，专营权合同收益包括两部分，一是杭州市人民政府授权钱江新城管委会每年支付项目运营补贴 1.5 亿元，该补贴资金在杭州市每年的城建维护

计划中列支，补贴资金具体由钱江新城管委会和萧山区政府按照各自承担的比例上缴市财政；二是隧道公司享有的电力电线管线经营权、项目建设用地范围内的广告经营权等特许经营权产生的收益。

本计划发行规模为 11.58 亿元。产品结构为：优先 A 级，期限 14 年，评级 AAA，赎回或回购周期为 2 年，规模 7 亿元，利率 4.05%；优先 B 级，期限 14 年，评级 AAA，赎回或回购周期为 3 年，规模 4 亿元，利率 4.15%；次级 0.58 亿元，由隧道公司和网新建投全部认购。

15.6.3 交易结构及路径

15.6.3.1 参与主体

为确保认购人的资金安全，计划管理人中信建投委托兴业银行股份有限公司杭州分行作为资金托管银行，国家开发银行股份有限公司浙江省分行作为监管银行。参与主体详情见表 15-7。

参与主体详情　　　　　　　　　　　　　　　　　表15-7

主体类别	主体名称	
原始权益人/资产服务机构	隧道公司	
计划管理人	中信建投	
增信主体	网新集团	
托管银行	兴业银行股份有限公司杭州分行	
监管银行	国家开发银行浙江省分行	
认购人	资产支持证券持有人	
其他机构	交易场所	上海证券交易所
	登记结算/支付代理机构	中证登上海分公司

15.6.3.2 交易结构

该资产支持专项计划交易结构如图 15-2 所示。

1. 资产支持专项计划设立

计划管理人（中信建投）向认购人募集资金。认购人与中信建投签订《认购协议》，将认购资金以专项计划方式委托中信建投管理，中信建投设立并管理专项计划，发行资产支持证券，认购人取得资产支持证券，成为资产支持证券持有人。

2. 基础资产购买

计划管理人（中信建投）根据与原始权益人（隧道公司）签订的《资产买卖协议》，将专项计划资金用于向隧道公司购买基础资产，即其拥有的杭州市庆春路隧道专营权合同收益。

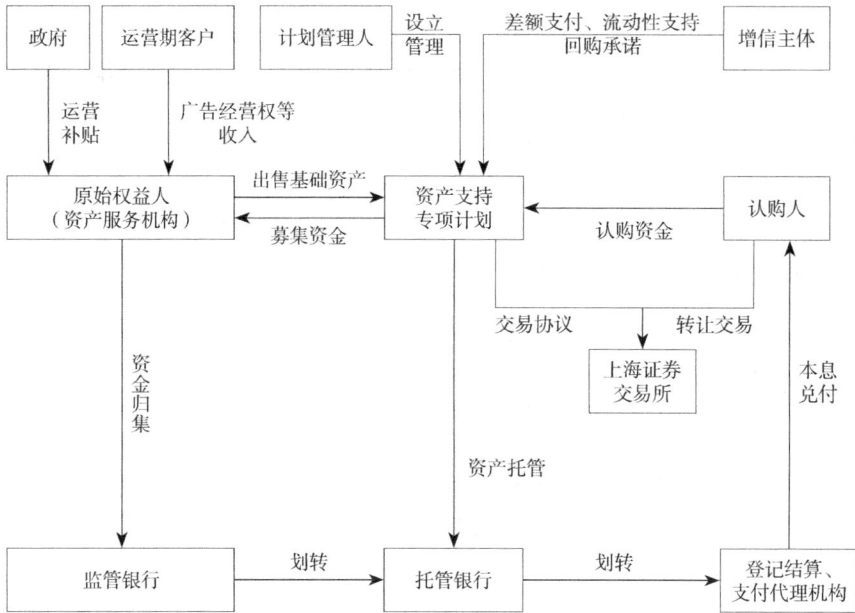

图 15-2　该资产支持专项计划交易结构

3. 基础资产服务

本案例中原始权益人与资产服务机构均为隧道公司，计划管理人（中信建投）委托资产服务机构（隧道公司）根据《资产服务协议》的约定，负责基础资产对应的应收款项的回收和催收（包含隧道公司取得的政府专营补贴款与运营期的广告经营权等特许经营权收入）等基础资产管理工作。在收入归集日将基础资产产生的现金流划入在监管银行（国开行浙江省分行）开设的监管账户。

4. 现金流的管控

监管银行（国开行浙江省分行）根据与资产服务机构（隧道公司）签订的《监管协议》的约定，依照资产服务机构的指令将基础资产产生的现金流划入在托管银行（兴业银行杭州分行）开设的专项计划账户，由托管人根据《托管协议》对专项计划资产进行托管。

5. 专项计划收益分配

在相应的分配日，计划管理人（中信建投）根据《计划说明书》及相关文件的约定，向托管人（兴业银行杭州分行）发出分配指令，托管人根据分配指令，进行专项计划费用的提取和资金划付，并将相应资金划拨至登记托管机构（中证登上海分公司）的指定账户用于支付资产支持证券本金和预期收益。

6. 增信

本计划采取的内部增信措施为优先／次级分层措施，即不同产品级别的偿还方式、偿还期限、融资利率有所差别，以次级债权人的低级受偿顺序满足优先级债权人的债务偿还。具体该资产支持专项计划产品分层如表 15-8 所示。

产品分层措施　　　　　　　　　　　　表15-8

分层级别	发行规模	期限	融资利率	付息频率	提前赎回
优先 A 级	7 亿元	14 年	4.05%	每半年付息一次	是
优先 B 级	4 亿元	14 年	4.15%	每半年付息一次	是
次级	0.58 亿元	14 年	—	到期一次还本付息	否

本计划的外部增信措施为网新集团的差额支付承诺、流动性支持承诺、回购承诺等。

网新集团出具《差额支付承诺函》，在本计划中不可撤销及无条件地向管理人（代表资产支持证券持有人）承诺，对专项计划分配资金不足以支付专项计划费用及该兑付日应付的优先级资产支持证券的当期预期收益及/或本金的差额部分承担补足义务；

为保证项目公司在本计划存续期间持续稳定运营，网新集团出具流动性支持，承诺在专项计划存续期间，项目公司的自有资金不足以支付当年运营和管理支出及税费，网新集团将无条件向项目公司提供资金确保项目公司稳定运营。

本计划的期限 14 年，明显长于市场投资者通常能接受的产品期限，因此在本计划的机制上额外安排了回售和赎回安排，优先 A 级投资者以 2 年为周期，优先 B 级投资者以 3 年为周期，有权选择将所持有的未到期的优先级资产支持证券份额全部或部分回售给网新集团，网新集团愿意按照《回售和赎回承诺函》的条款和条件对优先级资产支持证券进行回售和 / 或赎回。

7. 挂牌上市

2017 年 4 月 11 日，中信建投 – 网新建投庆春路隧道 PPP 项目资产支持专项计划在上海证券交易所成功挂牌上市。

15.6.4　风险因素

本项目存在由于银行贷款产生的基础资产质押权不能按时解除的风险；项目公司考核不及格、不可抗力因素造成隧道损毁且不可修复情形等导致的项目公司丧失特许经营权的风险；网新集团信用风险等。

参考文献

[1] 刘沈杰. BT 项目投资控制及其风险共担 [J]. 中小企业管理与科技（上旬刊），2018（06）：59-60.

[2] 李银芳，龚子荣. BT 项目回购风险研究 [J]. 科技经济导刊，2018，26（06）：203-204.

[3] 余勇军，伍迪，王守清. 中国 BT 项目关键成功因素研究 [J]. 工程管理学报，2014，28（03）：78-83.

[4] 陈凡. BT 投资项目回购与融资方式研究 [J]. 金融经济，2013（20）：98-99.

[5] 吴甄. BT 项目模式下回购风险及对策分析 [D]. 暨南大学，2015.

[6] 王诗元. BT 项目回购方式的研究 [D]. 天津大学，2015.

[7] 李兆鑫. 新旧《政府购买服务管理办法》比较分析 [J]. 时代金融，2020（15）：88+97.

[8] 李敏，徐顽强. 政府购买社会组织服务：理论溯源与研究进路 [J]. 扬州大学学报（人文社会科学版），2020，24（03）：74-87.

[9] 刘跃华. 浅谈对《政府购买服务管理办法》的几点认识 [N]. 中国政府采购报，2020-02-21（003）.

[10] 马勇，任玲. 政府购买服务工作的实践与思考 [J]. 中国招标，2020（11）：47-50.

[11] 王家合，赵琰霖. 政府购买服务研究回顾与展望 [J]. 华中农业大学学报（社会科学版），2016（06）：115-122+146.

[12] 贺巧知. 政府购买公共服务研究 [D]. 北京：财政部财政科学研究所，2014.

[13] 蔡菊芳，丛榕，薛慧. 基于 PPP 模式下的 BOT 项目财务管理研究 [J]. 中国集体经济，2018（03）：146-147.

[14] 杨小强. 关于高速公路特许经营制度的探讨 [N]. 商情，2017（34）：117-118.

[15] 韩志峰. 推进特许经营项目应重点关注的几个问题 [J]. 招标采购管理，2016（07）.

[16] 梁岩.《基础设施和公用事业特许经营管理办法》述评 [J]. 招标采购管理，
2015（7）：30–32.

[17] 褚春超，程天成，石佩文. 国外高速公路特许经营实践与经验借鉴 [J]. 交通
财会，2013（09）：89–92.

[18] 殷音. 政府特许经营协议法律适用问题研究 [D]. 浙江工商大学，2017.

[19] 汪磊琳. 新型城镇化背景下我国基础设施建设 BOT 模式研究 [D]. 浙江财经
大学，2015.

[20] 秦玉秀. PPP 全流程运作实务 [M]. 北京：中国法制出版社，2017.5.

[21] 刘晓瑾. PPP 模式投资项目风险分析及应对策略研究 [J]. 财富时代，2020
（06）：28.

[22] 张晓飞. 基于 PPP 模式的项目投资风险分析 [J]. 中国商论，2020（21）：
164–165.

[23] 罗煜，王芳，陈熙. 制度质量和国际金融机构如何影响 PPP 项目的成效——
基于"一带一路"46 国经验数据的研究 [J]. 金融研究，2017（04）：61–77.

[24] 喻文光. PPP 规制中的立法问题研究——基于法政策学的视角 [J]. 当代法学，
2016，30（02）：77–91.

[25] 孙凌志，贾宏俊，任一鑫. PPP 模式建设项目审计监督的特点、机制与路径
研究 [J]. 审计研究，2016（02）：44–49.

[26] 刘薇. PPP 模式理论阐释及其现实例证 [J]. 改革，2015（01）：78–89.

[27] 余逢伯. 新常态下 PPP 模式的机遇、挑战与对策 [J]. 金融论坛，2015，20
（08）：75–80.

[28] 张守文. PPP 的公共性及其经济法解析 [J]. 法学，2015（11）：9–16.

[29] 刘志刚. 政府推进区域开发的商业模式研究 [J]. 经济师，2020（04）：63–
64+66.

[30] 宗正昆. ABO 模式的由来及意义 [J]. 中国招标，2019（35）：47–49.

[31] 赵周杰，倪政. ABO 模式解析及相关思考 [J]. 中国工程咨询，2019（08）：
78–81.

[32] 彭中帅. ABO 模式应用分析 [J]. 西部交通科技，2018（05）：179–182.

[33] 陈宏能，郑敬波. 以高质量 PPP 迎接 REITs 重大机遇 [J]. 中国投资，2020
（13）：92–93.

[34] 柴婧. 探索"政府专项债 +PPP"模式应对疫情挑战 [J]. 浙江经济，2020（6）：
72–73.

[35] 王钊．专项债和 PPP 的区别与协同发展 [J]．国际融资，2020（4）：49–52.

[36] 郑良海．地方政府专项债与 PPP 的相容机制分析 [J]．经济问题，2020（3）：50~57.

[37] 叶露，冯珂，王守清．PPP–REITs 运作模式的设计与分析 [J]．建筑经济，2019，40（02）：31–35.

[38] 薛涛．PPP 项目可申报 REITs 试点吗 [J]．环境经济，2017（44）：25–29.

[39] 郭上，聂登俊，杜唯平，汪雯娟．积极探索 PPP 与 REITs 相结合的创新融资模式 [J]．经济研究参考，2017（44）：25–29.

[40] 肖坤明．F+EPC 合同下项目公司会计核算探讨 [J]．知识经济，2020（01）：115+117.

[41] 唐欢，雷雨田．"F+EPC" 参与各方的八大风险 [J]．中国招标，2019（36）：39–40.

[42] 岳亚军，郝生跃，任旭．建筑企业投资 PPP 项目的 F+EPC 模式研究 [J]．工程管理学报，2018，32（06）：17–22.

[43] 周月萍，周兰萍．F+EPC 模式的风险防范 [J]．建筑，2018（23）：56–58.

[44] 周月萍，周兰萍．如何防范 F+EPC 模式实施风险？[J]．中国建筑装饰装修，2018（11）：118–119.

[45] 梁秉坚．复制 "港铁模式" ——推进内地城市化与轨道网建设的共赢良策 [J]．建筑技艺，2020，26（09）：57–61.

[46] 赵浩宇．香港 TOD 城市开发模式及其借鉴意义研究 [J]．四川建筑，2019，39（03）：65–67.

[47] 杨帆．城市轨道交通 "地铁 + 物业" 商业开发模式研究 [D]．北京交通大学，2018.

[48] 闫华伟．我国城市地铁投融资模式及运营策略研究 [D]．西南交通大学，2018.

[49] 丁川，吴纲立，林姚宇．美国 TOD 理念发展背景及历程解析 [J]．城市规划，2015，39（05）：89–96.

[50] 吴晓勇，干宏程．基于港铁模式的三个主要市场参与者的角色探析 [J]．物流科技，2015，38（08）：1–3.

[51] 张琦，郭海洋，李双．TOD 理论的起源和对城市布局的借鉴意义 [J]．科技视界，2014（33）：138–139.

[52] 龚连平．关于国内铁路借鉴港铁 "铁路 + 物业" 综合发展经营模式的探讨 [J]．东方企业文化，2014（13）：253–254.

[53] 陈行.从香港新市镇开发看"TOD"规划理念 [J].重庆与世界（学术版），2013，30（02）：11-13.

[54] 蔡蔚.基于港铁模式的城市轨道交通市场化路径探析 [J].城市轨道交通研究，2013，16（09）：10-13+22.

[55] 刘志刚.政府推进区域开发的商业模式研究 [J].经济师，2020（04）：63-64+66.

[56] 宗正昆.ABO 模式的由来及意义 [J].中国招标，2019（35）：47-49.

[57] 赵周杰，倪政.ABO 模式解析及相关思考 [J].中国工程咨询，2019（08）：78-81.

[58] 周月萍，周兰萍.ABO 模式合法吗 [J].中国建筑装饰装修，2018（12）：108-110.

[59] 彭中帅.ABO 模式应用分析 [J].西部交通科技，2018（05）：179-182.

[60] 刘迪，唐婧娴，赵宪峰，刘昊翼.发达国家城市更新体系的比较研究及对我国的启示：以法德日英美五国为例 [J].国际城市规划，2020-12-09：1-17.

[61] 单菁菁.推进城市更新实现高质量发展 [N].经济日报，2020-11-27（011）.

[62] 刘超.城市更新的"土地陷阱"及其解释——基于珠三角地区的调研 [J].华南理工大学学报（社会科学版），2019，21（02）：66-72.

[63] 王博，吕沛璐，冯淑怡.央地互动、多重逻辑与制度变迁——基于对建设用地一级配置层面的考察 [J].华中农业大学学报（社会科学版），2019（03）：130-139+165.

[64] 葛岩.上海城市更新的探索、挑战及策略思考 [J].北京规划建设，2019（S2）：42-47.

[65] 周俭，阎树鑫，万智英.关于完善上海城市更新体系的思考 [J].城市规划学刊，2019（01）：20-26.

[66] 成都市人民政府研究室、中央财经大学政府管理学院联合课题组.成都城市更新优化与重塑策略——小街区规制与 TOD 模式 [J].先锋，2016（03）：29-32.

[67] 刘芳，张宇.深圳市城市更新制度解析——基于产权重构和利益共享视角 [J].城市发展研究，2015，22（02）：25-30.

[68] 杨瑞.成都城市更新管理机制研究 [D].清华大学，2013.

[69] 刘子俊.土地出让规则对我国城市土地价格的影响研究 [D].江西财经大学，2020.

[70]　朱小丰 . 保障房建设的配建模式研究 [D]. 财政部财政科学研究所，2012.

[71]　赵娅 . "限地价，竞配建" 土地出让方式的理论分析与实证研究 [J]. 中国土地科学，2012，26（11）：27-32.

[72]　钟恺琳 . 广州试水 "限地价、竞配建" [J]. 房地产导刊，2011（06）：22-23.

[73]　童斌 . PPP 项目土地资源补偿法律规制研究 [D]. 浙江大学，2018.

[74]　刘松，费俊亮 . PPP 项目资源补偿—土地资源补偿探析 [J]. 经济，2016，000（006）：00102-00103.

[75]　朱蕊，王守清 . 资源补偿项目（RCP）融资模式特许权要点设计—以某湿地公园项目为例 [J]. 建筑经济，2011（9）：75-79.

[76]　舒灵智 . RCP 融资模式在西部基础设施建设中的应用研究 [D]. 中南大学，2010.

[77]　刘方强，周心愿 . RCP 项目融资模式解析 [J]. 建筑经济，2008（3）：54-56.

[78]　夏诗园 . 地方政府专项债特征、优势及问题研究 [J]. 西南金融，2020（8）：52-62.

[79]　袁海霞，汪苑晖，卞欢 . 专项债兼顾扩容提效，助力基建托底稳增长 [J]. 财政科学，2020（1）：93-104.

[80]　王跃刚 . 浅议商业银行支持地方政府项目收益专项债券配套融资的难点及对策 [J]. 科技经济市场，2019（10）：66-68.

[81]　张增磊 . 地方政府专项债券面临的主要问题及对策 [J]. 地方财政研究，2019（8）：51-57.

[82]　李秦，苏静 . 棚改货币化政策的背景、影响及未来展望 [J]. 工程经济，2018（11）：40-44.

[83]　刘嘉，张博 . 我国地方政府项目收益专项债的创新发行与展望 [J]. 农银学刊，2018（2）：45-48.

[84]　牛清润，李永珍 . 地方政府负债及风险控制探究 [J]. 潍坊工程职业学院学报，2018（2）：80-83.

[85]　微信公众号：工隆建通智库 . 细说专项债资金在基建项目中的使用（案例探讨）.

[86]　梁昌勇 . 我国 REITs 运作模式及现存缺陷 [D]. 江西财经大学，2019.

[87]　王源 . 房地产投资信托基金（REITs）风险评价与防控 [D]. 浙江大学，2019.

[88]　金鑫 . 我国租赁住房的 REITs 融资模式研究 [D]. 兰州大学，2019.

[89] 王新逾 . 房地产投资信托基金（REITs）在我国的应用研究——以"鹏华前海万科 REITs"为例 [J]. 理财：学术版，2018，000（006）：85–90.

[90] 范羽晖 . 房地产投资信托基金的投资价值分析 [D]. 上海师范大学，2017.

[91] 周文平 . 我国房地产投资信托（REITs）之运作机制研究 [D]. 西南政法大学，2014.

[92] 易金平，谭晓颖 . 我国企业资产证券化发展现状、问题与对策研究 [J]. 经济研究导刊，2019（35）：121–122.

[93] 程清 . PPP 项目资产证券化亟待解决的法律问题研究 [J]. 上海金融，2017（09）：67–73.

[94] 郭上，孟超，孙玮，张茂轩，聂登俊 . 关于 PPP 项目资产证券化的探讨 [J]. 经济研究参考，2017（08）：20–25+30.

[95] 星焱 . 我国 PPP 项目资产证券化中的问题与对策 [J]. 证券市场导报，2017（05）：40–44+52.

[96] 王轶昕，程索奥 . 中国资产证券化发展的理性分析与现实选择 [J]. 南方金融，2015（06）：42–49.

[97] 王元璋，涂晓兵 . 试析我国资产证券化的发展及建议 [J]. 当代财经，2011（03）：67–72.

[98] 中央国债登记结算有限公司：2015 年 –2019 年资产证券化发展报告 .